广西财经学院优秀著作出版基金资助

经济与管理国家级实验教学示范中心
（广西财经学院）开放课题资助

市政公用事业激励性规制研究

高 丹 著

中国社会科学出版社

图书在版编目(CIP)数据

市政公用事业激励性规制研究/高丹著. —北京：中国社会科学出版社，2022.3
ISBN 978-7-5203-9805-3

Ⅰ.①市… Ⅱ.①高… Ⅲ.①公用事业—激励—管理体制—研究—中国 Ⅳ.①F299.24

中国版本图书馆CIP数据核字(2022)第034389号

出 版 人	赵剑英
责任编辑	车文娇
特约编辑	张 硕
责任校对	周 昊
责任印制	戴 宽

出　　版	中国社会科学出版社
社　　址	北京鼓楼西大街甲158号
邮　　编	100720
网　　址	http://www.csspw.cn
发 行 部	010-84083685
门 市 部	010-84029450
经　　销	新华书店及其他书店
印　　刷	北京君升印刷有限公司
装　　订	廊坊市广阳区广增装订厂
版　　次	2022年3月第1版
印　　次	2022年3月第1次印刷
开　　本	710×1000　1/16
印　　张	17.5
插　　页	2
字　　数	262千字
定　　价	88.00元

凡购买中国社会科学出版社图书，如有质量问题请与本社营销中心联系调换
电话：010-84083683
版权所有　侵权必究

摘　　要

　　2015年3月,李克强总理在《政府工作报告》中提出,在基础设施等领域积极推广政府和社会资本合作模式。之后,国家发改委联合多部委、金融部门共同发布多项政策,积极推进政府和社会资本合作模式在基础设施和公用事业领域的应用。① 政府和社会资本合作模式的推广正是我国服务型政府和共同治理理念在基础性产业中的成功实践。但是,政企之间的关系并不因为合作模式的变化而变得更加简单,营商环境也不因为政企之间的距离变得更近而变得更为宽松。党的十九大做出了"贯彻新发展理念,建设现代化经济体系"的科学论断,2019年3月,李克强总理在《政府工作报告》中再次强调:"要处理好政府与市场的关系,依靠改革开放激发市场主体活力。"②

　　市政公用事业作为与人民群众生活息息相关的准公共产品,其公共性和市场性属性交织,产业发展中的政府与市场关系错综复杂,公用事业领域的深化改革问题一直是学界和业界关注的焦点和难点。伴随我国市政公用事业建设规模的扩大,民营化改革向更深层次发展,吸引了更广泛的社会资本参与市政公用事业领域并进行投资建设。作为带有自然垄断属性的产业,公用事业高投入、长周期、慢回报的特

---

① 李克强:《政府工作报告——2015年3月5日在第十二届全国人民代表大会第三次会议上》,http://www.gov.cn/guowuyuan/2015-03/16/content_2835101.htm,2015年3月5日。
② 李克强:《政府工作报告——2019年3月5日在第十三届全国人民代表大会第二次会议上》,http://www.gov.cn/zhuanti/2019qglh/2019lhzfgzbg/index.htm,2019年3月5日。

征造成社会资本在投资这类行业产业时，顾虑更多、阻碍更大。如何处理好这一领域的政府与市场关系，做到既能有效吸引社会资本投资，又激励社会资本自主运行、规范投资、高效发展，就成为地方政府必须面对的一个重要课题。

本书梳理我国市政公用事业市场化改革的历史进程，发现公用事业市场化改革进程并不顺利，正在经历一些转折，这一现实情况成为本书的研究基础。在概述激励性规制的国内外研究的基础上，探讨其中的理论争议以及未来的研究发展方向。本书始终以中国市政公用事业市场化改革中的实例为论据，以多学科理论为支撑，坚持公共管理学研究范式，探讨激励性规制在市政公用事业市场化改革进程中的机制建构、工具选择及现实应用等问题，描绘了规制机构与被规制企业之间的博弈和合作关系。本书运用信息经济学理论解释市政公用事业为何需要运用激励性规制；运用机制设计理论和合同治理理论阐释激励性规制的机制设计问题；借助政策工具理论展现现有可供选择的市政公用事业激励性规制工具，以及工具的合理配置问题。以政策评估理论为基础介绍政府规制领域常用的评估方式，本书选择目前实际工作中最常用的绩效评估模式，将基础设施建设领域中的公共道路工程特许经营作为评估样本，通过大量调研和资料整理，对激励性规制的实践应用状况展开评估检验。

本书认为，激励性规制的理论研究和实践应用都处于初期阶段，未来有很大发展空间。政府规制机构应当重视激励性规制的制度化建设，科学合理地运用激励性规制，拓宽激励性规制工具的选择空间和平台，更科学地评估公用事业市场化改革的成效，正面引导企业规范经营，切实推进市政公用事业市场化改革的运行效率，为规制双方建构打造规制强度更加合理的、规制手段更加科学的、关系更加融洽的营商环境提供坚实的制度平台。

目　录

第一章　导论 …………………………………………………（1）
　第一节　研究背景与研究意义 ……………………………（1）
　第二节　概念界定与理论基础 ……………………………（9）
　第三节　研究思路与研究方法 ……………………………（14）
　第四节　研究综述与研究评价 ……………………………（18）

第二章　市政公用事业激励性规制的内生需求 ……………（49）
　第一节　提高规制效率的显性需求 ………………………（49）
　第二节　规避信息不对称的隐性需求 ……………………（52）
　第三节　达到"良好的规制"发展需求 …………………（60）

第三章　市政公用事业激励性规制的工具选择 ……………（68）
　第一节　激励性规制工具选择的类别 ……………………（70）
　第二节　激励性规制工具选择的依据 ……………………（94）
　第三节　激励性规制工具选择的影响因素 ………………（104）

第四章　市政公用事业激励性规制的机制设计 ……………（110）
　第一节　机制设计的理论框架 ……………………………（111）
　第二节　机制设计的基本目标 ……………………………（112）
　第三节　机制设计的主要原则 ……………………………（134）

第四节　机制设计的核心要点 …………………………………（148）

第五章　市政公用事业激励性规制的评估模式 ………………（158）
　　第一节　政策评估模式的知识基础 …………………………（158）
　　第二节　规制评估模式的主要类别 …………………………（162）

第六章　市政公用事业激励性规制的实践评估 ………………（172）
　　第一节　实践评估的背景概述 ………………………………（172）
　　第二节　实践评估的设计思路 ………………………………（175）
　　第三节　实践评估的指标体系 ………………………………（178）
　　第四节　实践评估的综合评判 ………………………………（202）
　　第五节　规制行为主客体综合分析 …………………………（214）

第七章　研究结论、创新及展望 …………………………………（220）
　　第一节　研究结论 ……………………………………………（220）
　　第二节　研究创新 ……………………………………………（228）
　　第三节　研究展望 ……………………………………………（229）

结束语 ………………………………………………………………（236）
附录　绩效评估相关表格 …………………………………………（238）
参考文献 ……………………………………………………………（252）

第一章 导论

第一节 研究背景与研究意义

一 研究背景

《中共中央关于全面深化改革若干重大问题的决定》指出:"经济体制改革是全面深化改革的重点,核心问题是处理好政府和市场的关系,使市场在资源配置中起决定性作用和更好发挥政府作用。"[①] 进入新时期,伴随我国经济发展转型,经济增长迫切需要新的内生动力,需要进一步深化改革,理顺政府与市场关系,切实把市场和政府各自的优势发挥得更充分。基于此,党的十九大做出了"贯彻新发展理念,建设现代化经济体系"的科学论断。2019年《政府工作报告》中再次强调:"要处理好政府与市场的关系,依靠改革开放激发市场主体活力。"[②] 市政公用事业作为与人民群众生活息息相关的准公共产品,公共性和市场性交织,其中的政府与市场关系更为错综复杂,这一产业领域的深化改革问题一直是学界和业界关注的焦点和难点。伴随我国城镇化率不断提升,市政公用事业扩大建设规模,公用事业的民营化改革走向更深层次,需要吸引更广泛的社会资本参与基础设施

---

① 《中共中央关于深化改革若干重大问题的决定》,《人民日报》2013年11月16日。
② 李克强:《政府工作报告——2019年3月5日在第十三届全国人民代表大会第二次会议上》,http://www.gov.cn/zhuanti/2019qglh/2019lhzfgzbg/index.htm,2019年3月5日。

投资建设。因此，如何在市政公用事业领域处理好政府与市场的关系，做到既有效吸引社会资本投资，又激励社会资本自主运行、规范投资、高效发展，就成为地方政府必须面对的一个课题。

政府规制是指"行政机构干预市场资源配置和改变市场供需决策的行为和准则，其本质是政府为控制企业的价格、销售和生产决策而采取的各种行为"[①]。通过政府规制行为避免或弥补市场失灵的缺陷，达到维护公共利益和维持市场秩序的目的。政府规制的方式一般分为直接规制和间接规制。行政命令式的政府规制是典型的直接规制，政府依据法律法规，直接干预、介入市场主体的生产经营和决策行为，防止发生自然垄断、外部不经济等市场失灵问题；这种方式简单易行，但由于信息不对称、规制成本高，效果不佳。政府的间接规制则不直接介入市场主体的生产经营决策，只防范那些阻碍市场机制发挥作用的市场主体行为，或者促进有效信息的供给，激励性规制就是典型的间接规制。激励性规制是在"保持原有规制结构的条件下，给予受规制企业以提高内部效率的刺激，即给予企业以竞争压力提高生产效率和经营效率的正面诱因"[②]。当前，我国市政公用事业改革发展到进一步"解规制"的阶段，引入激励性规制，是灵活利用市场手段、转变传统规制手段低效率问题的重要措施。同时，在各地方改革的实践中，激励性规制逐渐成为引起关注的、有别于传统规制手段的政府规制工具，正在为公用事业产业转型带来新的能量和活力。

（一）经济体制改革不断深化

我国市政公用事业的发展历史，与发达国家的市政公用事业发展周期和经济性特征保持了大体一致的步骤。1978年改革开放后，中国的公用事业产业迎来了"放松规制"时代。学界公认这一时期的市政公用事业发展历程分为三个渐进的阶段：1978—1992年，探索公用企

---

① 黄新华：《政府规制研究：从经济学到政治学和法学》，《福建行政学院学报》2013年第5期。

② 黄新华：《公共部门经济学》，厦门大学出版社2010年版，第154页。

业经营方式,改革从自然垄断属性较弱的公共交通行业开始,从企业的人事用工制度和资源分配制度等方面入手,以内部承包责任制为主要经营改革内容;市政设施建设的投融资机制更加积极地鼓励吸收外部资金。1992—2001年,建立现代企业制度,外资和民间资本大规模介入企业经营和管理。根据1993年出台的《公司法》,很多市政公用企业实现了重组改制,成立国有独资的有限责任公司,一些地区开始出现建设—经营—转让(Build-Operate-Transfer,BOT)、建设—拥有—经营(Building-Owning-Operation,BOO)等经营形式,但是其中的管理体制、产权关系、政企关系仍没有实质性的切割,重组改制对公用事业产业的激励作用十分有限。2001—2013年,中央政府主导的市政公用事业市场化改革全面实施。[①] 国家出台的一系列政策(见表1-1)带动了市政公用事业的全面发展,特许经营管理成为改革的主要工具,市政公用事业逐渐呈现出工商企业经营的特点,一些产业有效引入市场竞争、投融资主体呈现出多元化趋势、价格形成机制更具有激励作用,市场竞争机制基本建立。但是一些地方或部分产业仍存在缺乏明确指导、缺乏必要法规体系、政府规制职能分散、社会监督体系不健全等问题,导致某些地方的市场化改革走了国有资产流失、供需矛盾突出、企业运行效率不稳定、掠夺性定价等弯路,陷入"马歇尔两难"的境地,改革几近停滞,甚至有些行业回归了旧的国有制状况。这些问题都映射出我国公用事业监管体系和规制力度总体不足、政府规制能力欠缺、制度先行而法律滞后等问题。

表1-1　　我国市政公用事业市场化改革代表性政策文件

时间	文件名	关键内容
2000年5月	《城市市政公用事业利用外资暂行规定》	扩大利用外资规模,提高利用外资水平

---

① 邹东涛:《中国经济发展和体制改革报告——中国改革开放30年(1978—2008)》,社会科学文献出版社2008年版,第424—431页。

续表

时间	文件名	关键内容
2001年12月	《关于促进和引导民间投资的若干意见》	鼓励和引导民间投资……参与经营性基础设施和公益事业项目建设
2002年12月	《关于加快市政公用行业市场化进程的意见》	标志着我国公用企业市场化改革大幕正式拉开；要进一步转变管理方式
2005年2月	《关于鼓励支持和引导个体私营等非公有制经济发展的若干意见》	允许非公有资本进入公用事业和基础设施领域
2005年9月	《关于加强市政公用事业监管的意见》	加强市政公用事业监管是推进市政公用事业市场化的重要内容；为政府规制提供了一份详细的"工具清单"
2010年5月	《关于鼓励和引导民间投资健康发展的若干意见》	鼓励民间资本参与市政公用事业建设
2012年6月	《关于进一步鼓励和引导民间资本进入市政公用事业领域的实施意见》	不对民间投资另设附加条件，凡是实行优惠政策的投资领域，其优惠政策同样适用于民间投资
2013年9月	《关于加强城市基础设施建设的意见》	加强城市基础设施建设，有利于推动经济结构调整和发展方式转变，拉动投资和消费增长
2004年发布，2015年5月修正	《市政公用事业特许经营管理办法》	我国针对公用事业市场化出台的第一部规制性文件
2015年5月	《关于在公共服务领域推广政府和社会资本合作模式指导意见的通知》	在公共服务领域推广政府和社会资本合作模式，是转变政府职能、激发市场活力、打造经济新增长点的重要改革举措
2017年1月	《关于印发"十三五"市场监管规划的通知》	鼓励民间资本进入公用事业等领域……对公用事业和公共基础设施领域，要引入竞争机制，放开自然垄断行业竞争性业务……维护消费者权益……
2018年1月	《政府制定价格成本监审办法》	自然垄断环节以及依成本定价的重要公用事业和公益性服务应当列入成本监审目录
2018年1月	《政府制定价格行为规则》	政府制定价格的范围主要为重要公用事业、公益性服务和自然垄断经营的商品和服务等，具体以中央定价目录和地方定价目录（以下简称定价目录）为准

资料来源：根据公开资料整理。

2013年,我国开始全面推行深化经济体制改革。这一阶段以政府和社会资本合作(Public-Private Partnership,PPP)模式推广和供给侧结构性改革为主要特征。随着我国城镇化建设的快速推进,各地方政府的财政资金在投入基础设施建设、市政公用事业发展等(准)公共产品供给方面表现越来越乏力,为了顺应经济发展新态势的需要,必须加大力度解决地方政府性债务问题、理顺财政体制改革,同时推动公共服务和公共产品供给的市场化、社会化改革。市政公用事业领域的改革具体表现为,由财政部牵头、统筹推进PPP模式,将传统意义上作为投融资举措的PPP模式提升为促进公共服务或公共产品市场化、社会化供给的重要工具,PPP模式在公用事业和基础设施建设领域中的广泛推广,几乎掀起了公用事业市场化改革的一次新浪潮。2015年年底,中央提出"供给侧改革"总体部署,PPP模式更紧密地与公用事业领域相结合,成为深化改革公用事业"解规制"的主要方式。随着PPP项目的不断增加,如何合理区分PPP与原有的特许经营之间的关系,如何在公用事业领域科学划分政府与市场的界限等矛盾逐渐突出,无论对于理论界还是对于政府实践部门,这些都是推进深化改革过程中亟待解决的问题。

进入21世纪之后,我国政府意识到政府规制模式对市政公用事业转型的作用,开始着力改革政府规制机制,激励性规制引起重视,我国最早采取的激励性规制模式就是特许经营,虽然实践中有诸多问题,但这一激励性规制工具仍体现出的适应市场需求的制度优越性,值得在实践中推广并逐渐成为地方政府规制公用事业的主要方式。"十三五"时期,我国政府大力推广的PPP模式成为另一个重要的政府激励性规制手段。

(二) 市场化改革的步伐缓慢

改革开放以来,中央政府在财政上减少了对市政公用事业的支持力度,大力发展市场化改革,积极吸引外资、民间资本投入市政公用事业,政府在市场化改革与加强政府规制之间努力寻求新的平衡点。改革初期,我国政府仍存在路径依赖和盲目监管的问题,一方面引入民营资本、推进市场化；另一方面又不愿分割产权关系、真正放松规制，并没有建立起与市场化改革相适应的政府规制制度；当时采取的限制性规制工具只有公正报酬率，无法真正激励企业提高效率。正如很多分析家所言，在进入21世纪前后的几年内，市政公用事业市场化改革的进程便停滞不前，这一点从资金来源上便可见一斑。同时，吸引社会资本注资市政公用事业领域的成效并不显著，由于宽松的货币政策、银行大量放贷，地方政府不缺资金，引进社会资本的动力不大；另外，由于没有一套完善的约束监管制度，地方政府在市场化产业中的履约情况不好①。这两方面因素造成了市政公用事业对贷款和地方财政的依赖，而政府的履约问题又妨碍了社会资本对市政公用事业的投入，市场化改革的步伐逐渐减慢。所以，政府在市政公用事业上的财政压力并没有真正减轻，中央政府将部分财政压力逐渐转移到地方政府和金融机构，而地方政府并没有如改革预期的那样，在市场上寻得足够的资金补充。因此，改变市场化改革的面貌，政府需要在转变规制职能和规制方式上做出更多努力。

以公用企业为主体进行市场化融资虽然在一定程度上解决了资金问题，但并不能解决产业发展中的效率问题，而效率问题才是垄断经营最大的弊端。因此，市政公用事业市场化改革除了体现在投融资领域和调整供需方面之外，需要公用企业能够真正提高竞争力、改进服务水平、提高整体效率、改进公共利益福祉，就需要进一步调整政府经济性规制的手段，激励性规制正是能够在这些方面发挥作用的有效规制手段，也是经济性规制领域目前最为推崇的规制手段。

（三）西方国家已有改革

西方国家在市场化改革的道路上步伐更大、改革更彻底。20世纪70年代兴起的公共选择理论和新兴古典经济学派（理性预期学派）提倡市场机制对经济自行调节，恰好契合了当时的新公共管理运动思潮。

---

① 《市政公用事业改革缓慢：住建部再度摸底调研》，《21世纪经济报道》2011年7月27日。

从新西兰到英美等大部分资本主义国家,都将传统的官僚制行政体制模式转变为市场取向的管理体制,也就是"放松规制"时期,其中美国以私有化模式为主,英国则以民营化模式为主。20世纪90年代以后,在快速的私有化过程中,市场化程度不高的传统工业企业和市政公用事业领域出现了困境,由于信息不对称等原因,公用企业开始出现逆向选择、丧失生产能动性、损害公众利益等问题。西方国家逐渐放缓放松规制的步伐,政府将规制重点从企业本身转移到整个公用事业市场供需问题上,有意识地扩大市场竞争程度,政府规制手段逐渐多元化,而激励性规制理论和工具选择在这一时期引起关注。

激励性规制更多强调正面激励,鼓励公用企业扩大经营自主权,通过积极地生产经营获得更多产出,兼顾收获正外部效应。随着政府规制方式的转变,在市政公用事业领域制定反垄断制度,引入市场竞争,私人部门参与市政公共服务的提供。从私有化到强制竞争性招标,从公共服务外包(Contracting-Out)到公私合作关系(Public-Private Partnership),国外改革者探索出一套激励性规制方法和重塑市政公用事业的新理念。西方国家在放松规制改革中的经验和教训,都为中国的市场化改革提供了理论和实践上的先行范例,为改革中的工具选择、道路选择提供了借鉴依据。

二 研究意义

(一) 理论意义

党的十八届三中全会通过的《中共中央关于全面深化改革若干重大问题的决定》更为科学地阐释了新时期政府职能的内涵,即:"宏观调控、公共服务、市场监督、社会管理、环境保护"[①]。公共管理学界对政府职能这五大领域都有大量的研究,推动着公共管理学科和政

---

① 杨小军:《三中全会〈决定〉对政府职能做出新界定》,人民网(http://politics.people.com.cn/n/2013/1115/c1001-23559973.html),2013年11月15日。

府公共管理实践的发展,学术研究中的学科交叉成为常态。但是针对公共事业激励性规制的研究,更多的仍然是从产业经济学的视角展开,从公共管理学科视角展开的相关研究成果还不够丰富;而政府作为规制行为主体,在公用事业中起到关键性作用,需要公共管理学深化对市场监管领域的研究,深入探讨政府规制的效率问题。本书期望能为丰富公共管理学科的研究提供参考。

政府规制理论属于尚未成熟的、发展中的学术理论。公用事业市场化中的政府规制,特别是其中的激励性规制模式,作为全球大多数国家正在积极尝试应用的新生规制模式,还没有发挥出全部作用。其原因一方面在于它在公用事业市场化的过程中还没有找到稳定的位置,另一方面在于其理论发展本身并不成熟,仍有诸多争论和有待实践检验之处,还不足以对改革起到绝对的指导作用。因此,本书期望能够在推动激励性规制理论发展的同时,也能对实践工作的某些剖面进行检验。

(二) 现实意义

任何改革都是一个不断试错的过程,在我国市政公用事业市场化的改革中,很多产业要么变为另一种形式的垄断(如污水处理)或退回国有化(如公共交通),要么太过市场化而产生过度生产(如电力)等问题。在当前这个时代背景下,本书具有很强的现实意义和应用性。政府需要进一步明确规制机制建设问题,特别是如何有效采用激励性规制政策,使政府规制和市场竞争协调发展,切实提高市政公用事业的运行效率。

市政公用事业的发展状况将对一座城市的整体竞争力产生巨大影响。激励性规制的运用,在处理好政府与市场关系的效用、提高市政公用事业供给效率、提升公共产品供给的效率和品质等方面发挥重要作用,从某种意义上,激励性规制的合理运用能够促进经济、社会、资源环境以及居民生活的统一协调发展,为处理好政府与市场关系问题起到关键性的推动作用。本书在尝试厘清政府规制理论特别是激励性规制理论的基础上,验证激励性规制在公共事业领域改革中的应用是否发挥充分作用,比如提高市政公用事业运营效率、改善城市生态环境、提高居民生活质量等方面的效用。同时,通过激励性规制机制的建构,推动制度更合理、执行更规范,使政企双方达到合作共赢,最终实现公共服务供给效率的提升。

第二节 概念界定与理论基础

一 概念界定

市政公用事业(Municipal Public Utility),在国外也被称为市政服务(Municipal Service)。当前,学术界没有对市政公用事业、公共事业、公共基础设施等概念进行专门的界定和区分,大多采用了直接描述定义法,即罗列相关行业,这种方式造成很多混淆和边界模糊的问题;而事实上,这些概念之间存在一定的区别。本书的研究对象为市政公用事业,就有必要首先对相关的概念领域进行分析界定、厘清概念边界,从而清晰研究对象的范围。

英美法律对公用事业的界定很宽泛,大意是指对公共利益有直接影响的经济行业及其活动。我国官方对"市政公用事业"的界定出现在住房和城乡建设部2005年发布的《关于加强市政公用事业监管的意见》,即"市政公用事业是为城镇居民生产生活提供必需的普遍服务的行业,主要包括城市供水排水和污水处理、供气、集中供热、城市道路和公共交通、环境卫生和垃圾处理以及园林绿化等"。[①] 在经济学理论中,"市政公用事业"与"公用事业"两个概念之间并无差异,都包括了市内电话、有线电视、本地配电、公共图书馆等城市公共服务领域,更广义的公用事业包括所有网络型公用事业产业,如电力、电信、铁路、公路、航空、邮政等。本书的研究对象,以住建部文件

---

① 《关于加强市政公用事业监管的意见》,http://www.gov.cn/zhengce/2016-05/22/content_5075657.htm,2005年9月10日。

中的市政公用事业界定为基础，侧重区域性、行业性、服务对象集中的，即狭义的城市市政公用事业。作为准公共产品，经济学理论对市政公用事业的特征有诸多界定：自然垄断性、不完全竞争性、网络经济性、强外部性、信息不对称、投资巨大而资产专用性和沉淀性、基础性产业特征、公用型和公益性等。

"基础设施"是十分宽泛的概念，学术定义最早可以追溯到20世纪40年代中后期，发展经济学平衡增长理论学者 Paul Rosenstein Rodan 称基础设施为"Social Overhead Capital"，即"社会的先行资本"，包括电力、运输、通信等基础工业；这些产业具备间接的生产性，为其他产业创造投资机会，构成社会经济基础和国民经济分摊成本。[①]而我国学术界广泛认可的定义来源于《1994年世界发展报告——为发展提供基础设施》，将基础设施分为经济基础设施和社会基础设施。经济基础设施是指永久性的工程构筑、设备、设施及为经济生产和居民提供的服务，具体包括公用事业（如电力、管道煤气、通信、供水、环境卫生和排污、固体垃圾收集及处理）、公共工程（如大坝、水利工程、道路）和其他交通部门（如铁路、城市交通、港口、水运和机场）；而社会基础设施主要包括文教和卫生保健等方面[②]。本书讨论的市政公用事业是经济基础设施中的重要组成部分。

我国正式定义的"公用企业"（Public Enterprise）出现在1993年12月原国家工商行政管理局（现国家市场监督管理总局）发布的《关于禁止公用企业限制竞争行为的若干规定》，是指"涉及公用事业的经营者，包括供水、供电、供热、供气、邮政、电讯、交通运输等行业的经营者"[③]。市政公用事业的经济学特征决定了市政公用企业同时承载了企业利润最大化和社会利益最大化的双重责任，无论从社会福

---

① 崔运武：《现代公用事业管理》，中国人民大学出版社2011年版，第3页。
② 世界银行：《1994年世界发展报告——为发展提供基础设施》，毛晓威等译，中国财政经济出版社1994年版，第2页。
③ 李志农：《国家工商局〈关于禁止公用企业限制竞争行为的若干规定〉》，《经济改革与发展》1994年第5期。

利、公共利益角度，抑或企业稳定、健康发展角度，公用企业都不能像私营工商企业那样参与自由市场的竞争，政府对待公用企业必须运用区别于工商企业的政府规制方式。

二 理论基础

本书的主题涉及政府规制机构和市政公用事业两个主体，研究的重点在于讨论规制机构对市政公用企业的政府规制行为的内在逻辑，重点分析激励性规制机制的应用问题。本书从公共管理学的立意出发，综合运用管理学、经济学、政策科学的理论与思想。同时，涉及市政公用企业一方的行为逻辑分析，主要运用公共产品或准公共产品的生产与供给理论。

（一）激励性规制理论

《规制经济学：原理与制度》一书中认为政府规制"作为一种制度安排，是对某种产业的结构及其经济绩效进行的直接政府规定，比如进入控制、价格决定、服务条件和质量的规定，以及在合理条件下服务所有顾客时应尽义务的规定"[1]。Khan 对政府规制的界定存在历史局限，但是对于本书的公用事业研究而言，却是十分恰当和重要的理论基础。《政府采购与规制中的激励理论》一书综合运用多学科知识，以不对称信息为研究假设、以激励理论为核心，将规制经济学带入新规制经济学时期。基于规制性质的不同，规制分为经济性规制、社会性规制和反垄断规制[2]，本书主要围绕经济性规制领域进行讨论。新规制经济学中对于信息不对称的规制者与被规制企业之间的委托代理关系的讨论中，激励性规制机制是最关键、最核心的理论线索。激励性规制理论是新规制经济学的核心理论，主要是"在保持原有规制结构的条件下，对于被规制企业以提高内部效率的

---

[1] 黄新华：《当代西方新政治经济学》，上海人民出版社 2008 年版，第 266 页。
[2] 黄新华：《公共部门经济学》，厦门大学出版社 2010 年版，第 143 页。

刺激。"① 激励性规制的理论将在文献综述部分阐述。

（二）契约理论

1937年，科斯发表了《企业的性质》一文，论证"交易成本"的观点，这篇文章正式为新制度经济学拉开序幕；20世纪七八十年代之后，新制度经济学在科斯、诺斯、斯蒂格勒等众多学者的推动下得到迅猛发展，很快成为经济学最重要的研究领域之一，近些年的诺贝尔经济学奖都与新制度经济学有着密切关系。诺斯认为"制度经济学的目标是研究制度演进背景下，人们如何在现实世界中做出决定以及这些决定如何改变世界"②。制度经济学是本书的重要理论支持，而其中关系最为密切的就是契约理论。

契约理论是新制度经济学的重要分支，发展于最近三四十年。学者对于契约理论的理论边界有过很多说法。按照法国经济学家布鲁索的观点，契约理论应包括：激励理论、不完全契约理论和交易成本理论。威廉姆森则认为公共选择、产权理论、委托代理理论与交易成本理论都属于契约理论的研究领域。2016年诺贝尔经济学奖分别颁给了霍姆斯特罗姆和哈特，而两位学者分别致力于完全契约理论和不完全契约理论的研究。笼统地说，契约理论的主要研究为：不完全信息情况下，人群或组织之间的合作规则如何设计；形成特定交易的情况下，合同双方的经济行为及其结果。契约关系的实质就是资源配置的博弈和确定，其中必然涉及产权理论、委托代理理论、交易成本理论、激励理论等核心概念。无论理论研究或是实际工作中，都存在完全契约和不完全契约的争论。以本书主题为例，市政公用事业市场化的过程中，每个委托代理关系的规划初期，契约双方都是期望可以签订一份完全信息合同来明确双方的权益和风险，这种期望在合同周期相对较短的工程项目中大体可以实现；但周期长的产业项目比如治污项目的

---

① 黄新华：《当代西方新政治经济学》，上海人民出版社2008年版，第295页。
② ［美］道格纳斯·C. 诺斯：《经济史中的机构与变迁》，陈郁、罗华平等译，上海人民出版社1994年版，第2页。

特许经营协议最高长达30年，特殊项目甚至允许更长时间，完全契约根本不可能实现。无论是否属于完全信息的契约，委托方都希望代理方可以尽心尽力完成受委托的项目，因此，契约设计中就要考虑交易成本问题和激励性的因素，特别是周期长项目的不完全信息契约，激励因素起到更加重要的作用。这些恰恰是本书讨论的核心内容。

（三）政策工具理论

政策工具理论，或称政府工具理论，是基于工具理性的维度展开分析，结合公共管理学、政策科学、工具系统科学等知识体系建构起来的研究领域。学界至今没有总结出一套完整、广受认可的政策工具概念。笼统地说，为了达到政府或其他政策主体的目标，可供选择的机制体制、策略手段等都可以被认为是政策工具。这一领域重要的著作，如 *The Tools of Government*（Hood，1983）、《公共政策工具——对公共管理工具的评价》（彼得斯等，2007）、《政府工具：新治理指南》（莱斯特·M. 萨拉蒙，2016）以及陈振明教授的《政府工具导论》，都是政策工具研究的重要成果。政策工具的研究价值在于融合不同领域的工具手段，探索出一套能够综合运用、灵活解决公共政策问题的工具主义途径。政策工具理论成为激励性规制工具研究的重要理论基础，用于激励性规制机制的工具选择的讨论。工具选择、政策环境和政策客体的不同搭配组合，在公共事业领域都将产生不同的结果，比如特许经营是我国长期用于公用事业市场化改革的工具模式，随着地方财政压力的增加，改革转向鼓励民营资本进入公用事业领域，政策工具的选择也随之转向PPP模式。工具选择的转变是本书讨论的重点之一。

（四）政策评估理论

政策科学能够逐渐从单一的政策制定和分析发展到政策的全过程研究，重要的进步就在于对政策结果及其影响进行事前、事中、事后的评估，"如果把政策过程看作某种有序的活动，那么，它的最后一个阶段便是政策评价……作为某种功能活动，政策评价能够而且确定发生在整个政策过程中,而不能简单地将其作为最后的阶段"①。近些年,政策效果评估的理论与实践更加成为政策科学研究的一大热点。所谓评估,就是根据一定标准对评估对象做出优劣判断;所谓政策评估,即"依据一定的标准和程序,对政策的效益、效率及价值等进行判断的一种政治行为,目的在于取得有关这些方面的信息,作为决定政策变化、政策改进和制定新政策的依据"②。政策评估的四个特质决定了它的工具效用:①以价值为焦点。政策评估不是简单的量的核算,而是依据社会和公众需求为价值衡量的标准而进行的社会效用的评价。②事实与价值相互联系。对政策评估的价值判断必须以事实为依据,政策效用不仅体现在对个人、团体或社会是否有价值,也需要判断政策解决某种特定问题的结果。③当前与过去都需要关注。政策评估的重点在于对政策实施前后进行回溯性的对比分析,了解政策发展是否按照原计划的目标进行,这样才是完整有效的评估。③ 本书在激励性规制实践检验的部分采用公共政策绩效评估方法,对市政公用事业中特定行业的政府激励性规制进行绩效评估,采用层次分析法对评估对象进行评估指标体系的设计,选择有效数据进行计分评估并做出基本的评价。

第三节 研究思路与研究方法

一 研究思路

本书基于市政公用事业市场化进程中的政府规制尤其是激励性规制的应用情况进行研究。研究报告从理论到实践、从宏观到微观,通过定性与定量相结合、论证与案例分析相结合的方式,多角度剖析研

---

① [美]詹姆斯·E.安德森:《公共决策》,唐亮译,华夏出版社1990年版,第183页。
② 陈振明:《政策科学——公共政策分析导论》,中国人民大学出版社2003年版,第309页。
③ 朱春奎:《公共政策学》,清华大学出版社2016年版,第128页。

究主题。

（一）问题导入

政府的经济性规制行为大多与自然垄断产业密切相关，而为了进一步走出垄断产业"马歇尔两难"困境，更深层次的激励性规制机制被很多学者提及，但真正分析研究激励性规制的学术成果并不够丰富，激励性规制的制度建构、实际应用及其效用等问题也没有明确的结论。那么，激励性规制在我国公用事业产业发展中是否形成稳定的制度体系？是否已经探索出与市场相适应的应用模式？激励性规制的效用如何，比如是否实现减少信息不对称、实现多元共赢等目标？这些问题都成为本书的出发点，为激励性规制的整体建构和效用分析提供更为科学、合理、有效的整体设计。

（二）思路框架

选题重点研究市政公用事业的激励性规制，研究分为三大部分。其中，理论部分重点研究和阐述激励性规制的理论演进和发展；制度设计部分在明确激励性规制必要性的基础上，对激励性规制机制原理设计、工具选择分析和评估模式进行讨论；实践验证部分着眼于市政公用事业的激励性规制效用问题，以绩效评估的方法对案例样本进行评估检验，从中判定现有激励性规制的基本效用状况。

（三）章节内容

第一章导论，深入剖析研究主题。通过梳理我国公用事业市场化改革的历史进程，展现市场化改革在我国取得的成绩和面临的现实困境，分析市场化改革进程减慢甚至停滞的原因，并将其作为本书的出发点。通过明确市政公共事业这一基本概念，清晰界定研究范围和边界；明确研究框架及其主要内容等。本章重点在于通过文献研究，概括性地整理和分析激励性规制的国内外理论与实践研究，并发现其中的诸多理论争议和理论发展走向。

第二章以信息经济学理论为基础，着重分析市政公用事业需要进行激励性规制的原因，从外在因素、内在因素、发展因素三个层面展开论述。为了追求效率和维护公共利益，政府和企业都在寻求更好的管理方式，激励性规制机制能够有效解决市政公用产业因为垄断性而产生的"马歇尔冲突"问题，能够激发公用企业的生产积极性和市场竞争意识，客观上促进社会福利的整体提升。新产业组织理论已经充分论证垄断产业具有信息不对称的本质属性，根据信息经济学的研究，激励性规制能够很大程度缓解信息不对称而带来的负面效应，减少由此引发的交易费用问题。激励性规制作为政府规制的全新探索，能够激发产业活力，鼓励生产者讲实话。从宏观角度看，要达到激励性规制的良好收益，完整的配套制度建设十分必要，必将推动"良好的规制"的发展，从整体上提升政府规制的效用。

第三章着重分析市政公用事业中激励性规制的工具选择。运用政策工具理论，将市政公用事业激励性规制能够选择的工具尽量展现出来。政策工具可以被看作如同中药材配伍一般的专门的科学，不同工具有不同功效，不同的工具搭配产生的效用更为复杂。本章从工具选择的类型、依据、影响因素三个方面论证市政公用事业中的激励性规制的工具配伍问题。首先从市场准入、定价、运行三个环节出发，介绍可供选择的工具类型。其次，根据工具实施的目的、主体、客体的实际情况，分析工具配置的依据和多种可能性。最后，根据激励性规制工具的自身特征和外在环境因素，分析哪些因素会影响规制工具的选择和具体实施。

第四章着重分析市政公共事业的激励性规制机制设计问题。由于委托代理关系中的规制内容非常多，无法一一分析，本章重点以机制设计理论和合同治理理论为理论基础，对机制设计所要达到的目标、机制设计的基本原则进行分析。通过案例论证机制设计的关键要素，通过激励性规制的系统分析和设计寻找突破改革难点的方法。以合约治理为基本理念，将理论分析、实践工作有机结合，不仅从规制者角度看问题，更多将被规制企业的意见、面临的难题都体现在论证当中，均衡展现规制双方的立场和态度，有助于提出更为合理、科学、可行的激励性规制机制设计思路。

第五章是理论研究到实证检验的过渡章节。重点介绍政策评估理念、政策评估工具和政府规制领域常见的几种评估手段。本章基于政策评估理论，首先阐述公共政策评估的发展历程，说明公共政策的分析视角涉及的对象或行业领域众多，公共政策评估过程中使用的工具手段不尽相同；但公共政策学涉及的一些领域不易采用以数据为主要素材的分析方式。本章集中介绍政府规制领域的常见几种评估工具，最终选择目前实际工作中最常用到的绩效评估模式作为本书实践性检验的政策评估工具。

第六章着重对市政公用事业中的政府规制以及激励性规制行为进行实践性绩效评估检验。由于市政公用事业涵盖产业众多，本书选择基础设施建设领域中的公共道路工程特许经营作为样本，因为特许经营作为激励性规制重要的工具手段，具备典型的委托代理特征，通过聚焦具体工作、有的放矢地展开检验分析。本章首先对特许经营行为进行评估分析，针对其中的具有激励性效用的机制进行二次评估分析。在大量的调研、综合分析的基础上，以检验性评估的结论为依据，对公共道路工程项目特许经营的政府规制行为、激励性规制机制，做出一些结论和思考。本章与理论分析部分形成前后呼应，进一步深化对市政公用事业激励性规制的认识和理解。

第七章总结本书的基本结论、创新、局限和展望等，特别是对未来的研究发展方向做出判断，从理论研究、实践工作、制度建设、机制运用等方面都提出一些方向性论述。

二 研究方法

本书综合运用规制经济学、公共政策学等学科理论知识，以定性的规范研究为主，通过理论演绎与实践调查相结合的研究方法完成研究。

（一）归纳演绎法

通过史料整理，系统梳理、归纳总结国内市政公用事业改革实践，特别是改革进程中的政府规制机制，从中论证自然垄断产业市场化改革的一般规律和面临的困难,并将实践经验的总结与理论分析相互印证,建构本书的研究背景和研究假设。

(二) 文献研究法

文献综述的部分通过文献研究和整理,全面梳理激励性规制理论的形成、发展、研究争论、实践探索等,通过比较中西方的理论研究和实践探索,发现目前对于激励性规制理论的理论争议,总结出理论发展的趋势。

(三) 调查法

市政公用事业的激励性规制的实践研究主要通过调研的方式获取资料,通过问卷、访谈等方式,选取部分地市、走访市政管理委员会、住建委等市政公用事业规制机构,了解地方政府对市政企业采取的激励性规制措施及其效果。

(四) 个案研究

由于主题范围广泛,为了体现明确的针对性,便于论证和分析,通过案例分析的方式缩小范围,突出重点。基于地方经济发展状况和市政公用事业发展典型性的原则,同时考虑到熟悉程度和调研便利,实践部分选取广西壮族自治区首府南宁市作为研究样本,以小见大地对市政公用事业的激励性规制进行研究。通过基础设施建设领域的市场准入、政府定价、招投标规制等角度深入评估。

第四节 研究综述与研究评价

一 激励性规制的理论研究综述

(一) 激励性规制理论的形成

学术理论的形成与发展必然是理论与实践交锋的结果,因此,深入分析激励性规制的理论发展,必须全面了解它的学科领域及其演进过程。

1. 规制行为的初衷

政府规制的研究最初产生于学术界对"自由放任"市场形态中的

市场失灵现象的反省，尤其是微观经济学领域观察到自由市场竞争会导致垄断、造成资源配置不合理以及信息不对称，最终导致损害自由竞争和公共利益的结果。19世纪中期，学术界开始关注规制问题，准确地说，1848年，以 John Stuart Mill① 为代表的经济学家开始关注自然垄断现象和经济规制的可能性，认为政府有责任干预微观经济领域。而真正在自然垄断与法律规制之间明确建立联系的是法国学者 Léon Walras②，他在1897年通过对铁路建设运营的研究，首次提出关于自然垄断规制的经济分析。法国法学家 Léon Duguit 在20世纪初提出，公用企业可以由统治者以外的普通人经营，随后很多学者对"市场化"有了不同界定，最普遍的提法是"民营化"，希腊等国家则把市场化称为"非国家化"。从19世纪中后期开始，西方世界国家政府开始有意识地干预微观经济体，以1890年美国国会颁布的历史上第一部反垄断法《谢尔曼法》③ 为代表，从法律上禁止了垄断协议和独占行为。Spulber 将规制界定为："由行政机构制定并执行的直接干预市场配置机制或间接改变企业和消费者的供需决策的一般规则或特殊行为。"④

2. 规制理论的建构

20世纪30年代（1929—1933年）的经济危机驱使各国政府从微观经济规制逐步扩大到宏观经济调控，1935年美国政府推出的"罗斯福新政"就是政府干预经济的典型例证。与此同时，20世纪30—70年代，规制理论学者也一致推崇强化规制理论，"行政命令"成为最早出现的主要规制方式，并且至今仍在发挥作用。传统规制工具主要是报酬率规制（Rate of Return Regulation）和完全成本规制（Fully Distribution Cost），但是这类规制方式似乎成为另一种行政垄断，一定

---

① John Stuart Mill，英国著名哲学家、经济学家，1848年著书《政治经济学原理——及其在社会哲学上的若干应用》，成为影响西方经济学界达半个世纪的教科书。
② ［美］史普博：《管制与市场》，余晖等译，上海人民出版社2008年版，第21页。
③ 《保护贸易和商业不受非法限制与垄断之害法》（An Act to Protect Trade and Commerce against Unlawful Restraints and Monopolies），简称《谢尔曼法》（Sherman Act）。
④ ［美］史普博：《管制与市场》，余晖等译，上海人民出版社1999年版，第45页。

程度上代替了市场垄断，又因为这种规制方式的逻辑简单，很快便暴露出信息不对称、垄断企业特有的 X 低效率、规制者与被规制者之间的"寻租"和"合谋"、降低公共利益等明显的缺陷，表现出很强的政府失灵（或规制失灵）特征。学术界开始出现批判声音，其中最具代表性的学者就是 Stigler。Stigler 和 Friedland（1962）质疑政府规制对价格调整的有效性。Averch 和 Johnson（1962）质疑政府规制没有达到初衷，又间接影响了企业行为。Demsetz（1968）将特许经营引入规制理论的实践性研究中。Stigler（1975）对"许多由政府强制实施的规制法令之价值"提出质疑。[①]

1970 年之前，政府规制的研究对象主要是基础网络设施领域（电力、通信、交通等），集中在定价和费率结构上。Kanhn 的著作《规制经济学：原理和制度》以及 Stigler 的文章《经济管制理论》被学界认为是开创规制经济学的标志性文献。Stigler（1971）和 Posner（1974）提出公共利益理论[②]作为这一学科的学理支撑，其观点由于无法证明社会净福利的获得，也没有实证检验的支持而备受批评。随后，两位学者又提出否定前者的集团利益理论[③]。Becker（1983）、Peltzman 等（1989）在研究中支持了集团利益理论的观点。规制机构与被规制厂商之间天然存在合谋的可能性，Olson（1995）的集团规模命题从消费者交易成本和"搭便车"的角度对这一观点给予了肯定的证明。正如公共选择理论的领袖学者 Buchanan 认为，如果说 20 世纪三四十年代占主导地位的是市场失灵论的话，那么七八十年代占主导地位就已经是政府失败论了。

20 世纪 70 年代以后，学者发现很多经济规制现象并不是简单的

---

① 参见［美］库尔特·勒布、托马斯·盖尔·穆尔编《施蒂格勒论文精粹》，吴珠华译，商务印书馆 2010 年版。

② 乔斯科和诺尔将规制公共利益理论看作"实证理论的规制分析"（Normal Analysis to Positive Theory，NPT）。

③ 很多学者将其简单界定为"规制俘虏理论"，但笔者认为这两者的侧重点并不相同，规制俘虏更多强调了规制者与被规制者双方的关系，而实际上，当时的理论发展并不局限于此，同时也涉及了多头垄断或者企业联盟等情况。

公共利益或集团利益两个极端可以全部解释的,也不只有强化规制或放松规制两种必然,必须有一个能够全面解释这些现象的学科,规制经济学由此发展起来。包括 Kanh 和 Stigler 在内的更多学者开始投入规制经济学的研究,例如,Bailey 于 1973 年发表《法规性制约的经济理论》文章、Peltzman 于 1976 年发表《走向更一般的规制理论》文章、Joskow 和 Noll 于 1981 年发表《规制的理论与实践:一个概览》文章、Sappinton 于 1991 年发表《未知技术含量的多产品垄断的最优规制》文章。规制经济学来源于微观经济学、产业组织经济学等领域,吸收了公共选择理论、政治学、法学、新制度经济学等众多学科的理论和研究方法,逐渐发展成为一门综合性的学科。

3. 规制理论的发展

"君主们就被完全解除了监督私人产业、指导私人产业、使之最适合于社会利益的义务。要履行这种义务,君主们极易陷于错误;要行之得当,恐不是人间智慧或知识所能作到的。"① Baumol 等于 1982 年提出,成本次可加性推动了自然垄断理论研究进入新阶段,也对传统规制工具中的价格规制提出挑战,他们同时提出的可竞争市场理论,为区分自然垄断和非自然垄断提供理论保障。这些理论都折射出传统规制方式的不足,指出了改进政府规制效率的必要性和可能性。20 世纪 70 年代以后,学术界从强化政府规制转变为主张放松规制,普遍认为内生规制只会产生更多的限制,而外生规制才能产生正激励和高效率。而放松规制并不意味着政府放弃规制的职能,而是政府规制行为边界的扩大,规制主体必须调整规制目的和规制手段,以适应放松规制下的市场变化和规制双方的角色转变。为了改变原有命令式规制方式的无效率,提高自然垄断产业的经济活力,向被规制企业提供更大的经营自主权,真正做到放松规制,委托代理理论、博弈论、机制设计理论和信息经济学等微观经济学理论和分析方法被广泛运用于产业

---

① [英] 亚当·斯密:《国民财富的性质和原因的研究》(下卷),郭大力、王亚南译,商务印书馆 1981 年版,第 252 页。

经济学的研究中，提出纠正信息不对称、规避市场失灵、降低规制成本、提高资源配置效率、提高被规制产业的效率、保证自然垄断行业的公益性特征等的解释。

20世纪80年代，进一步变革政府规制实践的放松规制理论，以提高规制效率为目的的激励规制理论成为规制经济学的研究新热点，也有学者认为这两个理论共同构成了新的政府规制理论——新规制经济学（New Regulatory Economics）[①]，也就是本书的理论基础。如果说20世纪80年代以前的规制经济学研究局限在经验研究层面，20世纪80年代以后的新规制经济学时期就是逐渐形成理论体系，深入展开实践性研究的阶段。激励性规制作为政府经济规制理论的重要前沿理论阶段，是规制经济学的全新制度设计。

（二）激励性规制理论的发展

1. 理论铺垫

1979年，勒布和马加特在《法经济学杂志》发表《公用事业规制的一个分散化方法》，最先将规制过程看成委托代理问题，设计激励契约模型（即L-M机制），将企业效用内部化，利用激励相容偏好显示机制与公共物品理论，设计规制过程中的"说真话机制"，指出政府补贴等同于被规制企业适当价格水平下的消费者剩余，企业的总赢利等同于总剩余。这一论文被视为激励性规制理论的先河之作。但"L-M机制"明显的缺陷是公用企业与规制者之间的信息不对称，造成规制者仍然无法掌握企业的成本函数，论证中也没有提及信息租金带来的公平问题（模型中采用未加权的社会总福利函数，但如果加权又将产生逆向选择问题）。Vogelsang和Finsinger（1985）补充和完善了"L-M机制"，提出了规制机构的次优状态方案"V-F机制"，即利用现有经营情况数据来规制下期价格的激励机制，将信息租金让渡给企业。Sappington（1980）对"V-F机制"提出批评，认为被规制企业可能利用信息优势，采取的夸大成本的策略性行为获得更高的价

[①] 黄新华：《当代西方新政治经济学》，上海人民出版社2008年版，第290页。

格上限，从而延迟达到拉姆齐最优价格。Vogelsang 和 Finsinger（1985）针对 Sappington 的批评，提出了一个扩展动态模型"F-V 方案"，重点是将上一年利润充公，提供某种补偿性补贴，被规制企业越接近于配置效率，补贴就越高。

Baron 和 Myerson（1982）将机制设计理论引入规制经济学中，提出信息不对称前提下的逆向选择问题，设计出第一个贝叶斯方法的最优化规制机制，也被称为 Baron-Myerson 模型，实际上是在效率与福利之间的权衡，这一文献为后来的研究提供了重要的启发。Sappington（1983）、Baron 和 Besanko（1984）分别提出引入过去的可观察成本制定规制方案的方法和随机审计的规制方法来减少信息不对称。Sappington 和 Sibley（1988）在信息不对称、事后审计的假设条件下，提出相比之前几个方案更加先进的跨期激励模型——增量剩余补贴方案（简称 ISS 方案），该方案通过允许企业自行定价，并给予企业一个真实的社会剩余增量的补贴，以引导企业迅速地、永久地站在社会利益的立场上行事。Sibley（1989）更进一步提出 ISS-R 模型，通过引导企业的需求显示，使 ISS 模型得以实现，这一模型逻辑严谨，但实用性不强，却为价格上限模型提供了借鉴。规制经济学在委托代理理论、机制设计理论和信息经济学等理论的综合研究下取得了实质性进展。

2. 理论提出

Laffont 和 Tirole（1988）在《运用成本观察来规制企业》中将激励理论和博弈论应用于规制经济学理论分析，加入道德风险、逆向选择、规制者与企业间的双重信息不对称这些变量，在被规制企业利用信息优势、最大化其利润的情况下，规制者最大化自身的目标函数，将规制看作一个最优机制设计，得出最优规制方案，做出一期模型。这一经典论文将规制经济学的研究推向一个新的高度，学术界也普遍认为激励性规制是由 Laffont 和 Tirole 提出来的。Laffont 和 Tirole（1990，1993，2000）在批判传统规制理论的基础上，创建了针对自然垄断企业的激励性规制的一般框架，提出不对称信息下的激励性规制的基本思想和方法，比如 Laffont 和 Tirole（1988）建构了二期委托代理模型，将激励契约的分析扩展到动态分析框架下，即动态模型中的"棘轮效应"导致第一期有较大的混用（Pooling），规制者在分析企业一期绩效后进一步修正激励性规制方案。Joskow 和 Schmalensee（1986）提出激励性规制的一般公式形式，即 $Pt = (1-b) C_t^* + bC_t$，且 $0 \leq b \leq 1$，通过公式可以看出，激励性规制的关键在于激励与抽租之间的权衡关系。Crew 和 Kleindorfer（1996）综合了新古典经济学和交易费用方法的效率标准，对多种规制模式进行比较，最终发现激励性规制绩效较好，报酬率规制绩效一般，国有企业以及不受规制的垄断经济体的总体绩效较差。Laffont 和 Tirole（1990）对他们 1986 年的研究进行扩展，研究了多产品垄断企业的最优规制，认为当成本函数满足一定条件时，激励和定价可以分开，即"定价—激励两分法"（Pricing-Incentive Dichotomy）。Laffont 和 Tirole（1988）提出利益集团政治下的委托代理理论典型模型，为以后研究如何打开规制者"黑箱"提供了理论基础。Sappinton（1991）运用贝叶斯方法，引入规制者对代理人环境概率信息的模型，率先分析了道德风险问题的模型[①]。Lewis 和 Sappinton（1989）、Maggi 和 Rodriguez-Clare（1995）研究了代理问题中的反补贴激励。

3. 理论传播

随着激励性规制理论被广泛接受，西方各国政府相继出台激励性规制政策。20 世纪 80 年代，英国开始激励性规制的实践，90 年代，欧美等西方国家开始广泛应用。其中，Demsetz（1968）首创的特许投标竞争（Franchise Bidding）、Littechild（1983）设计的 RPI-X 价格上限规制（Price Cap Regulation）、Shleifer（1985）提出的区域间比较竞争［也称标杆竞争（Yardstick Competition）］等激励性规制工具都成为政府规制实践中最具影响力的机制设计。公用事业投融资方式也出现 BOT、TOT、ABS、PPP 等多种形式[②]。激励性规制这种基于绩效的

[①] 肖兴志等：《公用事业市场化与规制模式转型》，中国财政经济出版社 2008 年版，第 11 页，脚注。

[②] 王俊豪：《深化中国垄断行业改革研究》，中国社会科学出版社 2010 年版，第 126—129 页。

规制方式在许多市场经济相对成熟的国家都取得了成功的实践经验。

20世纪80年代末，植草益（Masu Uekusa）的《政府规制经济学》和Stigler的《产业组织和政府管制》被翻译介绍给中国学界，中国开始引入政府规制理论。随后，政府规制理论被广泛应用于电力、电信等传统垄断产业的市场化改革中。21世纪初，中国加入WTO，这一过程中出现的国际贸易争端和与国际接轨的政府制度等都对中国的政府规制领域提出了严峻的挑战，促使中国学术界更加重视政府规制问题的研究。

（三）激励性规制理论的界定

1. 代表性学者的概念界定

作为中国最为熟悉的规制经济学学者之一，植草益从激励性规制要实现的目标来定义，没有涉及规制方案和信息不对称环境等因素，他认为激励性规制是在保持原有规制结构的条件下，激励被规制企业提高内部效率，也就是给予受规制企业以竞争压力和提高生产或经营效率的正面诱因。激励性规制给予受规制企业一定的价格制定权，让其利用信息优势和利润最大化动机，主动提高内部效率、降低成本，并获取由此带来的利润增额。

作为公认的激励性规制理论的提出者，Laffont和Tirole提出的定义考虑到了规制目标，也考虑了信息不对称条件下实现规制目标的规制方法。Laffont和Tirole认为激励性规制是在信息不对称的委托代理框架下设计激励性规制契约方案来实现最优规制。通过给予企业一定的价格自由裁度权，诱导企业正确地利用信息优势，选择规制者所期望的行为，减少逆向选择、道德风险等问题，提高产业效率和配置效率。既要给予企业降低成本、改善生产效率方面足够的激励，还要有效防止企业滥用自由选择权，以获得信息租金，从而实现了社会福利最大化的目标。

Joskow和Schmalensee（1986）以规制机制设计方案为出发点做出界定：激励性规制实际上是一种激励性契约，可以理解为以激励为基础的任何形式的规制合约，只要被规制企业的价格结构（部分的或完全的)与其报告的成本结构无关。规制价格不完全随企业实际成本的变动而调整,不完全依赖企业的成本信息,企业可以获得努力降低成本的部分或全部收益,从而能产生降低成本的激励。Laffont 和 Tirole (1993)也持有相似观点,认为激励性规制定价在一定程度上应与成本补偿相分离。

2. 对激励性规制含义的思考

王俊豪提出:激励性规制是将规制问题看作一个委托代理问题,着重研究的是如何在存在信息不对称的规制者与被规制者之间进行激励框架设计,进行非对称信息博弈,其实质是给予企业一定的自由裁量权,促进企业降低成本、提高质量、改善服务,诱导企业逐步接近社会福利最大化思路。本书基本认同这一概念。

相对传统规制经济学而言,激励性规制理论被称为新规制经济学理论,传统规制经济学的研究假设是建立在规制双方信息对称的基础之上,进行良好的政府规制。激励性规制的研究假设则是规制双方的信息不对称,并且打开了传统规制中的忽视的"黑箱"问题,使规制的制定与使用更加透明。新规制经济学试图解决委托代理关系中的逆向选择,道德风险,以及设租、寻租、合谋等问题,并以提高规制效率即被规制者的生产效率和社会总福利的提升为目的。

从有限理性的角度看,激励性规制进一步明确规制行为无法做到最优,只能尽可能制定一个合理的次优的规制合约。实际上,激励性规制理论无论从公共利益角度或集团利益角度都突破了传统规制经济学的局限,推动了良好规制局面的形成,奠定了理论上的可能性。激励性规制的核心问题是如何在尽量减少政府规制成本的前提下,把规模经济与竞争活力协调统一,使被规制者产生降低成本的原动力,通过某种制度设计把生产效率提高带来的好处最终转移给消费者,最终使生产效率和分配效率统一并实现提高。激励性规制的关键是制定能够正面激励企业效率,提高资源配置效率,也能有效约束其利用信息不对称而不当得利的激励规制合同或机制设计。通过合约的设计,规制者允许企业在提高整体绩效的情况下获得更多利润,企业在定价方面有更多的自由，灵活定价原则可以理解为使服务的相对价格更加接近拉姆齐价格。而激励性规制合约设计的关键问题，就是激励效率与政府抽租之间的平衡，具有不同激励强度的成本补偿机制，形成对被规制者的奖惩，从而获得较大的总体效用。成本补偿机制的实质是经营企业与消费者确定双方对成本进行分担的比例关系。不同的激励强度取决于经营企业承担的成本比例。因为企业是全部剩余的获得者，这就最大限度地激励着企业想方设法降低成本，增加净收益。在满足广义的集体利益或泛指的公共利益的前提下，在位企业的小集体利益也将受到保护和鼓励。激励性规制是一种实用性、政策性很强的规制手段，包括了特许投标制度、区域间竞争、价格上限规制等多种工具选择。

（四）激励性规制理论的验证

20世纪八九十年代以后，激励性规制理论经过不断论证逐渐走向成熟，形成了相对独立的内涵界定和理论体系，在更多市场经济发达的国家应用于实践。激励性规制的研究逐渐从单纯的理论分析转向实践性研究，不断修正着理论应用于实践的可操作性和应用效率。

在这个过程中，很多学者总结了一些经验性、条目式的方法论来推动理论的完善。Hill（1995）指出，考虑一个规制方法时，规制机构的挑战是制定一个模型，为公用事业从事社会意义上的"理想行为"提供激励机制，同时Hill提供了以5个监管模式、4种绩效为基础的模型：①价格上限管制，最高限额设置在平均价格上，公用企业可以向顾客索价；②收入上限规制，最高限额设置在收入上；③回报率带宽调节，如果盈利下降到股本回报率的价值以外，公用事业的利率会被调整；④目标激励，公用事业被给予激励去提高其运营的特定成分。Sappington（1994）对合理有效的激励性机制的属性进行了非技术性调查，认为良好的激励性规制计划的特点与监管机构的目标、权力、能力和监管环境的性质有关，并得出10个简易的指导方针，可能对承担设计激励性规制计划的决策者有用。Boyer（2003）实证分析了有逆向选择的委托代理模型中完全契约的规制问题，通过观测委托人的信息和目标函数、代理人的激励约束和参与约束，找出哪种外部竞争参数影响激励着被规制公司，更强的竞争并不总是带来更高的激励，在诸多积极的因素之外，规制者对清算的威胁则不会太敏感。

Laffont（1999）展示了激励理论如何帮助政府避免政府官员被利益集团俘虏。将政府工作人员看作已经授权经济政策的知情监督者，权力分离增加了合谋的交易成本，并增加了避免互惠与非对称控制的关联性，宪法契约的不完整将自由裁量权给予了作为剩余决策者的政府官员们。文章讨论到权衡，通过允许政治家有强大的工具获得更大效率，通过限制相反的工具来减少自由裁量权，这些权衡的决定因素是环境，即风格、技术和人数规模的信息不对称程度。集体行为的激励新理论可以用来确定信息不对称下合谋的交易成本以及这些成本在多大程度上放松了强加给政府的约束。Laffont 和 Martimort（2000，2002）分别讨论非对称信息下代理人合谋问题。当代理人有私人信息并能进入合谋协定时，首先，防止弱者合谋原则对委托人没有限制作用；其次，根据这一原则设计一套分配机制来满足个人和集团的激励约束。"最佳防止弱者合谋机制"造成了没有合谋的最先最优效率的可能性，允许合谋恢复了相关和不相关环境的连接。

美国经济学家 Grew 和 Kleindorfer 运用新古典经济学和新制度经济学的评价指标，对美国公用事业治理方式的经营绩效进行了比较制度分析，公用事业各种治理方式的效率属性排序如下：激励性规制绩效较好，报酬率规制绩效一般，国有企业绩效较差；公平属性排序如下：报酬率规制和特许权拍卖较好，激励规制和国有企业一般，没有规制最差。英国经济学家 Littlechild 也进行了类似的比较分析，按他的评分标准，评价最好的是"民营化 + 激励性规制"体制。

Joskow（2006）曾做过一项关于激励性规制理论与实践的综合性研究，认为过去 15 年激励规制理论基础已经发展相当成熟，为实际应用的激励机制设计提供一个合理成熟的理论框架。然而，这些概念应用到配电和传输网络远远落后于理论发展，激励性规制的实践比理论中的激励性规制更加复杂。文章详细分析了两者的关联，比如激励机制已经被推广，激励性规制实践是个渐近的过程，价格上限机制是世界上最受欢迎的激励规制方式，部分原因是因为这个机制作为简单的、替代服务成本监管的方式被大量宣传。由于监管机构的信息劣势产生的逆向选择和道德风险，可以通过提供企业一个根据激励契约的成本菜单得到最佳解决等。Guerriero（2008，2013）分析激励性规制的决定因素，经济学家们一直认为激励性规制中的规制者是善意的，最好地权衡了信息租的提取和节约成本的诱因。但 Guerriero 通过研究证明，更有力的规制是以更低的租金提取为代价，减少配置扭曲实现的，规制者更关心的是通过给予更高的预期利润来刺激投资，而租金提取并不那么必要，因为信息不对称的程度更有限。选择激励规则的政治主体，拥有双向垂直、真实信号的信息收集技术，其效率随着可问责性的增加而增加，此外，激励方案的引进主要是为了激励投资。

近年来，相关研究更多是产业实践案例分析，以案例佐证激励性规制的科学性。Heine（2013）深入了解能源公司"外部"市场规制和"内部"管理（企业治理）之间复杂的相互作用。许多国家引入新的规制方式并不意味着成功，主要问题似乎是用于分析市场的新古典主义框架有两个局限：首先是难以克服企业普遍持有"黑盒子"的观点，其次认为代理人总是做出理性选择。Nepal 和 Jamasb（2015）指出电力网络中与物理和网络安全相关的成本激励规制很重要但确实相对模棱两可的问题，提出将网络安全成本纳入激励监管的备选方案，并讨论标尺竞争之外的替代方法，如使用随机成本效益分析和网络安全投资的成本效益分析。

二 激励性规制的实践研究综述

20 世纪八九十年代，经过西方国家众多学者的反复论证，激励性规制理论最终形成，并被认为是区别于传统规制经济学的新规制经济学。20 世纪 70 年代后期，西方国家开始大规模放松规制改革，随着激励性规制在英美等国被广泛应用于自然垄断企业的市场化改革，学术界对激励性规制研究的重点也从理论论证转变为实践性研究，学者通过对激励性规制应用的实证性分析，继续推动这一理论的演进和成熟。这部分只综述经济性规制领域中的激励性规制。

激励性规制的关键在于关注企业产品定价，改变企业的成本函数、投资选择，最终维持和提高企业的生产效率和社会效益。因此，近20年，在理论研究的基础上发展起来的实证性研究也大多将研究重点放在对这些函数关系的论证分析上。

（一）激励性规制的阶段性总结研究

Laffont 和 Tirole 合著的《政府采购与规制中的激励理论》是关于激励理论、委托代理理论和机制设计理论的理论性较强的专著式教科书，在西方被称为"规制经济学的圣经"[1]。两位经济学大师运用完备合约方法，将激励理论引入规制最优机制设计问题中，用新规制经济学理论框架将博弈论、信息经济学和激励机制设计的工具用于对政府采购与规制问题的分析，发展出了一套更加实际、更具操作性的模型，从而得出用于分析政府采购与规制中的激励问题的综合方法，并为中国公用事业的市场化提供了先进的规制理论和方法。美国罗格斯大学分别于1993年10月22日和1994年5月6日召开以"公用事业激励规制"为主题的两场座谈会。参会的学者和从业者分享公共事业经济学的研究，如激励规制理论、动态定价、转让定价、法律和经济学、定价优先服务和能源公用资源规划等，座谈会成果集结成书 *Incentive Regulation for Public Utilities*[2]。

Vogelsang（2002）认为，在过去20年中，一般性激励和特殊的价格上限激励，已经将新的生命注入公用事业监管。价格上限成功地结合了降低成本的激励机制和更有效的定价激励，有利于开放公用事业部门竞争。相对来说，当潜在的自然市场结构是未知的，紧凑的价

---

[1] 参见［法］让·雅克·拉丰、让·梯若尔《政府采购与规制中的激励理论》，石磊、王永钦译，上海人民出版社2004年版。

[2] Crew, M. A., *Incentive Regulation for Public Utilities*, US: Springer, Kluwer Academic Publishers, 1994.

格上限可能意味着适量的竞争，虽然价格上限使受规制的在位者更积极参与竞争，进入市场可能造成不受管制的结果。在位者潜在的反竞争行为已经导致在基准成本之上，监管必要的投入。基准成本应逐渐发展成必要投入的价格上限，并最终导致终端价格的局部松绑。Stern 和 Jon（2014）从 1983 年 *Little-Child Report* 的出版开始探讨英国独立公用事业规制模式的演变，认为英国之前 10 年里，该模式在促进竞争方面面临一些威胁，主要在能源规制（尤其是电力）方面，除了能源之外，对规制机构独立性和竞争作用的挑战并不严重，这一模式总体上是比较成功的，相对于其他国家而言，即使不那么有特色，仍然完好无损，主要的持续性的问题是如何处理好重复的定价规制审查，虽然试用了新举措，但尚未达成处理潜在战略博弈问题的解决框架。

（二）激励性规制与成本定价的研究

Gasmi、Laffont 和 Sharkey（1997）结合本地电信公司工程成本的过程模型和最佳激励规制分析模型（事后成本观），经验性地研究了最优规制机制的性质。他们认为，在固定领土上，强大的经济规模允许本地电信保留垄断特点，若（信息）规制成本占比合理，激励修正项占比很小，通过比较简单的线性合同就很容易接近最优规制。Monica 和 Catherine（2005）认为，之前 20 年英国私有化的公用事业公司引入激励性规制的目的是鼓励有效的定价结构，上限已经被限制在平均价格水平上，企业有自由平衡企业内部价格。文章通过审视英国的价格上限行业收取的价格，令人惊讶地发现企业对激励措施反应不大，这表明即使有竞争的引入或威胁，策略行为仍主导着短期利润激励。Evans 和 Guthrie（2006）提出一个模型（包括不可逆的投资、规模经济、未来需求、资本价格不确定性、规制机构），设定企业的产出价格，假设替换企业的成本结构，因为不必面对被规制在位企业曾面对的历史不确定性，替换企业相比在位企业有更大的成本优势，可以更好地利用规模经济；设定企业的产出价格非常低，即便必须继续投资，也不足以让在位企业有意愿打破格局而允许替换企业加入。因此，规制机构必须允许在位企业的收入超过有替换企业参与的情况。Hellwig 等（2018）提出差异方法估计激励对降低成本的影响，受制于较低动力的规制机制，德国配电系统运营商积累了更多的成本，对确定未来价格产生影响，这种模式与在棘轮效应威胁下的情况是一致的。这一结论与目前大部分文献认为一个受规制企业的市值应该等于取代其现有资产的成本的文献形成鲜明的对比。而相对于回报率规制，频繁地重置规制价格可以增加公司所有者的风险，这反映在更高的产出价格和更高的资产加权平均成本方面。

这些研究从不同的侧面表明，单纯的激励性规制措施，比如增加竞争，并不足以打破垄断并让企业有动力做出回应，而成本如何建构并规避其不确定性、规制成本由谁来承担、企业的策略性行为等因素，更能够刺激企业经营方式的转变，并对其成本和产品定价产生影响。成本是重要的商业信息，但难获取并测量，因此对于不同激励性规制手段下的不同企业进行成本定价的横向比较是缺乏科学性的。也就是说，没有充分证据表明，激励性规制与成本定价之间有直接的正相关。

（三）激励性规制与投资行为的研究

规制政策能够影响公用事业企业的投资类型。Cambini 和 Rondi（2010）以 1997 年到 2007 年欧盟能源产业为例，研究投资和规制制度（激励与回报率规制）的关系，运用工具变量法（2SLS 和 GMM）解决规制制度潜在的内生性，研究结果表明，激励性规制下的投资率高于回报率规制，将原始数据用于规制工具上（X 因子和加权平均资本成本 WACC），被激励的规制企业投资呈现出对 X 因子的高度敏感，符合效率和利润追求动机。电力事业投资也对加权平均资本成本（WACC）的水平和变化很敏感，私人控制和投资之间的正相关关系不健全，这表明欧盟的规制机制已经减少了私营和公共企业的激励投资差别。Mountain（2014）指出，2007—2013 年，澳大利亚公有网络服务商提供的家庭网络费用增加了一倍多，在此期间，政府规制部分的资产和利润增加了两倍多，而在类似的价格上限规制制度下，英国私营网络服务商提供了截然不同的结果。研究认为政府自主权破坏了经济规制的权威和独立性,澳大利亚在管理政府拥有的电力分销商方面的做法违背了一种假设,即规制可以完全独立于政府拥有,或者将以与私有实体相同的方式运作。Cullmann 等(2015)分析了 2009 年年初以来为确保电力和天然气管网运行更高效而设计的激励性规制,影响了电力和天然气分销,该研究实证性分析了 2006 年到 2012 年的分销系统运营商的投资活动。研究结果表明,2009 年引入激励性规制对投资产生了积极的影响,关键是这种影响并不取决于激励性规制本身,而是取决于规制的具体设计。

Poudineh 和 Jamasb(2013,2015)、Poudineh 等(2014)利用多篇文章分析,对与投资相关的激励性规制,规制机构采用事后规制的情况下,投资和成本效益的关系,使用 2004—2010 年 126 家挪威分销公司面板数据集,在公司"投资效率"、成本标杆的激励性规制下,引入"不影响效率"(No Impacet Efficiency)概念作为投资的收入—中性效率效应。20 世纪 90 年代初以来,规制机构通过标杆和生产力分析的激励性规制方式,能够使电网成本效率和服务质量提高,结果表明,三个因素可以驱动几乎所有管网投资:过去的投资率,未能提供能源的社会经济成本,资产的有用寿命。在一定程度上,挪威公司已经回应了由规制机构提供的投资激励。

总体上看,除挪威的案例研究认为激励性规制与有效投资之间存在周期问题之外,几乎所有其他代表性的研究都证明了激励性规制对网络型产业的投资决策产生比较重要的、积极的影响,这些影响更多地来源于如何进行规制设计框架。在投资行为中,规制者不应高估投资的风险,从而有效激励企业投资。

(四) 激励性规制与生产效率的研究

Schmalensee 和 Rohlfs、Tardiff 和 Taylor、Christensen Schoech 和 Meizen 都研究了激励性规制对生产效率的影响,分别比较美国 AT&T 实施价格上限规制前后三年的全要素生产率(TFP),利用投入产出指标研究电信业的 TFP,结论都表明,实施价格上限规制后,TFP 明显高于实施之前,并且 AT&T 的服务质量明显改善。[①] Ai 和 Sappington (2002) 研究 1986 年和 1999 年之间美国电信行业的激励性规制对网络现代化、总投资、收入、成本、利润和当地服务费率的影响,发现价格上限 (PCR)、利润共享规制 (ESR) 和费率延期偿付 (RCM),相比回报率规制 (RORR) 规制而言,更加具有网络现代化属性,RCM 的成本通常更低,当地竞争足够激烈时,ESR 和 PCR 的成本也较低,一些商业客户的地方服务费率在 PCR 中更低,相比 RORR 来说,收入、利润、总投资和本地服务费率在激励性规制下没有系统地改变。

Zschille 等 (2012) 认为英格兰、威尔士、澳大利亚和斯洛文尼亚的供水产业建立了以标尺竞争为基础的规制机制,而德国供水产业巨大的效率差异应该是源于价格差异,未来规制应该通过设定价格上限激励供水厂减少成本。在认真选择变量和外在环境的基础上,规制应当进行更深层次的效能分析。Machek 和 Hnilica (2014) 认为标尺规制已经成为提高公用事业效率的一种现代化方式,然而需要大数据集的支持才能保证其有效性,文章分析了捷克共和国的特定网络公用事业的生产效率,证实即使被规制公司不能影响其所有成本,由于数据的不充分也会导致效率分析持续向下的趋势。Banker 和 Zhang (2015) 通过数据包络分析 (DEA) 检验标尺规制提高电力公用事业运营效率的成效,采用巴西电力分配公司 2003—2012 年面板数据,发现平均而言,在 2011 年实施激励性规制后,巴西供电公司经历了显著的效率改进,巴西民营公用事业效率提高最为明显,但国有公用事业不显著,相比于国有企业,民营公用事业设法减少了内部劳动力和外包成本,结果表明私有化和 DEA 标尺都在促进管理、提高效率中发挥重要作用。

激励性规制对于网络型公用事业的生产绩效是否有正相关性,长期的研究并没有得到广泛共识,反而存在很大争议。但总体来看,随

[①] 转引自赵卓、肖利平《激励性规制理论与实践研究新进展》,《学术交流》2010 年第 4 期。

着实践周期的延长，存在正相关的研究结论在增加。但是由于研究对象的企业成熟度和政府实际操作方式不同，这一结论也并不十分确凿。可以认为，激励性规制对生产效率的积极作用，不是激励性规制作为独立工具就可以实现的，需要政策设计和其他条件的配合才可能实现。

（五）激励性规制与产出质量的研究

Bauknecht（2011）分析激励性规制框架下的网络创新，即智能电网要求电力网络创新，认为以成本和价格为基础的规制计划会影响被规制企业的研发。Ai 等（2004）研究激励性规制（价格规制和收益分享规制）对1991—2002年的美国电信行业的零售服务质量的影响。结果显示，激励规制明显地与几个维度上的更好的服务质量都相关（例如，更快速地安装新电话服务、减少故障报告、提高客户满意度等），但明显地与几个维度上的更低质量也有关（安装承诺的满意率下降和售后服务的时间更长）。Growitsch 等（2010）探讨了配电网络成本效益的影响，将客户对服务质量的支付意愿结合到标尺模式中，为了克服不正当的激励措施，即随着配电公司的激励性规制而产生的过度维护不足和不充分的网络投资，全欧洲的规制机构开始规范服务质量，在规制工具有效性分析中，作者认为这种间接的规制工具某种程度上推动了服务质量。Ter-Martirosyan 和 Kwoka（2010）研究1993—1999年美国电力分配事业中采用激励性规制的部分，利用数据和模型证明，服务中断的持续时间显著延长确实与激励性规制有关，重要的是，这一质量下降在规制纳入服务质量标准的情况下被抵消，而认真设计质量标准能够使激励规制实现成本节约而又不降低质量。Siano（2014）指出投资创新智能电网（SGS）技术可以减少不可预知的可再生能源系统（RES）配电系统整体投资，支持规制机构通过正确的激励方式，鼓励 RES 开发配电网的创新投资，认为激励性规制对 WTS 开发商和 DNOs 的经济影响是正向的，规制机构可以决定与"创新"投资有关的激励机制，该方法允许利益相关者如规制机构、配电公司和开发人员，评估决策的长期经济效应，确定合适的激励。方法有效性的确定可以利用非支配排序遗传算法（NSGA-Ⅱ）和多周期最优潮流（MP-OPF）方法确定。

为数不多的关于服务质量和技术创新方面的文献，都从理论上论证了激励性规制在这一方面能够起到的积极作用，但从实践角度并没有找到证据。这也说明，激励性规制的理论分析与实践应用之间存在一定的距离。

（六）激励性规制实践的区域性研究

20世纪七八十年代，伴随着电信、天然气、自来水等主要公用事业的私有化改革，英国开始兴起激励性规制。美国的激励性规制加速了通信业、建筑业、交通业等公共行业领域的放松限制改革，传统的报酬率规制对激励性规制的有效实施形成了阻碍，因此，美国的规制机构采用了更多更灵活的激励性规制方式，放松规制的改革举措相对更加温和、折中。20世纪90年代中期，鉴于经济长期不景气，日本政府制定《规制缓和推进计划》实施放宽规制的办法，主导推行了多方面的激励性规制研究与革新，取代传统落后的规制方式。

Crew 和 Kleindorfer（1994）回顾英国和美国的激励性规制，英国的方法通常依赖纯粹的 PCR（价格上限规制），为了效率和更低的交易成本而采用更尖锐的激励，但这种办法使工商企业要抵押更多的东西给规制机构。美国更多受限于法律制度，放弃效率激励，只是尽量避免工商企业的抵押品出现规制违约，研究广泛论证了激励性规制、从 PCR 的单一形式到一些变化和 PCR 与其他管制形式的混合。Witte 和 Rui（2010）对激励性规制的实践进行了跨国研究，即荷兰饮用水业的标杆学习、英格兰和威尔士的私有化、澳大利亚的强制规制机制、葡萄牙市政规定私人部门参与、比利时的多层级公共管理。研究认为不同意识形态在国家干预经济的层面上会产生不同的激励结构，对于被激励的公用事业而言，若没有清晰和结构性的激励，公用事业平均效率无从谈起。标杆学习的出现（对阳光规制或者标尺竞争的意义）是替代市场竞争，通过比较竞争的关键因素。

Witte 和 Saal（2010）分析荷兰自愿阳光规制模式（即公共设施效

率发布）下的公有垄断公用事业的行为，研究结果表明，在适当的政治和制度背景下，阳光规制可以成为确保公共服务有效率和有盈利的有效的和适当的手段。Cambini 等（2014）讨论了意大利的实践，意大利的质量指标使用以输入为导向的工具、以输出为基础的激励机制已超过 10 年。电力分配中的激励性规制改革近期进行工具扩充，从输入为导向的工具转向包括额外的、输出为基础的激励机制，这与传统的对生产效率的关注形成潜在的冲突。文章利用来自意大利最大配电公司的微观数据评估这一规制框架的影响，结果表明，当测量一个单一单位的绩效时，使用社会成本是更好的。Finger 等（2016）介绍巴西公用事业规制过去 20 年面临的主要成就和挑战。根据 GDP 判断，巴西是世界第七大经济体，20 世纪 90 年代开始私有化计划，公共服务显著地部分源于长期特许协议转移给私人投资者的部分，例如电力、道路、铁路和电信传输和分配，但国家仍然起着重要作用，国有企业与私人投资者的相互作用增加了规制的复杂性。Rious 和 Rossetto（2018）讨论了英国模式，英国电网的激励规制模式一度是最先进的，在整个欧盟都被采用，尤其是在投资和创新有限、规制机构独大、电网运营商之间协调有限的情况下，这一模式运作良好。

通过区域实践的横向分析研究，可以发现，欧洲地区国家相对其他地区国家更早发展了激励性规制，有更多自主的做法。而其他地区的国家更多是在学习效仿基础上的简单创新，甚至没有创新，由此也引起一些制度适应性的问题。

（七）激励性规制其他方面实践研究

1. 针对新规制经济学法理内涵的研究

激励性规制的理论研究中最为常见的就是针对公用事业市场化或民营化的规制策略研究。Sidak 和 Spulber 的著作《美国公用事业的竞争转型》是一本有代表性的综合性研究，著作以法和经济学为基础理论，利用大量美国电信、电力等网络型产业改革实证材料，对放松规制、规制契约、公正补偿、规制与竞争等诸多问题给出了颇具见地的看法，并再次强调规制相对于竞争的优越性，有助于推动网络型公用事业的规制改革与结构转型以及公用事业规制与公用事业法研究①。Graham（2000）的著作探讨私有化中公用事业规制的公法意义，如何融入宪法理解关于责任、个人权利和领土政府，认为如果宪法和规制原则要彼此容纳，基于宪法改革和欧洲一体化的影响，新的方法就是必要的。书中通过观察价格管制、公用事业服务的竞争性市场的来临、放松规制体系的未来，做出科学的多维公用事业和政府计划改革。

2. 针对发展中国家规制的反思研究

很多外国学者认为发展中国家公用事业改革的整体效果并不好。拉丰认识到新规制经济学的假设前提是政府是有效率的，资本市场是完美的，法律是完备的，规制人才是充足的，但是这些前提与广大发展中国家的实际情况并不相符②。拉丰的《规制与发展》是第一本从发展中国家和转型国家的需求和约束的角度，重新考察规制和激励理论的著作，其中有表述："欠发达国家的顾问们只能依赖发达国家的经验以及为发达国家设计的理论框架。毫不奇怪，他们实际上照搬了那些为发达国家设计的规则，并且忽视了欠发达国家的特征。"照搬必然会导致公用事业改革失败并造成巨大社会成本③。

Wren-Lewis（2014）研究了非洲的公用事业规制机构是否能从英国过去30年的经验中吸取有用的教训，研究关注了英国规制模式三个关键特征：价格上限激励、独立规制机构、强调引入可能的竞争；以及对大多数非洲国家来说，每一个属性模型是如何相关的。总体而言，虽然英国模式可能有一些经验可以帮助提高非洲公用事业的绩效，但能够解决的问题通常不显著。许多非洲国家规制失败的主要根源仍是制度弱点，这些弱点呼吁设计一个规制模式模型去具体解决。Gassner和Pushak（2014）探讨了30年间英国规制模式在发展中国家和转型

---

① [美] J. 格里高利·西达克、丹尼尔·F. 史普博：《美国公用事业的竞争转型：放松管制与管制契约》，宋华琳、李鹡译，上海人民出版社2012年版，序言。

② [法] 拉丰：《规制与发展》，转引自聂辉华《发展中国家的规制指南》，《财经》2009年第16期。

③ [法] 拉丰：《规制与发展》，聂辉华译，中国人民大学出版社2009年版，序言。

国家的影响，文章的数据与模型的三个关键特征是相关的，即独立的规制机构、专注于竞争、激励性规制下的服务供给更高效。尽管规制机构在世界各地迅速蔓延，英国规制模式在中等和低收入国家只是部分成功，主要原因在于公用事业持续的国家所有权背景下，规制机构"去政治化"（De-Politization）更具挑战性，即使一些国家相较英国有差距，但提高决策技术完善性和对规制机构引入问责是监管机构可以解决的关键性任务。Sarr（2015）认为发展中国家的电力行业引入独立规制能够有效地刺激效能改进、引起更大产出和更好服务质量。

发展中国家的公用事业规制体系存在一些困境，比如规制机构的有限性、规制机构的独立性、规制机构的结构设计、规制激励方式等。对发展中国家来说，有必要进行第二次公用事业改革，对现有相关规制体系进行"再改革"，重新考察规制和激励理论。构建适宜的发展中国家公用事业规制体系，着力提升规制机构能力，依据人力资源水平、规制承诺水平选择合适的规制治理模式，合理确定规制机构的自由裁量权，构建完善的规制激励机制，使其与制度禀赋相匹配，考虑规制政策模式的选择以及各规制政策的权衡[①]。

三 激励性规制的中国研究综述

规制经济学的发展经历了公共利益理论、集团利益理论，到20世纪80年代提出新规制经济学，而为了提高规制效率，近年来越来越重视和发展激励性规制理论，这一理论分支成为放松规制改革中最重要的制度设计。同在20世纪80年代，正值我国改革开放，自然垄断产业的放松规制改革刚刚开始试水，中国学界也开始关注规制经济学。1992年，当时任职于国务院发展研究中心信息部的唐若霓撰写的《植草益〈政府规制经济学〉简介》，正式将规制经济学引入中国学界，成为当时调整中国产业改革中的政府职能、指导改革方向和预测未来

---

① 陈剑：《公用事业规制体系运行机理及其下一步》，《改革》2012年第8期。

发展的方法论和指导书。在接下来的几十年中，我国一些学者从经济学（尤其是产业经济学）、公共管理学、公共财政等学科转向研究规制经济学，尝试运用这一理论为我国的经济社会发展提供理论指导。研究的重点领域大致可以分为以下几个方面。

(一) 激励性规制理论的引入和本土化的研究

为数不多的综述性文章将激励性规制理论逐步引入中国学界，并引起产业实践领域的关注。余华东（2003）综述性地向中国学界介绍了激励性规制理论。张红凤（2005、2006）、杨宏山（2009）、张秉福（2012）、张帆和罗雪凡（2017）都充分论证了规制经济学的发展，提到"激励性规制"作为规制经济学的最新前沿分支及其未来一段时间的实践探索趋势，无论对理论发展还是对现实经济和社会改革发展将起到重要作用。胡凯（2010）通过信息结构内生下的激励性规制理论，解释代理人信息优势来源及其信息搜集决策，认同该理论的贡献，同时局部修正标准激励性规制理论的结论。顾昕（2016）分别从五个方面强调激励性规制及其相关问题的学术研究的重要性和紧迫性：规制俘虏现象的实证分析；最优激励机制设计，从而强化规制的激励效应；规制者自身激励的研究；筑牢政府规制行为的公益性法理基础；政府规制的合意性在交易成本经济学和信息经济学的框架中得到重新论证。

学者同时关注了激励性规制理论的中国化问题。徐宗威（2009）从"激励型规制理论的设计"等六方面分析在我国实践方面的适应性和特殊性问题。赵卓和肖利平（2010）对激励性规制尤其是价格上限规制做了专门的研究，从生产效率、成本效率、投资三个角度归纳总结激励性规制的实践效果，尤其在激励企业降低成本方面取得明显的成效。刘华涛（2013）从企业角度思考激励性规制的应用问题，从俘获规制机构等方面分析激励性规制下的企业策略性行为及其治理措施。刘华涛（2014）借助新制度经济学的交易费用、制度结构、路径依赖等理论，对激励性规制的有效性进行全面解析，提出我国应该加强激励性规制的应用，构建与激励性规制相适应的制度结构。

(二) 激励性规制的实践研究促进多学科融合

较早关注公用事业改革问题的学者，通过产业经济学视角，从研究国外公用事业民营化改革经验展开探索，逐渐将公共管理学科融入这一领域的综合实践研究中。同时，规制法学的研究为建构更加科学合理的政府规制模式提供了重要法学依据。侯万军和金三林（2005）主要分析了比较典型的英国、美国和日本的公用事业改革经验，提炼一些共性，如构建独立的市场主体、引入竞争机制、设立独立的政府管制机构等。周耀东（2005）从我国公用事业规制改革问题出发，借鉴西方国家公用事业规制改革的趋势——公私合作制，在研究市场结构和组织特征，转型时期的管制困境后，发现规制与激励是失效的，需要引入竞争模式，采取激励性管制和接入定价的方式。崔竹（2006）研究了西方国家对公用事业市场化问题的认识和完善过程，通过可竞争市场和激励性规制等理论巩固了市政公用事业市场化的可能性、必要性、新思路、基本途径和管理机制，指出这些理论对我国市政公用事业市场化改革的重要理论借鉴意义。

王广起（2008）、肖兴志（2008）、仇保兴和王俊豪（2009）、曹现强等（2009）、王学庆（2012）、雷德雨（2014）等全面总结公用事业改革相关理论和中外改革实践，分别基于新公共管理、新公共服务、公共治理等理论提出规制合作模式，分析我国市政公用事业传统治理模式的弊端和片面强调市场化改革出现的问题，提出了重构政府—社会—市场关系、激励性规制等政策建议。[1][2][3] 洪隽和丁煌（2013）从公共管理视角研究价格管制问题，提出环境污染、交通拥堵等问题的双向思维解决方案，即增加公共产品供给和减少有效需求，发挥价格管制在城市基础设施、公交优先、环境保护方面的积极作用，引入竞争和激励机制，促进企业加强成本约束。

---

[1] 张昕竹：《网络产业：规制与竞争理论》，社会科学文献出版社 2000 年版。
[2] 王俊豪：《中国政府管制体制改革研究》，经济科学出版社 1999 年版。
[3] 王俊豪：《政府管制经济学导论：基本理论及其在政府管制实践中的应用》，商务印书馆 2017 年版。

邢鸿飞和徐金海（2009）从法学角度，对公用事业法进行了系统全面的研究，其中包括公用事业规制法、企业法等理论，提出了契合中国现阶段公用事业发展特征以及现行法律体系的制度选择。朱冰（2010）揭示和解析公用物市场条件下的私法问题。吴志红（2013）立足行政法角度系统研究公用事业法。徐新星（2017）指出传统法律规制受到信息约束的影响，激励性法律规制有效解决了信息问题，有利于实现帕累托效率，需要多样的政府规制激励，免责机制则反向激励市场。

（三）激励性规制对公用事业领域的应用分析

我国学者对中国自然垄断产业市场化改革的背景和当时的发展状况进行了深入分析，在此基础上，提出激励性规制在这一领域的实践可行性。

1. 针对网络型自然垄断产业的实践分析

戚聿东（2002）指出我国自然垄断产业改革的指导思想，提到发展准则、国家利益至上准则、效率准则、有效竞争准则、双赢准则，并指出要进行规制改革，推荐激励性规制融入制度设计。周耀东（2004）有针对性地分析产业改革过程中利益相关人之间的信息不对称问题，提出激励性规制纠正这一问题的可行性。王俊豪和王建明（2007）认为中国垄断产业除自然垄断外，还存在行政垄断，这就是中国垄断产业的二元性，为从根本上打破行政垄断，要制定有效的分类规制政策。

陈锐（2013）、扶缚龙和黄健柏（2008）、任晓红等（2005）、段登伟等（2005）、张宗益等（2002、2003）都对国外电力产业规制进行深入分析反思，总结价格上限规制、标尺竞争等激励性规制工具在电力产业中的应用价值。王学庆（2004）对我国政府管理体制的结构、政府管理方法的问题以及解决方法等进行了详细阐述，并对电信、电力、公路、铁路等行业的政府规制模式变革进行了梳理。房林和邹卫星（2017）将规制机构、企业和消费者三方都纳入激励新规制的框架下，认为电信规制部门现有的网间结算费的直接规制，既没有削弱市场垄断局面，又抑制了主导性企业提高接入质量和研发创新。荣高升等（2019）通过对英国输配电行业中激励性规制的经验介绍，认为我国在输配电价改革中的激励与约束相结合的机制还有待完善，对电网企业的内生动力激励不足。吴珊等（2019）分析我国新电改后的电网投资规制政策，结合规制实践，提出构建电网投资规制方面的激励约束相容机制，保障电网投资，促进投资效率，促进电网企业可持续发展。

2. 针对区域性市政公用事业的实践分析

余晖和秦虹（2005）介绍了我国城市燃气行业、水务行业、公共交通行业、城市生活垃圾处理行业的公司合作制进展情况，并提出了改善性的政策建议。冯中越（2009）以 Laffont 和 Tirole 拍卖中的激励性合约经典理论为出发点，选取了接入定价、旁路、质量管制、双重/第二货源、承诺、合谋等特许经营拍卖中激励性合约的六个关键理论，建立了统一的理论分析框架，并根据我国城市公用事业中燃气、供热、供水、快速交通系统、污水处理、垃圾处理六个产业的经济技术特征，结合我国城市公用事业市场化改革的实际，分别进行了理论和实证检验。仇保兴和王俊豪等（2009）探讨了有关我国市政公用事业监管体制的八个基本问题，为我国市政公用事业监管体制构建了一个基本理论框架。王俊豪（2015）全面概括中国城市公用事业改革历程及发展成就，详细介绍城市供水、排水与污水处理、燃气、垃圾处理、供热、电力六大行业市场化改革、投资建设、生产供应及行业结构的特征和发展状况，评价成果，分析问题。刘飞翔（2016）以能源安全问题与生态文明崛起为切入点，强调走绿色能源道路是必然选择，且在生物质新兴产业发展中政府激励性规制十分重要。

李珍刚（2008）对广西南宁公交的发展困境总结分析，提出政府责任清单。刘乃梁（2015）认为，特许经营权的公司化倾向与规制措施的潜在引导塑造了出租车公司的行业优势地位，也造成了出租车行业利益分配不均。出租车行业的开放与发展应当立足于政府规制变革而非反垄断执法。应变"管控"为"疏导"，从放开行业准入、依法行政和改良管制政策等方面入手，构建激励性规制。王首杰（2017）讨论了激励性规制在"专车"行业的应用，特别是市场准入环节的规制效用问题。徐海成等（2018）从激励性规制角度探讨收费公路经济绩效低的问题，研究信息不对称下的有效成本识别问题。

3. 针对激励性规制工具效用的实践分析

戚瀚英和王俊豪（2015）借鉴区域间比较竞争模型，引入利润率和质量系数，构建两阶段污水处理区域间比较竞争定价模型，主要运用数据包络分析方法确定标杆企业，以促进污水处理企业之间的比较竞争。马丽（2015）介绍了经营性公共基础设施 TOT 项目融资模式管理、经营权资产评估方法、特许期的确定方法、融资模式管理移交、管理合同设计等。王艳伟和王松江（2015）从中小水电站项目运营入手，尝试提出借助 PROT 项目融资模式来解决经营困难的问题，并通过基于熵的 PROT 项目融资模式综合集成管理模型和动态仿真模型，有效促进中小水电站项目的顺利实施、永续和谐发展。张云华（2020）结合我国 PPP 实践与初始控制权分配进行分析，研究验证了激励性规制理论在公共产品供给方面具有较好的效用，佐证了我国 PPP 的实践仍处于政府主导，没有进入充分市场化的阶段。《城市水务事业的公私合作（发展中国家的经验述评）》回顾了发展中国家经验，证明在发展中国家推行公私合作项目颇有挑战性，而且不应该将它视作唯一的改革方案，但良好设计的公共和私营部门合作关系是扭转发展中国家经营不善的有效方案。水务事业公私合作的重点应放在利用私人运营商来提高运营效率和服务质量，而不是试图吸引私人投资，这种方法能促进一个良性循环：水务企业改善其财务状况并且逐渐能够为其大部分投资需求融资。

四　激励性规制研究的简要评述

（一）理论研究争议

激励性规制成为备受推崇的政府规制手段已有几十年的历史，但通过文献研究可以看出，理论的大胆设想，制度的严密设计与现实应用仍存在比较大的差异。

1. 外国文献研究中的几点争议

(1) 激励性规制与垄断

单纯的激励性规制措施并不足以打破垄断、让在位者有动力做出相应的改革，或者可以认为，政府并没有意图通过激励性规制的方式打破已有的自然垄断市场的局面。正如萨缪尔森认为，"真正的垄断几乎没有，它的存在仅有赖于政府的某种形式的保护"[①]，自然垄断作为垄断的一种形式似乎是正常存在，而不同于经济垄断那样受到质疑。

(2) 激励性规制与成本定价

增加激励性规制的因素不能成为改变成本定价的关键，成本作为重要的商业信息比较难获得信息，并且难以测量，单纯比较成本、定价来判断激励性规制的成败是缺乏科学性的。

(3) 激励性规制与生产效率

激励性规制与生产效率的相互影响是争议最大的部分，很多文献都通过实证研究验证生产效率与激励性规制之间没必然的关联，如对电信业生产效率的研究。而整个制度设计中，产业发展中的诸多其他因素都在影响生产效率的变化。

(4) 激励性规制与投资行为

激励性规制与企业投资行为之间存在正相关，准备投资的新进入者普遍看重激励性规制的制度设计，也就是说，政府行为对企业投资有很大的影响，而这种影响不是立竿见影的，在一些产业中需要比较长的时间观察，获得数据进行验证。

(5) 激励性规制与产品质量

没有确实的证据表明激励性规制与产品质量提升之间的关联有正相关，但激励性规制的应用后，产品质量确实有一些提升。此类研究

[①] Samuelson, Paul A. and William D. Nordhaus, *Ecomomics* (16th Edition), New York: McGraw-Hill, 1998, p. 156.

同时也能够为激励性规制在社会性规制领域的应用提供支持，如食品安全、生态环境保护等方面。

(6) 激励性规制的地区研究

从文献中可以看出，美洲和欧洲的理论研究和实践应用紧密相连，互相印证、彼此促进、发展很快，对激励性规制中很多细节问题的思考分析十分值得学习。但是更多的地区仍只是处于借鉴学习阶段，独立创新的制度设计不够明显，关于激励性规制的地区适应性问题的研究成果也不丰富。

2. 我国文献研究中的几点差距

(1) 理论研究

我国在激励性规制方面的理论研究与国外仍有很大差距，分析不够深刻。我国现有激励性规制的研究大多停留于理论阐述和应用假设、制度设计层面。正如张红凤所说："激励性规制的引入使得规制问题越来越变成一个纯技术性问题。忽视或缺乏对社会经济关系和制度因素的分析，从而使规制经济学缺乏历史感。对于一个学科的建设来说，这是一个不好的征兆。"[①] 我国需要根据自身国情，深入分析适合我国国情的激励性规制的内生根源，进行因地制宜的制度设计和改革。比如，我国大部分公用事业市场化改革的方向是民营化，与外国的私有制经济是有一些区别的，制度设计中就必然要考虑到这些基础制度上的差异，简单照搬是难以行得通的。

(2) 工具选择

我国对激励性规制的适用范围研究广泛，从经济领域到社会规制领域都有涉及，比如电信、电力和水力、食品安全、医疗事业等，但研究对象实际情况差异很大，激励性工具的适应性情况仍存有争议。对于外国的一些创新性激励性工具的适用性问题思考不足，一些看似有效的激励性规制工具，可能由于其适用性不同而导致不正当激励的问题，这是值得我们注意的。

---

① 张红凤：《激励性规制理论的新进展》，《经济理论与经济管理》2005年第8期。

（3）制度设计

我国地方政府在垄断产业改革中走出了实质性的步骤，真正将市场竞争引入产业发展中，但是学界对于激励性规制的研究更多基于现实工作的需要，进行制度的补充和完善，对理论本身的内在逻辑、相关变量的适用性问题并没有深入分析。实践应用性的文献研究中，数据的支撑非常不丰富，原因大概是学术界与实际工作机构之间的沟通合作比较少有关，同时官方的数据并不那么容易获得，从而很难有更深入的学术分析。没有整体性、结构化改革的产业改革或制度设计，而只是进行利益再分配的做法，并不是激励机制的演进，也无益于制度的完善。

（二）未来研究展望

实际上，前面谈到的我国研究的差距也是未来研究方向。

外国文献研究表明，在最好的规制设计中，激励性规制成分很小，并不足以影响产业全局发展。最好的规制之所以起作用，不是因为激励性规制的独立存在，而是与其他制度设计要素的有效配合。因此，我们的研究也需要更多关注制度设计的整体协调，而不是把激励性规制当作"灵丹妙药"。

实际工作中，政府对网络型产业改革的规制，特别是激励性规制的设计，都有中介机构的参与，似乎规制机构因为中介机构的存在而具备了独立性，但实际上，规制机构与被规制者之间的信息不对称问题因为中介机构的参与而成倍增加，被规制者的投资风险实际上也在增加。理论研究中更加关注的是规制者与被规制企业之间的关系，但在中国，由于中介机构的存在，我们就必须关注到三者之间的沟通合作与相互牵制关系，这三者的关系是否真正做到了机构独立、中介公正、被规制企业诚信。因此，对于中介机构的作用的研究在我国显得很重要。

激励性规制的有效性很大程度上取决于规制合同的设计、合同双方的诚信、第三方的监督等因素所起的作用。因此，政府规制的法理保障显得至关重要，规制行为中有众多的参与者，这些参与者都是关键性的利益相关人，任何一方如果将公共利益置之不理，发生利益分配上的不公正或规制俘虏行为，都将对政府规制和产业发展造成影响。因此，针对政府规制的法律建设就显得十分关键。

基于我国国情的分析，我们仍要关注规制机构独立性、被规制机构风险、利益相关人的沟通、信息公开透明等问题。

第二章 市政公用事业激励性规制的内生需求

从20世纪90年代开始，世界上大部分国家都注意到自然垄断产业中的政府失灵或市场失灵会引起很多负效用问题，并抑制了某些经济领域的良性发展，很多国家政府进行了规制机制的转变，开始从限制性规制向激励性规制转变，公用事业的市场化改革就是一个典型例子。应该明确的是，在市政公用事业产业转型、市场化改革的同时，自然垄断性产业的根本属性并没有发生改变，加强政府规制仍显得十分必要。随着强化规制到放松规制的一系列改革尝试，学术领域也发展了信息经济学、动态随机过程理论、博弈论等理论，以及能够让政府和企业双方摆脱"猫捉老鼠"博弈游戏窘境的激励性规制理论。激励性规制的路径体现出产业发展的深刻的内在需求和较好的市场适用性。

第一节 提高规制效率的显性需求

一 提高规制主客体效率的需要

本书第一章中详细分析了政府规制理论的演进，市场的逐渐成熟、经济的快速发展、各行业部门的专业化程度提高等因素都导致政府与市场之间必然走向政府的远距离规制（Arms-Length Regulation），正如我国的政企分开改革是社会经济发展的必然趋势。激励性规制就是规制主体在放松市场规制的同时又能够有效监督市场发展的一种制度改进。激励性规制使规制者与企业之间以契约的形式确定彼此的权利义务，明确了企业面对规制将付出的成本，减少了传统规制中边界不清导致的双方机会主义行为，也减少了彼此沟通合作中的额外的交易成本。

从企业的角度而言，激励性规制彻底改变了传统规制中僵化的规制程序，有更多灵活的政策工具的选择机会，更有利于企业根据自身情况向规制者争取更有利的激励措施。激励性规制契约在保证公共利益的前提下，提供给企业一定的能动空间，激发企业想办法提高生产效率、降低生产成本、创造更多的产值，从而扩大企业自身的利润空间。市场化改革后，很多产业打破了垄断（如公共交通、电信产业等），一个经济领域可能存在很多在位企业同时参与竞争的情况，这种市场竞争的压力必然激发企业的自主创新能力，以提升市场竞争力，争取更多市场份额。

从政府的角度而言，政府规制特别是激励性规制的运用，能够推动规制工作的有效开展，政府从自身不擅长的市场经营活动中退出，专注于政府更擅长的管理、规划设计工作，也能有更多的精力和能力去关注其他公共事务。通过激励性规制的制度设计，减少了信息不对称引起的逆向选择和道德风险，让企业在不增加更多成本的基础上，愿意主动配合政府的规制工作。基于组织属性的不同，企业永远在意成本收益关系，而政府由于缺少关注利润的动机，并不总是持续关心成本收益，而激励性规制则倒逼着政府要考虑规制行为的利益相关者的利益边界问题，这就需要政府更多利用有价值的数据和科学的分析方法，从而找到更科学的规制强度阈值，让企业信服并愿意主动配合。

二 提高全社会整体福利的需要

公共利益一直都是公共管理和公共政策的核心价值，公共部门的基本责任在于提升社会整体福利。公用事业本质上具有一定程度的外部性，经济属性上则是具有一定排他性和竞争性的准公共产品，因此，政府就有责任有效控制市政公用事业的负外部性、发挥正外部性，同时保持它的公益属性不变。市政公用事业领域中，一些行业的市场化程度不够充分，比如公共交通、污水处理等，就需要第三方调节机制维护公共利益。科斯定理认为，如果产权能界定清晰，在交易成本较低的情况下，即使有外部性，讨价还价的市场行为也能解决外部性问题[1]。但是，实际情况是，大量公用事业占用资源的消费成本高，产权界定成本高，交易成本高，其中的外部性问题容易引起产业发展的失控。在公共利益、集团利益、个人利益等发生冲突的时候，外部性问题必然产生，但某些负外部性问题并不能通过市场行为自行调解，就有赖于政府规制加以管控，调节负外部性，维护公共利益不受损失。

一项好的公共政策能够促使相关的群体或组织主动了解社会偏好、对社会偏好做出积极响应，有意愿为社会创造价值、搭建可持续发展的平台。好的公共政策应当更容易被理解、更容易被接受、更有效地化解意见分歧。当然，公共政策很难做到让所有群体都满意，但是争取社会最大公约数的支持和一致意见却是一项公共政策永远要追求的结果。市政公用事业作为公认的"社会资本"（Social Capital），关系到全社会公民的基本生产和生活，公用事业产业的发展水平直接关系到城市发展的现代化程度和公众的生活水平。公用事业市场化改革要追求的目标是公用事业利益相关者各方利益总和的最大化，追求的是社会福利的最大化，而不是实现某些利益集团的利益最大化。

激励性规制更多体现的是规制者与被规制者之间的关系，政府在制定规制政策、调整政府与企业间的关系、放松规制力度的同时，从复杂的经济活动中分离出来，能客观理性地分析市场运行；企业有更多的创新发展自主权，提升产值和服务质量。但是，在整个经济活动中，利益相关者并不仅限于政府与企业，也包括直接消费者和潜在消

---

[1] 朱仁显：《公共事业管理概论》（第三版），中国人民大学出版社2016年版，第138页。

费者，整个社会都将在规制体制的改革中获得红利。以政府规制中的最关键的价格规制而言，规制者的价格目标就是在市政企业利润与公共利益之间找到一个平衡点，防止企业利用垄断地位谋取高额利润而损害公共利益，又要保证企业能够补偿成本、有利可图，最终实现公众消费和企业双方利益的最大化，即作为消费者剩余与生产者剩余总和的社会福利最大化。以燃气为例，目前有200多个城市引入企业资本，形成51∶49的合作比例，从多年的实践经验来看，企业资本进入后，通过企业化的运作，通过对产品注入高科技技术，通过理顺价格机制，老百姓满意度提高了，政府也更省心了[1]。

第二节 规避信息不对称的隐性需求

芝加哥学派的创始人奈特在《风险、不确定性和利润》一书中指出，利润产生的根源在于不确定性；现实生活中，经济过程就是企业家们通过预测和识别未来的不确定性，寻找机会并发挥资源的作用来把握机会获得利润[2]。但是，奈特的企业起源观点并没有获得广泛的认可，比如科斯发表的《企业的性质》(1937) 一文的观点就与之完全不同，科斯认为，企业产生的原因在于市场通过理性的选择，需要形成一个组织来支配资源，从而节约市场运行的成本，这是价格机制引导的结果。无论如何，不可否认的是，奈特的观察说明了经济领域内的不确定性是经济活动存在的最基本现实，也是经济活动发生的正当性所在。这种不确定性主要表现为信息不完全和信息不对称[3]。市场机制和价格信号并不能够完全解决信息不确定性问题，市场的基本

---

[1] 《左晔谈公用事业市场化改革：深挖内部潜力，提高效率》，http：//finance.ce.cn/rolling/201603/09/t20160309_9385141.shtml，2016年3月9日。

[2] 参见［美］弗兰克·H.奈特《风险、不确定性与利润》，安佳译，商务印书馆2010年版。

[3] 不对称信息理论由剑桥大学经济学家James Mirrlees和哥伦比亚大学教授William Vickery分别于20世纪六七十年代提出。两位经济学家也因此获得1996年诺贝尔经济学奖。

均衡也是建立在不完全信息基础上的均衡。以本书的研究对象市政公用事业为例，市政公用事业企业对宏观市场情况、区域竞争问题和消费群体需求等微观领域并非了如指掌，存在信息不完全问题。市政公用企业在与其他利益相关者或政府部门的经济活动往来中会基于自身利益的考虑有意隐瞒信息，各方利益参与者都存在专利技术、专业信息和"私人信息"，于是产生了不对称信息，彼此都利用着不对称信息的"比较优势"作为交易活动的博弈砝码。

随着公用事业市场化改革，政府不再主导市政公用事业的经营管理，需要通过委托代理的途径完成市场化改革、解决可能存在的政府失灵问题并淡化信息不对称的负效应。政府代表公众将公用事业中可以市场化的部分委托给市场主体，公共市场活力和公共服务改善问题就有赖于市政公用企业的运营状况。由于有限理性和机会主义倾向的客观存在，建立委托代理关系的同时，伴随而生的就是逆向选择和道德风险，以及博弈关系带来的交易成本和规制俘虏的可能性。在早期古典经济学时期，基于完全信息和对称信息的假设前提，规制合同设定的回报率规制的缺陷逐渐显现；与之形成对比，激励相容约束机制和参与约束机制在化解这些问题上显现出较大的优势。政府的职能从经营管理企业转向理性、负责地选择信誉良好的公用企业，优化激励合同以最大化规制者的期望效用，从而规避信息不对称引发博弈和负面效应。

一　减少逆向选择和道德风险

英国剑桥大学教授 Mirrlees 和美国哥伦比亚大学教授 Vickery 分别在自己的研究中提出信息不对称理论，即经济生活中，由于某些市场参与者拥有另一些市场参与者不拥有的信息，由此造成的不对称信息下的交易关系和契约安排的经济理论[①]。而经济活动中的委托代理关

---

① ［英］詹姆斯·莫里斯：《詹姆斯·莫里斯论文精选》，张维迎编，商务印书馆1997年版，第7页。

系本身就是基于信息不对称而产生的，信息不对称的负效应问题必然相伴相生，存在于委托代理关系建立的始终。这种问题在双方契约成立之前称为逆向选择问题，双方契约成立后称为道德风险问题。除非有这些可能性：双方利益一致，或代理人对委托人表现出绝对的忠诚，或委托人的监管行为没有成本问题并有可能监控代理人的所有机会主义行为，但事实上，这些可能性几乎都不可能存在于经济关系中。那么，逆向选择和道德风险就是成为委托代理关系中不可规避的问题。

（一）逆向选择问题

逆向选择问题最初由美国学者 Akerlof 撰写的论文《"柠檬"市场：质量、不确定性与市场机制》中提出，这篇论文也被认为是信息经济学的开山之作。逆向选择问题的最终结果会导致市场上"劣币驱逐良币"的现象。比如，在公用事业领域，在政府与投标企业签订合同之前，可能存在一些企业为了投标需要而故意隐瞒环保节能等关键性指标，或错开排污时间段，以规避抽查监督；投标企业为了提高契约中的价格上限，可能虚报企业的实际经营成本等现象。

因为逆向选择问题根源于信息不对称，解决的关键就是加强信息交流。Spence 在 1973 年提出的"分离均衡"理论和"信息传递模型"则为信息的有效交流和信息识别提供了策略。"分离均衡"理论主要为了避免发生逆向选择一类问题，市场中的信息优势一方就要想办法将其可信的、准确的信息有效传递给信息劣势的一方，从而将自己区别于其他群体；Spence 的研究主要针对教育领域和劳动力市场，研究视角主要建立在信息优势一方如何设计传递信息的机制。Stiglitz 将 Spence 的理论进一步延展到保险和信贷市场，将研究视角放在信息劣势的一方如何设计机制，便于鉴别可获得的信息，使具有不同信息优势的对象无法隐瞒信息，或设计一个区分不同信息群体的机制，从而提高甄别信息的效率。在公共市场中，规制者可以利用"分离均衡"原理，尝试对计划进入市场的企业采用"背对背招投标"的方式，作为委托方的政府通过多渠道来源的信息，可以大致判断各企业信息的真实性、可信性、经营实力等，通过这个方式倒逼着企业增加"信号传递"的主观能动性。

而信息不对称的另外重要因素在于信息收集能力的高低不同，政府需要提高主动获取信息的意识和能力，即"信息甄别"的能力，规制者应采取行动主动获取企业的信息或诱使公用企业主动分享其"私人信息"；政府委托人加大招投标过程中对代理人声誉、信用方面的打分权重，倒逼市政企业提升自身的诚信水平。总体上说，解决逆向选择问题要强化市场进入机制的规制力度，减少信息不对称的程度。

（二）道德风险问题

道德风险问题是经济学家早已察觉的现象，Stiglitz 在 1980 年出版的《公共经济学讲义》中明确提出并详细分析，是经济活动中与委托代理关系密切相关的经济伦理问题，道德风险问题在保险行业体现得最为明显。道德风险问题不是道德问题，而是指"从事经济活动的一方在最大限度增进自身利益的同时做出不利于他人的行动"，或当签约一方不愿完全承担风险后果时所采取的自身效用最大化的自利行为[①]。道德风险问题是最内生的要素，完全基于理性经济人对利益的权衡而做出的逐利行为决策，道德风险行为实际上对其他利益参与者造成了损害或者攫取了其他人的应得效用，是将风险转嫁出去的"损人利己"的做法。道德风险问题主要体现在行为和信息两个方面。在合同订立之后，基于信息不对称、合同订立的缺陷或不完全合同，代理人对委托人隐瞒一些信息和行为，造成最大化代理人自身利益、损耗委托人利益的结果。比如，在公用事业领域，政府与投标企业在双方签订合约之后，出于成本的考虑和规制不到位的机会，中标企业可能对更换新设备等技术投入产生抵触。基于传统投资回报率规制机制下的市政公用企业，缺少市场竞争的压力，容易缺乏节约成本的动力，缺少生产创新的积极性，整体生产效率不高，这些现象都是道德风险

[①] 李琪：《政府作用与市场作用》，上海人民出版社 2015 年版，第 46 页，脚注。

问题。市政公用事业大多属于前期投入巨大、沉没成本高的产业,因此,为了产业发展的稳定,市场的自由进出机制在大部分市政产业中并不奏效,因此,自由市场的优胜劣汰在市政产业也不奏效。

道德风险问题根源于委托代理双方的利益不一致,因此,解决道德风险问题的关键在于将委托代理双方的利益挂钩,争取双赢局面,比如利润分成、风险共担等机制。建立行之有效的激励机制,如标尺竞争、锦标赛等方式,促使代理方能主动减少道德风险的倾向。设计完全合同,将代理人的风险和代理人的有限责任明确规定在合同中,尽量减少合同的缺陷和契约的不可执行性、增加企业的自由裁量权(如利用价格上限代替投资回报率规制)。在公用事业产业领域,融资是企业发展的关键环节,可以尝试将融资渠道与代理企业的业绩表现相结合,政府作为第三方监管,以企业的道德风险程度来决定其融资征信额度。同时,适时带入和培育潜在的代位者企业,也是政府规避在位者经营风险的有效措施。

实际上,逆向选择问题和道德风险问题并不一定按照合同订立的先后顺序发生,也会出现两个问题的混合或颠倒的情况,进而,委托方就需要支付更多的信息租金来规避和弥补产业风险。比如,在天然气产业中,国际惯例的所谓"照付不议"合约,就是在市场变化的情况下,付费不得变更,用户用气未达到此量,仍须按此量付款;供气方供气未达到此量时,要对用户作相应补偿;如果用户在年度内提取的天然气量小于当年合同量,可以三年内进行补提。这种契约条款在实践中就为燃气企业提供了逆向选择和道德风险的双重机会。事实上,这种风险在2000年之后的美国能源危机期间也确实出现了,当时的安然公司曾有证据表明,公司的交易员堵塞传输管线,在终端提高用户使用费,而大量的道德失范行为最终是在安然公司倒闭之后才得以被调查[①]。在高投资、周期长、回报慢的公用事业领域,一些前期业绩

---

① [美]戴维·E. 麦克纳博:《公用事业管理:面对21世纪的挑战》,常健等译,中国人民大学出版社2010年版,第40页。

不明确的企业作为政府招商引资的成绩，有幸成为新进市场者或市场替代者，而这一企业是否存在刻意夸大实力的问题并不得而知，由此就产生逆向选择和道德风险双重问题，作为委托方的政府就有可能产生双重的交易成本。因此，在道德风险和逆向选择问题中，政府不得不权衡成本，即直接监督或者订立兼具激励相容机制和参与约束机制的委托代理合同，哪种付出的交易成本更低？很显然，直接监管的成本将是不可预计的，政府将身陷"猫捉老鼠"的博弈游戏中无法脱身，而订立激励性合约将激励委托代理双方的主观能动性，促进双方积极发挥自身职责。

二 减少机会主义和交易费用问题

由于规制双方的信息不对称，传统的政府规制会产生博弈较量，会为机会主义倾向留下很大空间，机会主义不仅针对企业，也针对政府。机会主义行为又为复杂的经济活动增加了额外的交易成本，这些成本最终由消费者埋单。机会主义倾向和交易费用增加的问题妨碍了市场经济的运行，进而破坏了社会总福利，而这些问题都是可以通过激励性规制机制加以适当纠正和避免的。

（一）机会主义问题

一种常见的机会主义行为表现为政府寻租。以 M. Buchanan 为代表的公共选择学派认为，政府规制行为本身就是一种抽租行为，本书第一章，在讨论激励性规制界定的时候，就指出激励性规制契约的关键设计就是如何确定抽租的阈值。但是，我们这里要讨论的寻租行为是违反行为规范和社会公德的一类情况。"寻租"理论最初源于塔洛克的研究，塔洛克认为，寻租是利用资源并通过政治过程获得特权，从而构成对他人的利益损害大于租金获得者收益的行为[①]。如果将政

[①] [美] 戈登·塔洛克：《寻租——对寻租活动的经济学分析》，李政军译，西南财经大学出版社1999年版，第1页。

府界定为经济活动中追求利益最大化的"经济人",那么在传统规制制度下,规制主体一方掌握主导地位,有足够的信息和权力优势对被规制企业寻租。

规制者有机会将部门利益纳入规制契约中,形成设租和寻租,不计后果地压缩企业经营的定价空间,最终使进入市场的企业无利可图,打击企业的经营积极性,而企业必将采取道德风险行为弥补失去的利润空间;由此可见,规制主体利用行政手段,破坏了市场和经济发展的基本规律,损害了公共利益。另外,规制主体还有可能通过规制行为寻求个人利益,形成腐败,而被规制企业可以从这些俘虏行为中获得"信息租"或"经济租",这种寻租行为最终耗费委托代理双方的精力,过分关注资源分配的竞争,反而加剧资源配置的不均衡,偏离公众利益。寻租行为导致政府规制机制不仅没有纠正市场和政府的失灵,反而将政府规制变相成为规制双方各自谋求利益的"名利场"。同时,我们要特别关注的是,一般寻租行为发生在信息优势方向信息劣势方的寻租,在激励性规制机制下,被规制企业成为信息优势方后,也可能会存在对规制主体寻租的可能性。

另一种机会主义行为表现为:规制双方的合谋。政府规制理论演进中,公共利益理论向集团利益理论的转变恰恰证明了合谋的存在,也就是说,并不一定存在真正意义的公共利益,现实情况更多是集团利益的分配。这一观点在第一章已经详细分析,这里不再赘述。在政府规制关系中,规制主体与被规制企业之间目标不同、利益不同,如果规制行为本身缺少第三方的独立监督,规制双方的博弈关系将长久而艰难,而达成合谋恰恰可以使双方利益一致,双方可以和睦共存,这些都为合谋行为提供了可能性。

(二) 交易费用问题

数理统计学奠基人、法国学者古诺在其著作《关于财富理论之数学原则的研究》中曾提到"交易过程中的损耗不可避免,交易各方要克服摩擦,而扩张商业范围和发展商业设施可以使摩擦减少并趋于理想状态"。① 这里提到的"损耗"可以被理解为一种交易成本。新制度经济学将"交易费用"正式作为重要的学术问题进行分析讨论，这也成为新制度经济学区别于以往经济学理论的重要观点之一。通常认为，交易费用理论由科斯于1937年发表的《企业的性质》一文首次提出，科斯认为，价格机制的使用同样是要付出代价的，也就是交易费用；科斯在《社会成本问题》一文中阐述"为了进行市场交易，有必要发现和谁交易，有必要告诉人们自己交易的意愿和方式，要通过谈判、讨价还价缔结契约，监督保障契约的条款得以按要求履行，等等"。这是对交易成本产生机理的基本阐述。随后，科斯的学生威廉姆森更加深入地将交易费用理论概念化、系统化。由此可见，交易费用问题在经济活动中不可避免，而新制度经济学要探索的就是通过制度设计，尽可能减少负面的交易费用，减少交易过程中的不必要"损耗"，而正向的交易费用能够更好地发挥作用。

基于有限理性，政府无法完全获取企业在经营过程中的定价、利润等全部信息，而企业为了逃避规制风险，存在隐瞒或谎报自身经营情况信息的可能性。为了规避信息不对称引起的逆向选择和道德风险问题，在与企业打交道的过程中，政府需要有针对性地制定防范机制，一方面防止企业逃避规制，另一方面想方设法掌握企业成本、定价、利润等核心信息，这种政企双方的博弈行为，势必增加大量的交易费用。信息的不确定性会带来经济成本，而减少这些不确定性本身也是在节约成本，而寻租、合谋等机会主义倾向同样会造成交易费用的不经济和资源分配的不公正。

前面提到的诸多经济现象，如信息不对称、政府强制规制都会造成寻租、合谋等问题，从而导致资源的分配不公、规制主体缺少监管、规制"黑箱"等问题，这些都意味着政府规制失灵的可能性。激励性规制正是一种在减少交易费用方面优于传统规制的制度设计，激励性

---

① Cournot, A. A.：《关于财富理论之数学原则的研究》，转引自沈满洪、张兵兵《交易费用理论综述》，《浙江大学学报》2013年第2期。

规制通过提供企业一定的自由裁量权，只对市场进入、定价等关键性要素进行规制，激励企业自愿公开经营信息，减少政府收集信息、加强监督、重复博弈等产生的成本。

第三节　达到"良好的规制"发展需求

政府的经济性规制经历了强化规制到放松规制的转变，理论界和经济领域都已经证明，政府规制不仅有意义，而且相当比例的政府规制是市场经济主体主动要求的，但是，政府规制在矫正市场失灵的同时也为企业制造了很多麻烦。美国商业圆桌会议（Business Roundtable）报告中曾提到，有75%的CEO认为政府规制是企业面临的三大成本压力之一，82%的CEO认为美国的规制体系比其他发达国家更烦琐；CEO们不反对规制，相反，他们强烈希望能有更加智慧的规制体系，更明确地看到美国企业的成本、利益和累加负担；规制的发展必须建立在科学基础之上，运用严格的成本—收益分析，建立现实可行的时间表并充分考虑企业所承担的负担[①]。无论金融机构或工业企业都常常诟病政府规制为"愚蠢的规制"（Dumb Regulation），而最糟糕的问题在于，政府规制行为的一切成本都是由企业承担。

为了适应市场的需要，规制机构要不断探索更为科学的规制机制，解决规制乏力或过度规制的问题，这个目标不是简单地修正规制机制能够解决的，而是要有更完善的、更有战略意识、更有引领作用的顶层理念设计才能够达成。正如奥格斯所言："一个不可抹杀的事实是，规制本身的不完美趋向于催生更多的规制，而非相反。"[②] 在这方面，以英国、美国、欧盟为代表的国家和地区的"更好的规制"（Better Regulation）的努力值得我们思考和学习。"更好的规制"理念由英国

---

① Smart Regulation Committee, http://businessroundtable.org/issues/smart-regulation/committee.
② ［英］安东尼·奥格斯：《规制：法律形式与经济学理论》，骆梅英译，中国人民大学出版社2008年版，第343页。

的布莱尔政府提出，得到了欧盟组织的广泛认可和实践，逐渐流行于欧洲各国，美国小布什政府也在同一时期开始"更好的规制"的机制建设，并在之后的政府规制中一直延续。

一 "更好的规制"的制度化

根据政府放松市场规制的需要，英国政府开始尝试探索"更好的规制"，1997年成立了一个咨询性质的"更好的规制工作组"；2006年改为常设机构，更名为"更好的规制委员会"。委员会作为非政府部门的公共部门，独立于其他政府机构，承担监督经济部门、企业和规制改革的责任，其职能为"建议政府采取行动，减少不必要的规制和行政负担，确保规制及其实施是比例均衡、负责、一致、透明和有针对性的"。英国通过《2006立法与规制法案》将"更好的规制"中的一些原则实现法制化，要求规制主体依据这些原则规范规制行为。2008年1月"更好的规制委员会"改为"更好的规制行政部"，成为英国商业创新和技术部的一部分，负责整个英国政府的规制改革议程，主要工作职责：①审查新的政策建议；②达到更有效的新规制；③更加容易地修改或删除规则，使其更有益处；④减少现有的规制对商业、第三部门和公共部门的一线工作人员的影响；⑤促进规制的透明和责任；⑥有效沟通规制领域的改革并推动更好的规制议程在欧洲的发展。"更好的规制行政部"的政策更清晰地体现了政府职能转变，缩小政府对市场的干预的精神："有些规制是无效和不必要的，遵守这些规制耗费了企业的时间和金钱，并会限制经济增长。一些繁文缛节也会使慈善团体和社区团体的运作比它实际需要的更具挑战性。政府通常要试图确保规制是公平和有效的。良好规制的执行者的目的是在保护公民权利、健康、安全和使他们避免不必要的官僚之间寻求有效地平衡。"[①]

---

① 英国政府网站（https://www.gov.uk/government/groups/better-regulation-executive#contact-details）。

澳大利亚、意大利等国家纷纷向英国学习，并将"更好的规制"应用于国家规制改革和治理过程中。2002年由Romano Prodi领导的欧盟委员会采纳了一整套的规制改革措施，其中就包括了"规制影响评估"在内的"更好的规制"议程，欧盟组织至今仍将这一理念作为欧盟地区经济社会建设中重要的一部分。欧盟秘书处总干事、"更好的规制"负责人Marianne Klingbeil博士在2010年发布的报告 *Smart Regulation* 中明确了"智慧的规制"的具体设想：重点放在提供更高质量的、更新的政策建议；缩小政策之间的差距，在政策评估和政策简化方面投入更多，同时引入更多的参与者和行动者。

美国政府在关注公共行政的质量和影响方面有很长的历史，现在基于"更好的规制"而采用的政策、工具都能够在美国历史上找到源头，比如20世纪初期，美国就开始应用很多反垄断、消费者保护措施。但实际上，"更好的规制"在美国的应用并不如欧洲那样热衷，主要是由于美国各州的规制方式各不相同，影响了统一理念的贯彻。而从成本—收益的理性角度，企业对规制改革更加警惕，因此，美国州立规制机制设计的机制更加接近投资者与小企业，以满足企业的需要。美国政府层面的"更好的规制"则要求各州之间统一协调，要求各州放弃自己的一些偏好，推动从州到国家的一致性规则。

二 "更好的规制"的理念

"更好的规制"在不同国家的文件中有不同的称呼，比如"Smart Regulation""Regulation Fitness"等，但这些改革倡议的实质内涵基本一致，因此，本书统一使用"Better Regulation"来代表这种范式。

（一）一种元规制的"更好的规制"

"更好的规制"旨在减少政府规制行为带来的负面影响和由此带来的不必要的成本，比如增加企业负担等，但是"更好的规制"却不是部门或行业的具体的规制政策，它更像是一种元政策，或者说是元规制（Meta-Regulation），基于"更好的规制"来建构新的具体规则，如同 Hood 等（2000）论证的政府内部规制增长所带来的悖论，即如果一个国家想要更精简的规制环境，就必须增加元规则的数量。"更好的规制"提供的建议和工具会倡导正确的认知得到良好执行、改善观念、降低成本，由此可以最大限度地提高规制的净收益。"更好的规制"在 OECD 内的国家中广泛应用，其优势不容忽视，每个国家根据国情设计"更好的规制"的具体内容。

"更好的规制"分为欧洲途径和美国途径两种范式。与欧洲国家不同，美国并没有为"更好的规制"议程设置专门的机构和特别立法，更多是参考 OECD 的倡议，学习欧洲的一些做法。比较显著的区别在于，美国途径更多强调用经济学中的"成本—收益分析"（Benefit-Cost Analysis）方法来审视规制。欧洲途径以反对"繁文缛节"（Cutting Red Tape）、简化程序为核心理念，以利益相关者协商参与为基础，以规制影响评估（RIA）为核心工具手段。

（二）"更好的规制"的工具手段

欧盟的"更好的规制"议程（Better Regulation Agenda）是一整套涵盖整个政策周期的改革措施，旨在促进欧盟决策过程的公开性和透明度；通过对法律草案和修正案进行更好的规制来提高新制度的质量；促进对欧盟现行法律的持续的、一致的审查，以最有效和最高效的方式实现目标。

1. 规制影响评估

规制影响评估（Regulatory Impact Assessment，RIA）主要通过对经济、社会各领域的规制政策及其实施进行评估，从而判断规制是否"更好"。评估包括事前影响评估（Ex-Ante Impact Assessment）、事后审查（Post-Implementation Reviews）两部分工作，事前评估的重点在于合规性审查和程序简化审查；事后审查重点在审核之前规制工作的开支情况。

RIA 围绕五项原则展开：①比例适当（Proportionate），规制机构应当只在必要时进行干预，补救措施应当适合于表现出的风险，以及明确的和最小化的成本；②责任制（Accountable），规制者应当能够做出正确的决定并受到公众的监督;③一致性(Consistent),政府的规则和标准必须互相衔接并公正实施;④公开透明(Transparent),规制应当是公开的,保持规制工作简单,用户易掌握;⑤目标明确(Targeted),规制工作应当着眼于问题并减少负面作用。①

对政策制定者来说,RIA 既是工具也是决策过程,用于确保规制政策的达到以及如何达到规制目标。作为一种决策支持工具,RIA 重点是确保对政府行动的潜在影响进行系统、严格的确认和评估工作,能够将规制措施的预期成本和效益量化,并评估该措施在达到政策目标方面的有效性;确定政府是否有更好的替代办法可供选择。作为一个决策过程,RIA 补充了规制政策的其他一些关键要素,例如公众协商,使人们更好地了解规制备选方案可能产生的影响,并以一种可以引导规制决策与之前的、现有的规制都相关的方式,向决策者传达信息。

2. 规制适应性及执行计划

规制适应性及执行计划(Regulatory Fitness and Performance Programme,REFIT)是一个持续循环的计划,目的在于保持欧盟法律的精简并优质,它试图从整体上用最高效、最有效的方法释放欧盟法律对公民、企业和社会的利益,同时减少繁文缛节,并在不损害政策目标的情况下降低成本。

"REFIT" 的基本目标是确保欧盟的立法仍然适应其最初的目标并得到预期的结果,即现有的法规与其目标是否相匹配,比如完成情况、事后审查、投诉情况、侵权行为、与其他相关行动的一致性等;确认是否有额外的负担、重叠和差距,随着时间推移而显现出的不一致或者过时的措施;保持目前现有的规制与其目标相匹配。

"REFIT" 的具体实施办法:①进一步修订增补利益相关者的咨询内容,利益相关者可以获得大量的信息,比如路线图、影响评估、影

---

① Kirkpatrick, C., D. Parker, "Regulatory Impact Assessment: Developing Its Potential for Use in Developing Countries", Centre on Regulation and Competition (CRC) Working Papers, 2003.

响评估委员会的意见等；咨询期从 8 周延长到 12 周；每年对咨询的方式进行一次检查。②增加对社会影响的评估，在综合的评估方式中体现更多的分析内容；就业和社会事务部会发布特定的指南；将更关注分配的影响。③带入其他参与者，其他两个欧盟组织，即安理会、欧盟议会及其成员国都需要与委员会的行动保持一致；安理会和欧盟议会应当在政策讨论中更多运用规制影响评估，并应当评估那些实质性修订的影响；在成员国中仍然很少有全面的事前或者事后的影响评价体系。

"更好的规制"议程都是针对规制工作本身的不断完善，这就要求规制工作中的各方都保持更高标准的客观分析；要求规则由相对独立的机构发布；企业能够更早、更明确地知晓将要面对的规制成本；对必然增加经济负担的关键性规则的修改和增补要更加谨慎和严格；要求政府简化规制程序；更加公开透明、鼓励公众参与等。

三 "更好的规制"的价值和争论

欧盟"更好的规制"议程实施之后，在减少"繁文缛节"和简化法规方面取得切实的成绩。自 2005 年以来，有超过 150 项的简化建议，废除了过时的规定、法典，以便利公众；允许成员国豁免微小企业欧盟会计审计，使 540 万个小企业受益。欧盟几乎所有的重要举措都经过评估，自 2003 年以来展开超过 700 项重要的评估，即将推行的重要决策也有详细的信息可供在线查询，通过严格评估，欧盟每年的立法建议数逐年下降。规制影响评估委员会（RIA Commission）展开的独立质量检测中，约20%的政策被撤回，以2015—2016年的成果统计为例，欧盟通过"更好的规制"，实现优先倡议提案 46 项、撤回提案 90 项、废除法律 32 项、简化倡议 103 项[1]，规制影响评估的水平得

---

[1] European Union, "Better Regulation: Delivering Better Results for a Stronger Union, Communication the Commission to the European Parliament", Brussels: The European Council and the Council, 2016.

到欧盟法院审议员的高度认可。

虽然企业的 CEO 们受到"更好的规制"的鼓舞,不断呼吁"解规制"尽快实现,但是欧盟组织及"更好的规制"委员会的委员们始终认为,"更好的规制"不意味着放松规制甚至解规制,"更好的规制"事实上是对"繁文缛节"和"官僚制度"的反击和修正,更多地体现了一种更高效的治理理念。"更好的规制"意味着做不同于以往的事情而且要做得更好,以最大限度的透明度、广泛的咨询、最有效的方式实现政策目标;逐渐将"更好"的标准通过实践体现在立法中,确保符合现代社会的要求和公民的期望。

"更好的规制"被更多国家推崇和运用的同时,也出现了一些批评的声音。在一些学者眼里,"更好的规制"实质上是解规制的一种掩护而已,放松规制就是指关于消除或削弱规则、法规(法律、指令、执行行为)和企业认为有碍发展的一些政策工具的做法。解规制的思想认为:市场最了解什么是最好的、什么是最适合商业发展又必然对广大社会有好处的做法。而"更好的规制"的议程,特别是简化的环节中,废除和削弱了现有的规制条例,防止引入新的规制,这实际上是最坏的规则制定方式,这种机制不断将大财团的利益推向核心位置,而企业的游说团体将有越来越大的发言权,反而用以保护公共利益的规制政策将受到冲击。也有学者提出"更好的规制"的核心价值问题,认为从客观的角度分析,"更好的规制"存在着没有形成体现能力本质和国家制度风格的体制性问题,也没有表现出对特定问题的响应能力;"更好的规制"中对于权利相关的讨论聚焦在国家和市场的相互依存和政策的相互作用方面,没有体现出太多的"智慧"。基于这些争论,比利时学者 Peter Van Gossum 等于 2010 年提出了基于政策安排途径理论(Policy Arrangement Approach)和政策学习概念(Policy Eearning Concept)的规制安排途径(Regulatory Arrangement Approach),作为"更好的规制"的制度化和补充机制,规制安排途径的核心思想就是通过形成国家政策风格、参考议程中政策安排的相关政策的负面影响、设定议程中的政策安排框架、依赖机构的特定属性，四种途径可以减少或滤除几乎没有边界的"智慧的"规制理念。

"更好的规制"虽然存在一些争议，但是，这项工作的收效却是显而易见的。"更好的规制"通过不断审视规制议程，引导规制者提高规制效率、减轻企业的负担，避免经济领域面对不断增加的规制的负担；促使企业利用质量评估的公开信息主动参与规制过程，与规制者寻求目标和行动上的统一协调；同时，鼓励更大范围的公众参与，促进公共管理职能的民主科学。"更好的规制"的规制过程是政府与公众共同承担责任的过程，所有的利益相关者都要评估和审查自我，从而共同努力完善这项工作。

第三章　市政公用事业激励性规制的工具选择

政策工具（或称作政府工具）是公共管理学科中一个重要的研究领域，Hood 等众多学者都对工具学说进行过专门的研究。国外的政策工具研究大概有四种研究途径：工具主义、过程主义、权变主义、建构主义①。虽然对于政策工具还没有形成统一的界定，但是综合外国众多学者的观点，本书认为，政策工具就是政策推行的主体为了实现所要达成的目标，在把目标转化成具体政策行为的过程中，为目标的实现或实现的效率而采取的或潜在使用的机制、方法、活动等。很多学科都有针对工具学说的研究分支，主要分析通过怎样的手段或方式可以实现不同学科研究领域所要达到的具体目标。特别是经济学科，工具研究由来已久，从古典经济学中主张的价格、就业、工资政策到宏观经济学中的财政、货币政策，都被认为是经济领域的基础工具选择。科学研究之所以开始关注工具的研究，大多源于社会问题复杂程度的提高，客观上要求可供选择的、能够用于实践的、能够解决问题的手段更加多样化和灵活多变。

政府规制是政府一方为了弥补市场失灵问题而设计的一整套公共政策，除了认定哪些行为是市场失灵之外，还需要更进一步设计更好地让市场规范运行的机制，其中激励性规制则被认为是与传统规制手

---

① 陈振明：《政府工具导论》，北京大学出版社 2009 年版，第 3 页。

段相比更加有效率的间接规制手段。斯蒂格利茨曾提出政府解决自然垄断问题的三种途径，分别为：①政府接管或国有化；②私人企业经营的同时由政府规制；③鼓励竞争。[①] 全球民营化浪潮的改革进程不断深入，逐渐打破了古典经济学中认为自然垄断产业只能由国家主导、政府经营的观念。同时，依据市场竞争的检验，根据自然垄断程度高低不同，公用事业产业也能够区分出不同垄断程度的产业层次，比如电力行业中的高压输电和低压配电属于自然垄断程度较高的基础设施产业；公共交通、垃圾处理等大多数市政产业都属于自然垄断程度较低的产业领域。因此，从今天的公用事业产业发展形势来反观斯蒂格利茨的观点，可以认为，政府解决自然垄断产业经营的较好途径为：鼓励私人企业进入自然垄断产业参与市场经营，在垄断程度不同的产业中鼓励不同程度的市场竞争，同时为保持产业的公益性属性必须坚持政府规制。也就是说，在有限竞争的自然垄断产业环境中，逐渐形成既能发挥成本次可加性又能够在产业内发挥市场竞争优势的良性市场环境，提升产业活力和动力，提高自然垄断产业的生产效率，提高（准）公共产品的供应品质。

除了提高自然垄断产业内部的市场竞争氛围之外，政府仍可以采取很多激励措施，诱导企业提升生产经营效率、改进服务质量，并以此为基础，给予表现良好的企业以一定的回报。"通过采取经济激励来影响人的行为，可以被看作借助于规制来施加影响的一种选择"[②]，从规制到激励的变化，反映着政策工具从强制到非强制的变化。这也就是政府激励性规制的工具选择，即激励性规制工具的目标在于激励被规制企业提高经营效率，同时政府能够适当抽租，激励性规制工具的作用就是要在两者之间找到一个平衡点，或者说，对自然垄断程度不同的产业采取不同程度的成本补偿机制，形成对被规制企业的鼓励。

---

① 参见［美］斯蒂格利茨《经济学》，梁小民、黄险峰译，中国人民大学出版社2000年版。

② ［美］彼得斯等编：《公共政策工具：对公共管理工具的评价》，顾建光译，中国人民大学出版社2007年版，第18页。

第一节　激励性规制工具选择的类别

政府规制一般分为经济性规制和社会性规制两方面，而两者的区别在于规制的主客体关系和要达到的目标不相同。经济性规制主要针对政府主体与经济活动客体（比如企业）之间的关系，政府旨在弥补市场失灵而引起的经济行为失范问题，比如无序竞争、自然垄断等。社会性规制主要针对企业产品（或服务）与社会（或消费者）之间的关系，政府旨在解决经济行为对社会造成的损害和外部不经济问题，对公民健康、福利、社会保障等产生的影响，比如环境污染、生产安全等。但实际上，由于社会网络的交错重叠和相互渗透，两者之间的区别界限并不清晰，两种规制机制所采取的政策工具手段自然也就无法完全区别开来。由于经济性规制主要调整和规范的对象是企业主体的市场进入和退出、价格机制、生产产出[①]，本书对激励性规制工具的介绍也将根据规制机构对企业经济行为的不同阶段、要达到的不同激励目标，从市场准入环节、市场定价环节、市场运行环节三个方面，对十种激励性规制工具进行分类介绍分析。

一　市场准入环节的激励性规制工具

公用事业产业通常被认为是自然垄断产业领域，即基于成本次可加性，公用事业由一家或极少数几家企业经营，更能够达到成本收益的最优配置，实现生产效率的最大化。作为不充分竞争市场，政府有责任代表公众选择一家有良好资质、有经营生产能力的企业进入区域市场为社会提供准公共物品，因此，公用事业产业的市场准入就成为政府需要规制的第一个环节。市场准入常常以合同管理的方式进行，

---

① ［美］莱斯特·M. 萨拉蒙：《政府工具：新治理指南》，肖娜等译，北京大学出版社2016年版，第105页。

通过合同规范企业进入市场后的经营范围、市场规范等几乎全部关键要素，因此市场准入的规制工具也可以被认为是所有其他工具的元工具，在元工具中嵌套着其他的激励性规制工具。因为，在通过一系列程序审核市场准入资格后，规制机构将与进入市场的企业签订合作契约，而其他的激励性规制手段将在契约中根据激励的不同内容得以体现。

（一）特许投标规制

1. 基本理论概述

特许投标制度（Franchise Bidding），又称为特许竞标或特许经营制度，是一种典型的市场准入环节的规制工具。特许投标制度不只是政府将经营权拍卖给企业，更重要的是政府与企业进一步划分职权，通过合同约束各自的权责关系，各自发挥职责优势。区别于市场经营过程中的竞争，特许投标制度引发的竞争关系主要是为了获得某一市场的相对独立经营权，或者为所提供的产品争取政府补贴机会，而与其他企业在市场准入环节产生的竞争关系。政府通过这种市场主体间的竞争间接地达到政府规制的目的，即政府一方可以获得预期的垄断租金、可以发现最有效率的优质经营企业，同时激励准备进入市场的企业有意愿主动提供经营成本信息，这些都能够帮助规制者更好地制定规制方案。特许投标制度的最初设想来源于英国学者 Chadwick。19 世纪初，Chadwick 研究了法国供水产业的特许竞标办法，提出"契约管理"的思想并建议英国政府将这一制度引入并运用于公共服务或污水处理等政府规制行业领域[1]。随后，美国学者 Demsetz（1968）对传统政府规制方式提出质疑，认为传统的自然垄断理论并不能解释生产中的规模经济与市场中的垄断价格之间的逻辑关系，进而提出要在自然垄断市场中增加市场竞争，提出特许投标规制。美国学者 Prager（1989）呼吁在有线电视节目的垄断权规制中引入特许招标制度。之

---

[1] Christopher Hamlin, *Public Health and Social Justice in the Age of Chadwick: Britain, 1800 - 1854 (Cambridge History of Medicine)*, New York: Cambridge University Press, 1998.

后，美国政府逐渐在水务、电信等多个行业运用了这一制度。

特许投标制度的优势十分明显。第一，通过这一制度，在自然垄断行业领域引入了竞争，并且把竞争活动置于市场活动的最初阶段，有利于资质良好的企业脱颖而出。通过招投标的过程，最终的招标合同定价趋于合理，进入市场的企业可以获得正常的经营利润，但也很难攫取高昂的垄断利润。第二，特许投标制度避免了信息不对称的困扰，如平均成本定价、关键技术要素等专业指标可以在市场竞争的过程中获得均值。只要政府在组织招投标的过程中保持公平、公正、公开以及程序规范，就既可以达到政府规制的目的，又防止腐败、政府干预等负面行为的发生。第三，特许投标制度从根本上避免了传统收益率规制的 A-J 效应问题。通过特许投标获得市场经营资格的企业，被允许保留全部利润，因此，进入市场的企业将有较好的 X 效率激励，从而主动控制成本、提高技术水平、合理配置资源、提升整体效率。

特许投标制度的运用局限也不容忽视。第一，一般法定程序中，要有足够数量的企业投标才能达到开标条件，而自然垄断产业由于其技术难度大和成本要求高的一些特征，参与准入竞争的企业数量不会很多。这种矛盾导致的结果是，如果投标企业数量不足以开标而引起反复流标，必然影响工程建设周期，造成的损失则需要全社会负担。第二，招投标过程中仍不能避免串通合谋的可能性，这也是众多学者对特许投标制度担心最多的一点。招标企业共性越强、投标企业数量越少等时候，合谋的可能性就越大。第三，在特许招标竞争中，如果某个行业中存在原有在位企业，在位企业必定保有战略性优势，对其他试图竞标进入市场的企业而言是不公平的，这就很难实现充分的前期竞争。第四，如果有其他企业替代原有在位企业进入市场经营，资产转让的复杂程度极高，其中会产生大量的沉没成本，为了避免资产流失，政府需要承担中间协调人和资产转让监督者的角色。

2. 中国的实践应用

我国从 1984 年深圳沙角电厂项目开始试行特许经营管理办法，至今有 30 多年的历史。真正意义上的全国性指导文件是 2004 年由当时的建设部颁布的《市政公用事业特许经营管理办法》（以下简称"2004办法"），于2004年5月1日起正式实施。"2004办法"主要是针对当时市政公用事业行业比较突出的计划经济体制难转变、缺乏竞争导致的公共服务质量不高、公用设施供给不足等问题而制定，通过引入特许经营的方式，增加市政公用事业领域的市场竞争活力，改善公共设施和公共服务供给。经过十余年的实施，"2004办法"为推动市政公用事业产业的市场化发展、提升市政公用事业公共服务效率和质量做出了积极的贡献，产业发展和政府治理方面都积累了丰富的经验。基本实现了城市公用事业"政事分开"，打破垄断，建立市场竞争机制、企业经营机制和政府监管机制，提高城市建设运营效率。基于特许经营办法在中国取得的成绩，考虑进一步将市场化的成果拓展到更宏观的领域。2015年4月，经国务院同意，国家发展和改革委员会（以下简称国家发改委）同财政部、住房城乡建设部、交通运输部、水利部、中国人民银行联合印发《基础设施和公用事业特许经营管理办法》（2015第25号令，以下简称"2015办法"），于2015年6月1日起实施。从政策的合法性角度看，从2004年的建设部发文到2015年的多部委联合发文，意味着特许经营管理办法在中国成效显著，值得在多行业多领域推广实施，并且实施效力更强、指导面更广泛。

"2015办法"相比之前的"2004办法"更符合新时期的要求，更具有政策工具的可行性，新办法有几个突出的特点：第一，"2015办法"进一步创新重点领域的投融资体制机制，引导规范基础设施和公用事业特许经营，推进政府和社会资本合作深入开展，有利于撬动社会投资，激发社会和民间投资活力，增加公共产品和服务供给[1]，与PPP机制共同形成经济发展"双引擎"。第二，根据"2015办法"的规定，在能源、交通运输、水利、环境保护、市政工程、社会事业等基础设施和公用事业领域，积极运用建设—运营—移交（BOT）、建

---

[1] 《〈基础设施和公用事业特许经营管理办法〉解读》，http://fgs.ndrc.gov.cn/xtjl/201508/t20150831_749813.html，2016年5月18日。

设—拥有—运营—移交（BOOT）、建设—移交—运营（BTO）以及设计—建设—融资—运营（DBFO）、改建—运营—移交（ROT）、建设—拥有—运营（BOO）、转让—运营—移交（TOT）、运营管理（O&M）等方式开展特许经营①。第三，"2015办法"强调了与PPP项目的融合，在特许经营过程中强调"政府与社会资本的协商合作"的要求。"2015办法"与PPP项目共同成为国家深化基础设施和公用事业领域改革、深化投融资体制改革的重要举措，比以前的"2004办法"更加宏观和系统化，能够起到带动相关领域全局发展的作用。第四，针对之前很多地方出现的政府不诚信而造成投资者利益受损的问题，"2015办法"中特别利用多个条款强化了政府的"契约意识"，维护投资者权益。第五，更加强调市场经营性和公共事业公益性的平衡，强调了行政监督、社会监督等多种手段保障公共服务的供给，维护公共利益。

3. PPP与特许投标制度的关系

PPP（Public-Private-Partnership）即政府与社会资本合作模式，由英国财政大臣Kenneth Clarke在其著作《新突破——面向公共部门和私人部门之间的新型伙伴关系》（1993）中提出，最早用于20世纪90年代英国推进基础设施建设改革的过程中。英国利用这种方式打破了私人资本进入公共领域投融资的限制，推动了基础设施的建设步伐。

PPP模式在中国并不是一个新鲜事物，同样是在20世纪90年代，我国开始出现港资融资进入交通行业，1994年福建省泉州市筹建的刺桐大桥项目，被认为是我国第一个民营资本融资建设的基础设施项目，民资以40%的融资比例参与大桥的建设和经营。之后的一段时期，国家有计划地开展了一批PPP项目的试点工程，比如广西来宾的B电厂项目等，取得了一些经验教训。2004年，建设部颁布并实施的《市政公用事业特许经营管理办法》将"特许经营"办法正式引入市政行

---

① 《国家发展改革委关于切实做好〈基础设施和公用事业特许经营管理办法〉贯彻实施工作的通知》（发改法规〔2015〕1508号），https://www.ndrc.gov.cn/xwdt/ztzl/pppzl/zcfg/201507/t20150707_1033191.html，2015年7月2日。

业,并逐步推广到基础设施等更广泛的行业领域,之后的一段时期,PPP模式以"特许经营"这一特定方式在中国得到进一步推广。2014年,中国处于深化改革的关键时期,在全面深化供给侧改革的背景下,全社会对公共产品的需求和品质要求不断提高、地方政府供给能力受限,PPP模式成为扭转供给侧困局的关键一步棋。2015年5月,李克强总理主持召开国务院常务会议,部署推广政府和社会资本合作模式,汇聚社会力量增加公共产品和服务供给①,自此,PPP模式以顶层设计的姿态正式在全国人民面前亮相,引来一阵PPP热潮,并逐步走向规范高质量发展。根据财政部PPP中心的最新统计显示:"据全国PPP综合信息平台管理库统计,2014年以来,PPP市场累计入库项目9493个、投资额14.5万亿元;累计落地项目6421个、投资额10.2万亿元,落地率67.6%;累计开工项目3771个、投资额5.7万亿元,开工率58.7%。"②

严格意义上说,PPP模式与特许投标制度并不是一回事。根据2014年12月财政部发布的《关于推广运用政府和社会资本合作模式有关问题的通知》中对PPP的界定:"政府和社会资本合作模式是在基础设施及公共服务领域建立的一种长期合作关系。通常模式是由社会资本承担设计、建设、运营、维护基础设施的大部分工作,并通过'使用者付费'及必要的'政府付费'获得合理投资回报;政府部门负责基础设施及公共服务价格和质量监管,以保证公共利益最大化。"③根据2015年由国家发改委等多部门发布的《基础设施和公用事业特许经营管理办法》中的界定:"基础设施和公用事业特许经营,是指政府采用竞争方式依法授权中华人民共和国境内外的法人或者其他组织,通

---

① 《李克强主持召开国务院常务会议》,http://www.gov.cn/guowuyuan/2015-05/13/content_2861461.htm,2015年5月13日。

② 《2020年国内PPP市场规范高质量发展》,http://www.cpppc.org/PPPyw/2190.jhtml,2017年8月4日。

③ 《关于推广运用政府和社会资本合作模式有关问题的通知》,http://jrs.mof.gov.cn/zhengwuxinxi/zhengcefabu/201409/t20140924_1143760.html,2014年9月23日。

过协议明确权利义务和风险分担，约定其在一定期限和范围内投资建设运营基础设施和公用事业并获得收益，提供公共产品或者公共服务。"①

通过对两个概念的官方界定，可以看出两者的区别：①PPP模式是比特许经营更加宽泛的概念，而特许经营是PPP的具体实施举措之一。以世界银行对PPP的分类方式为例，其将PPP分为外包类、特许经营类和私有化类，也就是说，特许经营就是PPP模式的其中一种实现方式。2016年，国家发改委印发的《传统基础设施领域实施政府和社会资本合作项目工作导则》进一步说明：PPP模式主要包括特许经营和政府购买服务两类②。②PPP模式更多强调公私双方的"合作"关系，而特许经营更多强调"特许"，即私营一方要通过竞争方式得到"授权"，与政府之间是委托代理关系，或者说，特许经营是作为PPP"合作"的其中一种方式。③PPP模式涵盖基础设施、公共服务等更广泛的领域，而特许经营一般只用于自然垄断或准公共产品供给领域。④PPP模式中明确提出民营资本的引入是合作的重要部分，从PPP项目主要由财政部门牵头管理、发展改革部门协同就可以看出其对资本的特殊要求，而特许经营并没有特别强调资金问题。⑤PPP模式的回报方式包括：政府付费、使用者付费、可行性缺口补助三种，而特许经营的回报方式主要就是：使用者付费、可行性缺口补助。

两个概念虽然重点不同，但彼此关系密切，有很多共同之处：①作为概念的外延，两者都涵盖了BOT、BOOT、BTO等方式；②两者都比较强调"协议关系"，就是说，越来越强调公私合作双方的合同关系以及其中体现的"契约"精神，都比较关注合作关系中的利益共享、风险分担及长期合作关系。

本书讨论的激励性规制问题，从狭义角度讲，较为集中在委托代

---

① 《基础设施和公用事业特许经营管理办法》，http://www.ndrc.gov.cn/zcfb/zcfbl/201504/t20150427_689396.html，2015年4月25日。

② 《传统基础设施领域实施政府和社会资本合作项目工作导则》，http://www.ndrc.gov.cn/zcfb/zcfbtz/201610/t20161027_824138.html，2016年10月26日。

理的框架下形成的激励机制设计和实施问题，但从广义角度看，在PPP的合作关系中，可以使用一些激励性手段，用以激励双方的合作共赢，但"规制"问题将不再重要。

（二）社会契约规制

社会契约规制（Social Contract Regulation）也称成本合同规制，是指规制机构与被规制企业就如何进行规制签订合同，就社会/经济目标、市场准入标准、产品价格/成本/质量标准、违约惩处方式等关键性指标进行约定，规制机构根据企业执行约定的情况来实施相应的奖励或惩罚措施，这种方式用于鼓励企业降低成本、节约资源、保护环境和提高服务水平等[1]。这一过程中，被规制企业由被动接受规制转变为主动参与规制机制的决策和规制政策的制定。社会契约规制有可能产生可观的经济效益，社会契约为潜在的被规制者明确提供更多、更明确的货币激励，让被规制者更有动力去准确测量边际成本和提升企业生产效率，从而更利于规避 A – J 的负面效应[2]。涉及规制合同设计及其相关内容在第四章进行详细分析，因此这里不再赘述。

二 市场定价环节的激励性规制工具

激励性规制的核心问题就是定价，其中包含了抽租价格、产品价格，这些都决定了公用事业企业的经营效益，决定了企业的能动性。因此，对价格进行规制成为政府设计激励性规制工具、提升规制效率的最初切入点。

任何产品的生产经营行为都会产生成本，都需要通过一定的成本补偿方式达到经济的一般均衡。公共产品的供给领域，不同于充分竞争市场的经济行为，需要通过政府的机制设计实现成本补偿。纯公共

---

[1] ［日］植草益：《微观规制经济学》，朱绍文等译，中国发展出版社1992年版。
[2] Einhorn, M. A., "Electricity Wheeling and Incentive Regulation", *Journal of Regulatory Economics*, Vol. 2, No. 2, 1990, pp. 173 – 189.

物品的成本通过税收的方式获得补偿，公众享受纯公共产品的福利并纳税，政府通过税收获得资金支持继续供给纯公共产品。准公共产品由于具有一定的竞争性和排他性，介于纯公共产品和私人产品之间，供给方式可以采取政府和市场共同分担的方式，成本补偿则也由政府和市场共同分担，市场部分的成本自然要通过收费来补偿，同时收费也一定程度地避免了准公共产品的过度消费和"搭便车"等问题。基于准公共产品的公益属性，由于优化资源配置、反垄断利润、减少外部效应、激励企业积极性等，产品市场定价的形成主要是政府指导价和市场调节价相结合的方式；简单地说，垄断程度越高的产业或生产环节，政府指导控制价格的程度就越高，反之，市场化程度较高的产业或生产环节，市场调节价格的程度较高。

政府通过设计产品定价机制来影响企业经营积极性，同时政府和企业也通过设计差别定价方案来引导公众的行为方式，并进一步补偿企业经营负担，比如电价采用的错峰定价，就进一步补偿了电厂在高峰用电时期的运行压力。产业经济学中最常用到的定价方式是拉姆齐（Ramsey-Boiteux）定价模型，该模型认为，如果特定企业通过消费者收费的方式补偿生产成本，规制者在确定企业的产量用以确保最大化社会福利时，最优的价格通过 Ramsey 公式得出，即每种产品的勒纳指数（价格—边际成本比率）与该产品的需求弹性成反比[1]。但这个模型对被规制企业没有激励的效用。

传统的价格规制普遍采用的是收益率规制（Rate-of-Return，ROR），又被称为回报率规制或公平报酬率规制，在美国运用已超过一百年，比如美国的电信业，在 1984 年分拆之前，AT&T 所有的州际电信运营都是采用回报率规制。ROR 最初的目的是基于一定的成本投入，保障公用企业获得一定比例的收益，采用成本加成（Cost Plus Pricing）的办法计算企业应得的公平报酬。但这一方式存在着明显的缺陷：首先，

---

[1] 石磊、王永钦：《评拉丰、梯若尔著〈政府采购与规制中的激励理论〉》，《经济学（季刊）》2004 年第 2 期。

掌握企业已发生的成本或对成本进行估算本身是困难的，如果存在多个经营环节的不同定价，成本分摊又成了难题；其次，被规制的企业没有节约成本的动力，容易造成产品价格不断提升，造成资源浪费和公共利益损失。基于收益率规制的严重信息不对称和缺乏激励效用的问题，随着激励性规制理论的发展，规制者进一步改进价格规制方式，价格上限规制和利益分享机制等办法开始被广泛应用。

（一）价格上限规制

1. 基本理论概述

价格上限规制（Price Cap Regulation，PCR）是指在一定时期内，政府对被规制企业的产品或服务的定价设定一个上限的规制方法，是一种剩余索取契约，企业的利润来自努力使生产效率的实际增长率大于 X 值（生产率的增长率）的部分。PCR 在全球被广泛应用于能源、电信、交通和自来水产业等行业企业中，是应用最为普遍的一种激励性规制工具。价格上限规制最初由英国学者 Littlechild（1983）为改革英国电信业的经营模式，在撰写的研究报告《对英国 BT 私有化后利润的规制》中提出。如今，这一机制广泛应用于英国的电信、自来水、管道燃气等网络型自然垄断产业，在欧盟国家不同行业间推广，随后引入美国，在美国的绝大部分州的公用事业中得到应用。同时，OECD 的大部分成员都将 PCR 引入对电信产业的规制中。各国在 PCR 的应用中都紧密结合自身的情况，适当调整规制的具体方式，比如英国采取"纯粹"价格上限规制（Pure PCR），即严格按照公式来计算使用；而美国受到长期实行的报酬率规制的影响，对 PCR 规制形式进行了调整，主要区别是：①激励程度相对较弱；②在价格上限规制的框架内实行以绩效为基础的规制（Performance-Based Regulation，PBR）；③实行与价格上限规制相类似的收益上限规制（Revenue Caps Regulation，RCR）[1]。

价格上限规制的模型为 RPI – X，即定价的平均增长率不超过零售

---

[1] 余东华：《激励性规制的理论与实践述评》，《外国经济与管理》2003 年第 7 期。

物价指数（RPI）减去生产率的增长率（X），X 要素是价格上限规制的核心，由规制机构与经营商协商设定，激励着企业降低成本、提高效率。企业定价的上涨幅度不超过 RPI – X，如 RPI – X 的值为正数，则企业可以涨价，相反则应当降价。价格规制的公式为：$PT = PT_{-1} [1 + (RPI – X)/100]$，其中 PT 为准备进行的规制定价，$PT_{-1}$ 为上一个经济周期的规制定价。有研究认为，被规制企业的全要素生产率、国民经济发展和输入价格增长率是影响 RPI – X 模型中的 X 要素的关键[①]。

与价格上限相对应的价格机制，是价格下限或称为"保护价"，一般是政府为了扶持某项产业发展而设定的价格底线。比如农产品价格，我国政府长期对农产品收购采取价格下限保护政策，政府通过收购市场上的剩余农产品，达到扶植农业发展的目的。为避免油价波动带来的负效应，我国对石油成品油的价格设置调控上下限，油价过高会加大用油行业和消费者负担，长期油价过低会导致国内原油产能萎缩，削弱我国石油自给能力，不利于保障能源安全、调整能源结构和新能源发展，因此，国家发改委一直对国内成品油进行经常性调控。但是，价格下限并不是一种激励措施，而是产业保护措施，因此本书不做太多的讨论。

价格上限规制是一种典型的高强度激励性规制工具。第一，规制者无须想方设法了解某个企业的成本情况，只需要了解产业普遍经营状况，以产业标杆价格为基础规定价格上限，将一部分定价权转交给企业。第二，允许企业根据通货膨胀水平，在上限范围内适度变动价格，以便灵活应对通胀率和市场波动，特别是生产多种产品或服务的企业，可以通过适当调整各产品或服务之间的价格差，有效抵御市场竞争。第三，最重要的一点，PCR 工具真正激励企业通过提高生产率、创新生产方式、节约生产成本等途径提高自身的利润空间。

价格上限规制工具也存在一定的局限。第一，政府由于无法充分

---

① Gao, S., Z. Ren, "The X Factor Investigation of a Price Cap Regulation of Infrastructure under Public-Private Partnerships", Springer Berlin Heidelberg: Proceedings of the 19th International Symposium on Advancement of Construction Management and Real Estate, 2015.

了解企业的成本，X 值和最终的价格上限大多是以行业标杆为依据设定，这并不一定适用于所有的产业和企业，即 X 值的确定本身是有难度的。第二，不一定所有的零售物价指数或者通货膨胀率都能引起企业成本发生变动，特别是对于自然垄断属性较强、缺乏需求弹性的产业更是如此，在这种情况下 PCR 是没有激励效用的。第三，企业的利润来自价格上限与成本之间的差额，企业很可能恶意降低成本，导致产品或服务质量受到影响，最终影响公众享受公用事业产品或服务；而政府由于信息不对称并不能了解企业的投入产出比率，无从监管。第四，大多数企业会简单的选择最高上限作为产品定价。

2. 中国的实践应用

我国的公用事业领域最初都是以国有企业的形式提供公共服务，政府长期使用传统的成本加成法对公用事业和基础设施领域进行价格规制。随着公用事业市场化改革的推进，传统的成本加成价格规制方式的弊端凸显，阻碍企业参与市场竞争和高效提供公共服务，企业与政府之间的博弈问题越发突出。我国政府逐步转变规制方式，价格规制也由传统的成本加成定价，分行业分步骤地转变为由规制机构为公用事业规定总的价格上限，地方政府和企业根据自身情况在上限范围内适度定价。这种方法激励企业的有效运营和技术创新，减少了政府规制成本。同时，参考国外在公共交通、电力等行业通行的办法，即"动态调整"的价格上限定价方法：每 3—5 年为一个调价周期，每个周期执行固定价格，到期后根据项目的收益率、运营维护成本、税收、居民消费价格指数等指标重新确定价格。比如，2014 年，北京调整公共交通票价并出台《北京市城市公共电汽车和轨道交通价格动态调整办法》，建立了一个一年一小调、五年一大调的公共交通价格动态调整机制，但由于轨道交通的工程建设仍未完成，存在很大变数，因此直至 2019 年并没有按照预期计划动态调整实施。

我国 1998 年 5 月 1 日起施行的《价格法》成为我国商品、服务定价方面的基本法律。《价格法》规定，我国价格改革的方向就是"实行并逐步完善宏观经济调控下主要由市场形成价格的机制。价格的制定应当符合价值规律，大多数商品和服务价格实行市场调节价，极少数商品和服务价格实行政府指导价或者政府定价。"① 随着我国市场经济改革进入深水区，价格机制作为市场机制最核心要素、资源配置中起决定性作用的部分，成为深化改革的关键领域。

根据《价格法》，国家发改委修订原国家计委发布的《重要商品和服务价格成本监审暂行办法》（原国家计委25号令），并在此基础上制定《政府制定价格成本监审办法》（以下简称《办法》），于2006年3月1日起施行。《办法》规定"政府价格主管部门制定或者调整实行政府指导价、政府定价的商品和服务价格（以下简称'制定价格'）过程中的定价成本监审行为""成本监审实行目录管理。列入成本监审目录的商品和服务，由国务院价格主管部门和省、自治区、直辖市人民政府价格主管部门依据中央和地方定价目录确定，并对外公布"。② 在最近一次重新修订的《中央定价目录》（国家发改委2015年第29号令，2016年1月1日起施行）中，政府定价种类由13种（类）减少到7种（类），约减少46%；具体定价项目由100项左右减少到20项，约减少了80%；目录之外，中央政府没有定价权；而在仅剩的7种（类）中，市政公用事业就占了5项，包括天然气、水利工程供水、电力、重要交通运输服务、重要邮政业务。这也恰恰说明，这些领域都是需要政府负责民生兜底的事业行业，这些行业的定价还不能全部由市场机制调控，价格设计直接关系到群众利益，特别是低收入群体的生活保障，这也是价格改革要坚持的底线原则。

与《办法》配套的政策是2015年10月发布的《中共中央国务院关于推进价格机制改革的若干意见》（以下简称《意见》），全国各省份根据这一顶层设计，纷纷于2016年、2017年制定各地的实施意见。《意见》中的第一项原则即"坚持市场决定……推进水、石油、天然

---

① 《价格法》第一章第三条，http://www.gov.cn/fwxx/bw/gjdljgwyh/content_2263012.htm，2017年6月29日。

② 《政府制定价格成本监审办法》第二条、第五条，http://www.gov.cn/ztzl/2006-02/07/content_181092.htm，2006年2月7日。

气、电力、交通运输等领域价格改革,放开竞争性环节价格,充分发挥市场决定价格作用"。重点领域的价格改革要充分发挥市场决定价格的作用,对公用事业领域的定价机制进行纲领性设计。比如:①电力、天然气等能源价格改革:按照"管住中间、放开两头"的总体思路,稳妥处理和逐步减少交叉补贴,还原能源的商品属性。"按照'准许成本加合理收益'原则,合理制定电网、天然气管网输配价格。""在放开竞争性环节电价之前,完善煤电价格联动机制和标杆电价体系,使电力价格更好反映市场需求和成本变化。"②环境服务价格政策:"按照'污染付费、公平负担、补偿成本、合理盈利'原则,合理提高污水处理收费标准,城镇污水处理收费标准不应低于污水处理和污泥处理处置成本,探索建立政府向污水处理企业拨付的处理服务费用与污水处理效果挂钩调整机制,对污水处理资源化利用实行鼓励性价格政策。"③交通运输价格机制:除"政府定价目录"规定外,竞争性领域价格应扩大由经营者自主定价范围,发挥供需关系的杠杆作用。④公用事业和公益性服务价格管理:"全面实行居民用水用电用气阶梯价格制度,推行供热按用热量计价收费制度,并根据实际情况进一步完善。""教育、文化、养老、殡葬等公益性服务要结合政府购买服务改革进程,实行分类管理。"比如,"对特殊困难老人提供养老服务,其床位费、护理费实行政府定价管理,其他养老服务价格由经营者自主定价"。

《意见》进一步规定建立健全政府定价制度,比如"凡是政府定价项目,一律纳入政府定价目录管理"(参考《中央定价目录》及各地《政府定价目录》),"加强成本监审和成本信息公开"。同时,特别具体规定了政府定价程序:"鼓励和支持第三方提出定调价方案建议、参与价格听证。完善政府定价过程中的公众参与、合法性审查、专家论证等制度,保证工作程序明晰、规范、公开、透明,主动接受社会监督,有效约束政府定价行为。"[①]

---

① 《中共中央国务院关于推进价格机制改革的若干意见》,http://www.gov.cn/xinwen/2015-10/15/content_2947548.htm,2015年10月15日。

自 2015 年国家开始新一轮价格调控和改革，制定了全新的顶层设计，国家各部委和各地市纷纷出台相应的实施意见（见表 3-1），旨在形成制度合力，全面深化体制改革和关键领域的价格机制，进一步促进市场行为规范和宏观调控的力度，处理好政府定价与市场定价之间的关系，完善政府价格规制和行业规制工作。

表 3-1　　国家发改委近年出台的公用事业定价办法部分文件

时间	文件名
2015 年 10 月	《中共中央国务院关于推进价格机制改革的若干意见》（中发〔2015〕30 号）
2016 年 6 月	《国家发展改革委关于加强政府定价成本监审工作的意见》
2017 年 8 月	《关于进一步加强垄断行业价格监管的意见》（发改价格规〔2017〕1554 号）
2017 年 9 月	《政府制定价格行为规则》（发改委令第 7 号）
2017 年 11 月	《关于全面深化价格机制改革的意见》（发改价格〔2017〕1941 号）
2018 年 7 月	《关于创新和完善促进绿色发展价格机制的意见》（发改价格规〔2018〕943 号）
2019 年 12 月	《政府定价的经营服务性收费目录清单》（发改委公告 2019 年第 10 号）
2019 年 12 月	《中央定价目录》（发改委令第 31 号）
2020 年 1 月	《省级电网输配电价定价办法》（发改价格规〔2020〕101 号）
2020 年 1 月	《区域电网输电价格定价办法》（发改价格规〔2020〕100 号）
2020 年 7 月	《关于加强天然气输配价格监管的通知》（发改价格〔2020〕1044 号）

资料来源：根据国家发改委网站公开信息整理。

（二）利润分享规制

利润分享规制（Profit Sharing Regulation，PSR）又被称为成本共担规制（Cost Sharing）或浮动利率规制（Sliding Scale），是指通过自动费率调整机制，为将来的购买行为提供关键服务的价格折扣或者购买后退款等方式，让消费者直接参与公用事业的利润盈余的分配或亏损分担当中。利润分享规制可以追溯到 19 世纪英国公用事业放松规制的改革，尤其是英国规制机构对燃气输配公司、国家电网公司等行业的规制。20世纪初期传入美国，在美国电力、电信等产业中得到应用。利润分享规制源于对价格上限规制（PCR）的进一步完善，规制机构发现，价格上限规制的一些缺陷造成企业产品或服务的价格与实际成本之间存在很大距离，有可能给企业带来"非常态"的利润，有可能侵占消费者的利益。规制机构认为自身有责任进一步修正企业产品或服务的价格。规制机构最初采取阶段性调整产品价格上限的办法为消费者争取价格利益，并逐渐开始倡导"利润分享"或"成本分享"的办法，促使被规制企业将超额利润的一部分拿出来，让渡给消费者。从另一个侧面来看，规制机构通过"利润分享规制"变相默认了被规制企业的超额利润，前提是企业愿意让渡一部分"超额"给消费者。

利润分享规制的模型为：

$$\gamma_t^a = \gamma_t + h(\gamma^* - \gamma_t)$$

式中，γ_t 代表 t 年初始价格下的实际回报率；γ^* 代表目标回报率（即收益减运营成本和折扣，再除以资本）；h 代表 0—1 的分享率；γ_t^a 代表调整后的回报率[①]。

从工具模型中可以看出，利润分享规制的实质也是规制机构为被规制企业设定一个回报率的范围，如果没有超额利润，企业可以获得全部回报，如果超过某个基准线，就要根据比例将利润回馈给消费者，企业获得的超额利润会被按比例压缩。

利润分享规制是规制机构为了控制规制对象的利润空间，而在回报率规制和价格上限规制之间寻求一个新的平衡点，进一步修正了回报率规制和价格上限规制的缺陷，给企业一定的自主空间，也给消费者争取回一些利益。这种方式不仅有利于规制者灵活使用激励性规制手段，激励企业自主经营，也是企业能够接受的一种方式，这一激励工具迎合了消费者的心理，可以作为刺激消费的一种企业营销手段。

---

① 舒本耀：《装备价格理论研究》，国防大学出版社2015年版，第153页。

但是，利润分享规制要求规制者有能力了解大量被规制企业的信息，比如成本结构、需求状况等，从而限制企业滥用市场优势进行价格歧视，或者为争取超高价格而发生寻租行为的可能性，这对规制者来说，是个不小的挑战。同时，利润分享规制存在着一种基于政府自由裁量权的内生逻辑，企业的行为动因就是追求剩余利润，而政府的行为动因是资源的合理配置，因此，基于利润分享的规制合同中蕴含着政府单方面要求企业接受对价格上限或回报率规制的修订，将超额利润部分地分配给消费者，要求企业遵循利润分享机制和规制价格的动态路径。

Sappington 和 Weisman（1996）研究认为，收入分享（Revenue Sharing）激励规制相对于纯粹的利润分享（Profit Sharing）机制而言，更能够确保消费者和被规制企业有严格的收益，收入共享激励机制内在隐含了对被规制企业减少浪费性支出的奖励和减少价格歧视的激励，并限制了企业的规制性征收。

（三）联合回报率规制

联合回报率规制（Banded Rate-of-Return Regulation）是以一定的投资回报率为基础，被规制企业向规制机构提出申请，要求提高投资回报率；依据申请，规制机构具体考察市场中影响被规制企业产品价格或服务价格的因素，对所申请的投资回报率做出适当的调整，明确投资回报率范围，被规制企业可以在这一范围内进一步自主确定企业自身的投资回报率。经营中如果投资回报率超过规定的范围，企业要将差价返还给消费者；如果投资回报率低于规定的范围，规制机构就允许对企业产品或服务自主定价。这种激励性规制工具作为基于回报率规制的简单修正，同样存在回报率规制的缺陷，如 A-J 效应问题。

联合回报率的模型为：

$$R = P \times Q = C + S \times RB$$

式中，R 为收入函数，Q 为生产数量，P 为产品价格，C 为生产成本，S 为规制者规定的投资回报率，RB 为计算基数。

（四）延期偿付率规制

允许消费者先消费商品或服务一段时间后再付费的规制方式。这种方法长期广泛应用于电信、供水、供电等行业中，有利于激励企业提升产品质量和服务水平。同时，我国正在逐步建立"社会征信系统"与延期付费行业的信息互通。这一系列的行动对于公用事业产业发展、全民诚信意识提高和精神文明建设都起到激励作用。

三 市场运行环节的激励性规制工具

公用事业的自然垄断和成本次可加性的经济属性，决定了在一定区域内能够进入市场从事生产经营的企业只能是一家或极少数几家。特许投标制度帮助规制机构筛选出资质良好的企业进入市场。价格上限规制等工具有效地帮助规制机构把控企业的合理定价，维护基本的公共利益和企业利润。当企业真正开始进行生产经营，规制机构就有责任监管企业的生产效率和整体绩效，既要保护企业的基本利润、促进产品和服务的质量、也要减少公用企业的经营对区域社会发展带来的负面效应。但是，由于规制机构对被规制企业存在信息不对称问题，不能把握企业的运营成本、技术水平等，不能直接对企业进行监管，也需要一些有距离的激励性规制的手段帮助规制机构实现激励目标。

（一）标尺竞争规制

1. 基本理论概述

标尺竞争规制（Yardstick Competition），又称标尺竞赛、区域间比较竞争理论，由美国学者 Lazear 和 Rosen、Green 和 Stokey、Nalebuff 和 Stiglistz、Shleifer 等基于不同的研究领域分别提出。标尺竞争理论最早应用于契约理论关于劳动力市场中有效工资差距的决策。Shleifer（1985）将标尺竞争理论引入规制经济学中，认为规制机构需要"一些简单的基准（Benchmark），而不是根据一个企业现在或过去的绩效,去评价企业的潜能"。① 规制者可以利用其他条件类似企业的成本和整体绩效,与被规制的代理企业进行比较,一定程度上能够估算被规制的代理企业的努力程度。规制者可以通过比较的方式,设定代理企业的基础绩效水平,设计奖惩激励制度,兼顾基础绩效的挑战水平和激励程度,以达到标尺竞争的目的。可以预计,高于同行业平均成本水平的被规制企业将有亏损的风险,而反之则有可能获得额外的盈利。

标尺竞争包含了两种情况:同质企业标尺竞争、异质企业标尺竞争。

(1) 同质企业标尺竞争的基本理论模型

这一理论模型的假设前提是:①N 个风险中性的企业,在没有不确定性的环境下经营,在不同市场面临着相同的需求曲线 [q(p)];②企业是相同的,他们面临着一样的边界成本 (c_o) 和一样的降低成本技术 [R(c)];③资金总量的转移 (T) 可以提供给规制者。

基于这些假设,企业的利润可以定义为: π = [(p-c) × q(p)] - R(c) + T,即利润 = (价格 - 边界成本) × 数量 - 降低成本支出 + 资金转移。

当规制者知道降低成本技术 [R(c)] 时,规制者将生产者和消费者的福利权重设为相等,规制最优的情况就是 $P^* = C^*$,即价格 = 边界成本。而当规制者不知道降低成本技术 [R(c)] 时,标尺竞争(Yardstick) 就是规制最优情况,前提是假设规制者的 "游戏规则"是可信的。实际上,规制者不太可能让一个有偏差的企业停产,只是通过比较发现差距,从而督促落后企业改进生产效率或服务质量等,特别是在公共事业产业中,公用事业的供应安全、供应稳定问题也是至关重要的,因此同质企业标尺竞争的规制并不太可能出现末位淘汰的结果。

(2) 异质企业标尺竞争的基本理论模型

这一理论模型的假设前提是:①如果规制者能够观察到是哪些

---

① Shleifer, A., "A Theory of Yardstick Competition", *Rand Journal of Economics*, Vol. 16, No. 3, 1985.

特征使得企业有差异，标尺竞争理论就能够推广到对异质企业的分析中；②假设企业有可被观察的外在特征 θ 等，且这些特征是企业改变不了的。

同质企业分析之所以能够得到规制最优结果，因为企业利润最大化的决策恰好与规制最优的结果相一致。异质企业分析中，这一结果同样能够复制，只是企业价格设定要更加复杂；规制者必须对决定差异化的那些特征进行成本回归分析。

分析的公式为：$c \approx m + b\theta$。其中，c 为企业的成本水平；θ 为外在特征的向量；规制者假设 $p_i = c_i$，并设企业资金流入等于企业预期成本减少支出，同时考虑 θ。

如果规制者能够准确观察到导致差异化的全部潜在因素，比如，当回归方程 $R^2 = 1$，就能得到规制最优结果。但是，如果没有考虑到一些异质性，实际结果将远达不到最优化，或者说，回归分析 R^2 的结果越大，距离最优结果的距离就越小。

这种方法的问题在于：①遗漏了变量偏差，如果在 θ 向量存在错误的情况下进行回归运算，b 值的估计也是错误的，就更不可能达到规制最优。②内生变量的不确定性，假设的前提是差异化的因素不受企业意志为转移，但实际情况并不总是这样的。无论如何，异质企业标尺竞争使规制者有可能引导不同市场中的企业产生竞争。但同时，不同企业间的竞争导致技术或其他方面的信息共享减少，这就阻碍了成本降低的过程[①]。

总体来说，标尺竞争主要是对不同区域的企业之间，选择独立于本地区、与本地区被规制企业具有某些共性的标杆企业，针对被规制企业科学设计恰当的激励性规制框架，是引入间接竞争手段的激励性工具。标尺竞争有效地解决委托代理中的信息不对称导致的目标偏差等一系列问题，可以很大程度上避免信息不对称的负外部效应，是一

[①] Sawkins, J. W., "Yardstick Competition in the English and Welsh Water Industry Fiction or Reality?", *Utilities Policy*, Vol. 5, No. 1, 1995.

种有效地实现帕累托改进的措施。由于标尺竞争的必要条件要求较少，这一工具模式可以适用于很多管理领域中。

由于社会环境、技术水平、人力资本、地方政策倾向等诸多条件在具体实施过程中会对企业经营产生影响，标尺竞争的具体运用往往也受到一些限制。标尺竞争的被比较对象之间的差异性是不容忽视的要素，标尺竞争的充分条件很难达成一致，在应用当中，标杆的价值、标尺竞争规制的方法和竞争的绩效结果容易受到质疑。同时，标尺竞争要求规制者能够掌握具备标尺价值的企业的成本水平和绩效信息，了解企业之间的关联程度，防止企业之间的合谋行为，这就形成了另外一个层面的信息不对称和道德风险问题。

2. 中国的实践应用

标尺竞争比较适用于经营环境相似、技术水平较为成熟稳定的产业中，比如电力、天然气、自来水等网络型产业中。随着理论的推广，标尺竞争在人事管理、区域发展、教育管理等领域得到广泛的应用，我国改革开放过程中，地方政府为了促进经济发展，各地方常常出现"以 GDP 为纲"的经济发展锦标赛，这实质上可以看作一种不断寻找新标尺、制造区域竞争的过程。标尺竞争应当成为混合规制机制中的重要组成部分，而不是最重要的和唯一的激励性规制工具；要防止出现"标尺竞赛"的恶性发展，产生类似我国地方政府长期"以 GDP 为纲"的标尺竞赛考核倾向，会带来经济效率虚增、市场行为扭曲等负面效应。

（二）菜单规制

菜单规制（Menus Regulation），即规制机构将可以采用的多样的规制工具列出一个清单，让被规制企业有机会选择可以接受的规制工具组合的一种综合性激励性规制方式。这种方式让规制双方都有可协商的空间，企业选择可能实现的最高绩效目标，规制者同时获得想要的规制目标，避免了信息不对称带来的问题，也能够最大限度达到"双赢"目的。

比如产品定价问题，主要规制方式就是边际成本定价或者平均成本定价两种情况。规制机构可以在合约设计中规划这两种定价方式，提供被规制企业选择，通过这种不同类型的契约选择，分离均衡状态，规制机构也由此识别出被规制企业的生产经营状况和利润率水平，减少逆向选择和道德风险问题。也就是说，如果企业选择的是价格上限的平均成本定价法，说明企业的生产是高效率的，有很大利润空间可寻，则可以适当提高激励强度和抽租水平。如果企业选择成本加成的定价方式，说明企业的生产已经贴近成本，则应当降低激励强度。2009年以后，北京市政府对轨道交通的规制措施一度采取"基础补贴额与超亏递减补贴、减亏固定比例分享"政策[①]，这就是将政府补贴和企业盈亏激励的多种手段进行综合运用，在其中寻求一种平衡，达到控制企业盈利水平的目的。

菜单规制工具的有效性取决于合约菜单的设计过程，菜单设计的关键又在于规制者掌握企业的基本经营绩效信息情况，如成本、价格、质量等，同时要了解企业可能上升的绩效空间，这成为这一规制工具的难点所在。而正是这一难点同时也帮助规制者更进一步了解和有效甄别企业的真实信息。

（三）协商规制

英国学者Littlechild提出"协商解决"和"客户参与"将成为未来日益受到重视的公用事业规制方式。协商规制与前面讨论的社会契约规制有同样的本质特征，都是利益相关方就彼此关心的问题，通过协商讨论的方式达成一致，最终以契约合同的方式确定彼此的权责关系。不同的是，社会契约规制更多是规制者与被规制企业之间就规制方式和规制合同的内容进行的协商过程，而协商规制更多体现了包括消费者在内的更多利益相关人的参与，除了规制合同之外，还包括定价、产品质量等更多被规制要素的协商过程。

"听证制度"成为协商规制的主要表现形式。作为传统诉讼程序

---

① 杨松：《首都城市公用事业市场化研究：趋势·运营·监管·比较》，中国经济出版社2010年版，第161页。

的替代或补充,听证制度从 20 世纪 60 年代起,一直被认为是应对规制积压和节省监管处理时间的一种主要手段。近年来,国外很多法律学者和规制机构表示,协商规制更好地服务利益相关者的需要,允许更大的灵活性和创新性,并能够超越传统的诉讼法取得成效。美国和加拿大的司法管辖中有很高比例的协商解决案例,并且协商解决中涉及大量改革创新,其中比较显著的就是延期偿付率的创新和引入。协商解决允许市场参与者自己做出决定,而不是将市场偏好和规制机构的决定进行强制判决①。

从经济学的角度看,听证制度是收集公用事业服务的市场需求、公用事业的成本和技术信息的有效机制,消费者的参与能够有效降低规制价格。但同时,美国 Consumers Union 也提到了听证制度实施中的难点:从表面上讲,公开透明的程序似乎可以实现消费者与厂商之间的平等对抗,但实际上,消费者参与的前提是要在复杂的经济、法律和技术背景下运用金钱和专业知识,消费者和企业之间显然不能实现真正的平等;同时,不得不考虑的因素是,行政过程都是受到政治影响的②。

我国的政府规制实践中很早开始采用听证制度,1996 年 3 月,我国政府颁布《行政处罚法》,首次从国家层面对听证制度做出明确规定。1997 年发布《价格法》、2000 年通过《立法法》都对价格决策和地方立法听证做出规定。《价格法》第二十三条对公用事业价格定价方式做出明确规定:"制定关系群众切身利益的公用事业价格、公益性服务价格、自然垄断经营的商品价格等政府指导价、政府定价,应当建立听证会制度,由政府价格主管部门主持,征求消费者、经营者和有关方面的意见,论证其必要性、可行性。"③ 成为公用事业价格规

---

① Gustav Ranis, "International Comparisons of Prices and Output: Relative Prices in Planning for Economic Development", *Utilities Policy*, Vol. 9, No. 1, 2006.

② Consumer Union, "Competition, Regulation and Political Actions of Consumers: USA Experience", http://www.consumers union.org/other/cicarrsw799.htm.

③ 《价格法》, http://www.gov.cn/fwxx/bw/gjdljgwyh/content_2263012.htm, 1997 年 12 月 29 日。

制工作的法律依据。2018 年，国家发改委出台《政府制定价格听证办法》，旨在规范政府制定价格听证行为，提高政府价格决策的民主性、科学性和透明度。

我国学者陈坤在流域水污染治理领域的研究中，同样提出协商治理是解决长江流域跨界水污染的重要途径[①]。由此可见，协商规制能够同时适用于经济性规制和社会性规制领域，是个可以广泛应用的规制工具。

（四）声誉激励规制

声誉激励（Reputation Incentive）作为一种直接的激励机制，较多用于竞争激烈或存在委托代理关系的领域中。Adam Smith 很早就提出声誉有助于契约的顺利执行。基于社会心理学和委托代理关系，声誉激励机制最初用于人力资源管理，通过声誉激励提高人力资本在工作中的主观能动性和积极性，并在组织中形成竞争效应。随着市场竞争激烈程度的不断增加，声誉激励逐渐发展成为公司治理领域中最重要的机制之一，比如对上市公司及其职业经理人的监管、代理人或独立董事的监管等。政府规制领域中，声誉激励规制比较常见于社会性规制中，基于企业的规范的经营行为，规制者有意愿协助企业提升社会声誉，进而有助于优化企业的社会形象，比如基于提升品牌声誉的激励，企业会努力提高产品或服务的品质，最终达到提升消费者满意度和扩大企业产品市场份额的目的。

在经济性规制领域中，特别是具有自然垄断属性的公用事业领域，随着网络型产业的规模不断扩张，公用事业的市场化程度不断提高，公用事业企业不再仅仅依靠政府的补贴支持来维持经营、提供公共产品和服务，大部分产业已经走入市场的激烈竞争中，很多公用事业企业需要通过银行贷款、上市等方式进行融资，企业的行业声誉将成为融资成功与否的关键因素之一。规制机构可以适当地将声誉激励规制

---

① 参见陈坤《从直接管制到民主协商：长江流域水污染防治立法协调与法制环境建设研究》，复旦大学出版社 2011 年版。

引入激励性规制的建构中，积极搭建被规制企业的信息发布平台，使被规制企业的绩效状况、财务信誉状况等关乎声誉的、不涉及商业秘密的重要信息受到社会关注和监督。规制机构同时可以将声誉激励规制写入规制契约中，增加声誉激励规制的敏感度，把绩效较低、财务信誉较差等声誉问题作为减少下一个财政年度经济补贴的约束条件或市场退出机制的约束性条款，从而激励被规制企业规范化生产经营。对于被规制企业来说，积极参与声誉激励规制不仅能够带来对目前经营行为的鼓励和肯定，获得一些精神奖励和利润奖励，更重要的是能够为企业未来的发展带来隐性的机会效应。客观上，声誉激励规制能够为规制机构节省大量的规制成本，减少信息不对称问题的负效应。社会监督作为其辅助措施，将增加声誉激励规制的可操作性和可信度。

第二节 激励性规制工具选择的依据

激励性规制实质上是随着放松规制和政府规制边界扩大后的一种"外生性"规制手段。针对不同的产业对象，基于不同的市场环境，激励性规制的强度是不同的。因此，规制机构有必要根据每个产业的具体运营情况，按照公用企业的实际成本，制定恰当的成本补偿机制，利用转移支付工具给予企业合适的货币补偿，以鼓励企业继续提升经营水平。不可能存在一套统一的格式规制工具或格式合同来完成对所有市政公用事业的激励性规制。

本章第一节中提到的激励性规制工具，由于各自规制预期的行为目标不同，工具之间即相互独立又相互补充，这些工具实际上是一整套连续的统一体，彼此能够共同存在、互相补充，并且在不同的环境下相互转换。激励性规制工具的选择和配置应当因地制宜、因条件制宜，工具如果被"固化"，传统工具不退场、新工具无法使用；工具如果被"异化"，即使用错误的政策工具，势必无法实现预期的目标。政策工具的配置应当根据工具属性的差异进行合理、有效的组合搭配，利用工具的复合效用达到综合治理，要摒弃传统官僚主义中的"头疼医头，脚疼医脚"的做法。

"囊中有如此多的箭，政府就需要发展出一套方法论找出射向问题靶子的箭。"① 在公共管理过程中，规制主体的政策工具选择至关重要，决定了公共政策和公共管理行为实施的效果和效率，最终影响政策客体（如被规制产业）的发展效率。政策工具的选择可以根据五个不同的方面确定：工具实施的目的、工具本身的特征、工具实施的主体、工具实施的客体、工具实施的环境。

一 激励性规制工具实施的目的

政策目标能否按照预期实现，很大程度上取决于政策工具的选择是否准确。政策工具存在的本意就在于解决政策问题或达到政策目标，"目标—手段"的工具选择路径是最基础、最理性的制度理性路径。从经济理性的角度而言，政策工具的选择就是用最小的代价达到理想的目标，实现帕累托改进甚至最优。

（一）保证政策目标与工具的匹配

公共政策所要达到的目标往往不是单一的，而是多重目标构成的目标集。因此，要在选择政策工具之前，理清公共政策的多重目标。具体到公用事业的激励性规制领域而言，规制主体在经济性规制，特别是自然垄断产业规制过程中引入激励性规制工具手段，直接目的在于减少规制双方信息不对称带来的负外部性、提高政府规制的整体效率，间接目的在于达到"更好而智慧规制"的未来发展目标。

所有的激励性规制工具的机制设计初衷都在于减少信息不对称问题，减少规制主体的信息租，激励被规制企业主动分享经营发展状况，便于规制机构的监管，维护公众利益。因此，在减少信息不对称引起

---

① ［美］戴维·奥斯本、特德·盖布勒：《改革政府——企业精神如何改革着公共部门》，周敦仁等译，上海译文出版社1996年版，第225页。

的负外部性、提高政府规制效率方面，所有的激励性规制工具都是适用的。公共政策的运行过程可以被看作政策工具起效用的过程。本章第一节中，激励性规制工具的概述部分，大致依据不同激励性规制工具的实施目标进行分类阐述，即激励性规制工具所要达到的选择优质公用企业进入市场、确定公用企业产品或服务的市场定价、规范公用企业市场运行行为（如质量控制）三种不同目的。从另一个侧面看，对于十种激励性规制工具的三方面分类何尝不是针对不同层次的规制目标呢？

（1）市场准入环节中的特许经营招投标过程和社会契约的达成过程，所要达到的目标就是规制机构在公用企业争取进入市场的过程中，提前掌握尽可能多的企业基本信息，减少政府规制过程中的信息租，缩小信息不对称的程度，从而选出最适合的企业进入市场。

（2）市场定价环节中的规制工具，如价格上限、利润分享，要达到的目标就是通过控制企业的产品或服务的价格范围，激励企业不断控制成本、提高效率、提升产能，在价格空间受限的情况下，适当增加企业自身的利润空间，最终实现政府规制博弈双方的效率目标。

（3）市场运行环节中的标尺竞争、协商规制、声誉激励等激励性规制工具，要达到的目标就是在信息不对称、间接规制的情况下，规制机构能够更民主、更有效地实现规制目标，通过更公平、民主、开放的规制议程最终实现多方利益的均衡，从而达到激励性的规制目标，并促使公用企业提升产品或服务的效率和品质。"良好的和智慧的"规制议程兼顾了政治、经济、社会多重目标，也在实质性目标和象征性目标之间找到一种平衡。

（二）保持政策目标与工具的联动

随着社会状况发生变化，特别是与公共政策紧密相关的上位法律法规一旦修订，公共政策的目标会发生偏移或者根本性调整，公共政策的整体框架就必须随之发生转变，在政策转变过程中最终涉及政策执行的政策工具就必须与法律法规、公共政策保持动态联动的关系。

政策目标与政策工具之间保持动态联动的关键在于不断审视与修正公共政策的目标。随着技术手段的不断提高，公共政策要解决的社会问题日新月异、日渐复杂，如果某些现实情况发生变化，公共政策的目标就会偏移或者多元化。而根据原有社会问题制定的公共政策是否仍然适用、是否继续沿用就需要政府部门认真审视，如果公共政策已经不再适用，与之配套的政策工具必须随之变更。现实情况是，公共政策进行了调整，政策目标发生变化，而政策工具却由于制度惯性或其他备选工具选择有限而继续沿用；一旦公共政策失败，很容易将这种失误认为是政策本身的错误或外在环境的影响，而很少反思工具改进的滞后性问题。

我国的改革开放过程中，由于法律法规、公共政策与政策工具的动态联系不足，造成不同社会政策之间的相互衔接不一致，长期累积演变成为错综复杂的社会政策、体制机制之间的不协调，中央与地方之间、地方政府之间出现政策的统一性差等问题，比如，特许经营制度在市政公用事业产业中的应用。20世纪90年代，我国公用事业市场化改革初期，特许经营制度在市场化改革进程中发挥了基础性的作用，很多地方政府利用特许经营招投标的政策工具在短时间内基本实现了市政公用事业的市场化。当时的《特许经营办法》规定，特许经营合同期为30年，格式化招投标合同条款简单，权利义务界定不规范。随着改革进入深水区，很多当初的历史局限性开始转变成社会发展中的障碍性问题，有些市政公用企业发生损害公共利益的经营行为，或为维护企业利益而不配合地方发展改革大局，对社会发展造成负面影响。但是，由于当初签订的特许经营合同简单、特许经营周期长，地方政府作为规制机构没有太多实际措施可以惩戒违规企业。而地方政府与在位企业争取签订补充合同的谈判过程中，由于没有法律支持而常常感到异常艰难。我们可以将这些问题看作历史局限性，是改革必然发生的机会成本，但是法律法规、公共政策目标、政策体系、政策工具等环节的系统化建构过程，形成一个联动的连续统一体，将很大程度削减问题的严重性。

(三) 厘清政策目标与工具的关系

政策目标与政策工具之间的差别显而易见，政策制度往往可以看作是一种战略布局或理想化的设计，而政策目标与具体行动之间的纽带就是政策工具，工具是一种具体的措施、手段或方法，促使政策得以实现、目标得以达成。国家财政中的税收政策、金融中的货币政策都可以看作实现财政或金融事业平稳均衡发展的政策工具。而市政公用事业发展中推行的市场化改革是为了达到推进公用事业发展、提升产业活力、提高产业水平、增加公共服务供给能力等政策目标而采取的政策工具。

之所以要强调政策目标与政策工具之间的差异，就在于实际工作中政策目标与政策工具产生混淆的问题频频发生，很多地方政府是为了改革而改革，将国家倡导的政策工具手段作为一种工作绩效看待，用目标管理的方式大力推进具体部门的工作进度，不惜混淆政策最终要达到的目标。以我国过去长期存在的"以 GDP 为纲"的地方政府之间的锦标赛为例，就是为了追逐短期目标而不顾资源分配的合理性、公平性问题，将财政资金更多投入能够快速见到效果的基础设施建设方面，而社会保障、社会福利等公共事业发展往往得不到足够的重视，基础设施建设领域也会有混淆政策目标和工具的问题，建设项目应当通过招投标的工具手段竞争择优，选出优质企业进驻市场，但由于出现投标企业达不到开标数量，而变成以招商引资的形式将项目交给一家企业生产经营，从而达到项目尽快上马的目的。

制度引导行为，出现政策目标与工具混淆问题的根源在于评估地方政府的标准指向出现偏差，部门绩效考核的指标、绩效考核的周期引导着地方政府的业务部门及其工作人员的工作方式和关注点。因此，要完善现有的政策评估工作，转变现有的简单化的、微观的目标管理工作方式，将性质不同的具体业务工作进行差别对待，如社会福利、农业发展等事业是需要较长周期的持续努力才能产生回应性政策效果的工作。这些都需要在绩效考核工作中，科学地调整地方政府工作绩效的指标体系、具体标准，真正将政策的直接目标和间接目标作为考核的依据，而不是将是否落实某项政策工具作为依据，应当辨证认识一般性与特殊性，根据具体的工作实际来确定考核的周期和内容，不应当一刀切地以工作时间为轴确定考核周期，应当引入项目管理的工作模式，对周期长、起效慢的事业产业以项目为单位进行考核评价。

二 激励性规制工具实施的主体

现代民主社会的公共政策制定过程体现了更多的公众参与、专家咨询等民主议事议程，而公共政策的制定和执行最终是由政府机构或者说是由机构中的工作人员来完成，特别是最终政策实施成效的责任主体是具体的政府部门及其行政首长。因此，为了公共政策具有可操作性、政策目标顺利达成，政策工具实施主体必然对工具的选择和实施施加影响，实施主体的思想、行为和能力素质都对政策实施起到重要的作用。

（一）避免规制主体的路径依赖

20 世纪 80 年代，美国经济学家诺斯从技术演进的"轨迹依赖"研究中得到启发，将这一逻辑引入制度经济学特别是制度变迁理论的研究中，其利用"路径依赖"理论成功阐释了经济制度的演进规律，"路径依赖意味着历史是重要的，不去追溯制度的渐进性演化过程，我们就无法理解今日的选择"[①]，诺斯由此获得 1993 年诺贝尔经济学奖。诺斯认为："有两种力量型塑了制度变迁的路线：一种是报酬递增，另一种是由显著的交易费用所确定的不完全市场。"[②] 也就是说，这两个方面解释了"路径依赖"产生的根源。

规制主体在进行政策工具选择的时候同样要避免"路径依赖"问

[①] ［美］道格拉斯·C. 诺斯：《制度、制度变迁与经济绩效》，杭行译，上海人民出版社 2014 年版，第 118 页。

[②] ［美］道格拉斯·C. 诺斯：《制度、制度变迁与经济绩效》，杭行译，上海人民出版社 2014 年版，第 111—112 页。

题。实际工作中，政策工具的变更大多出现在报酬递减，特别是公共利益受损失的情况下。先验性的政策工具由于早已被应用，在一定时期和特定背景下可能会产生积极影响和一定回报率，因时间推移产生的报酬递增会给实施者一种错觉，认为这个工具是很好的，这种不断的自我强化将为未来的制度变迁形成无形的阻碍。另一种情况是，即使报酬仍在递增，但由于政策工具与实际情况已经出现偏差，报酬率增长情况大不如从前，由于政策工具交易成本高、涉及领域多，制度变迁产生的沉没成本不可预计，正在使用的单一的或少数的政策工具由于缺少比较就很难分出优劣。这些情况都导致地方政府只能坚持原有的经验性工具选择，被迫形成路径依赖。正如我国的燃气行业市场化改革，由于城市燃气的快速天然气化，地方政府以相对较高的溢价率转让资产、授予特许经营权等方式，使我国城市燃气行业成为市场化程度最高、混合所有制改革走得最远的公用事业产业。但随着燃气企业基本实现资本上市，投资回报率规制已经取得相当的成效，这都证明了当初的市场化改革工具的选择是正确的。而政府作为规制主体就应当更多关注企业的社会责任问题，将公共服务供给侧改革作为新时期的规制重点。

政策工具选择的"路径依赖"倾向可以认为是有限理性的一种反映，可以通过规制主体管理能力的提升得到完善。规制主体通过学习交流、专家咨询、战略管理等方式不断扩展自身视野，减少有限理性的局限性。同时，应当打破官僚主义思想的束缚，规制主体应当更加了解市场发展、公民社会状况，善于发挥群众和市场主体的智慧，敢于尝试更新颖的工具手段。实际上，我国多年的改革开放实践就是很好的验证，政府放手社会、市场自由发展，很多改革措施、政策工具都是通过自下而上的方式得以发现和运用的。

（二）鼓励规制主体的多元理性

根据公共选择理论，影响政策工具选择的机构及个人也是追求利益最大化的理性的"经济人"，政策工具的选择一定程度上也决定了利益或资源的重新配置方式。这就要求规制主体不仅是追求个人利益最大化的"经济人",同时作为公共利益的代言人能将公共利益作为工具选择的考量标准。

首先,鼓励规制主体理性看待自身"既得利益"。前文提到规制主体可能产生的路径依赖,其中另一个重要的因素就是,政策工具的选择对社会资源进行配置的同时,也会为工具执行者或规制主体形成某种利益链或权力链。如果备选的政策工具有可能损害到规制主体的既得利益或降低规制主体的地位,作为理性"经济人"的规制主体就有可能抵制备选工具的实施,而选择保守的不改革举措。比如,我国政府早在2001年9月开始,逐步推进行政审批制度改革,旨在调整、清理不规范的行政审批项目,这项改革推行至今十余年,除了行政体制没有理顺的制度障碍之外,对部门利益的剥夺而产生的基层工作人员消极抵制情绪也是改革进程缓慢的重要原因。

其次,监督规制主体始终将公共利益作为工具选择的基本出发点。虽然在规制经济学理论发展过程中,集团利益理论很早就代替了公共利益理论成为政府规制的理论依据。但是,作为公众代言人的规制主体,仍需要在进行工具选择的时候将公共利益作为一种大集团利益看待,以维护公共利益为己任。在传统激励性规制工具的基础上,增加规制的民主性,增加激励性规制的公众参与和信息公开平台,比如协商规制、声誉激励都是很好的民主参与方式。

最后,规范规制主体的多元理性需要制度约束。在工作实际中,进一步推进公共政策及其工具选择的事前、事中、事后评估,评估工作增加第三方评估和社会监督的比重。进一步推行行政首长问责制度,增强职业操守、职业规范意识和能力,对出现问题的公共政策进行问责、反思,总结经验教训。

三 激励性规制工具实施的客体

作为政策工具直接作用和影响的对象,政策工具的目标客体对政策工具的选择和实施效果也会产生影响。政策工具的选择一定要与政策客体的特征属性相匹配，才能真正发挥政策工具的作用。同时，客体是否接受和配合公共政策及其工具选择，将很大程度上决定政策执行的效果。

（一）依据工具客体的特征

政策工具的选择方式主要取决于待解决问题的复杂性以及该复杂性的本质。公共政策大多调整的是公共资源的配置问题，基于经济学中的非排他性和非竞争性程度的差异，公共产品分为纯公共产品和准公共产品。而根据萨瓦斯的观点，根据物品属性不同分为个人物品、可收费品、集体物品、共用资源[①]。

从规制经济学的角度来看，不同属性的公共产品适用的激励性工具不尽相同。首先，对于非排他、非竞争性的纯公共产品，在经营发展中需要通过政府补贴、联合回报率等方式加强发展动力，通过合同外包、社会契约等方式完善产权关系，从而进一步激励产权主体的发展动力，比如森林、牧区等。其次，对于有一定排他性、竞争性的准公共产品，可以通过收费方式补偿一部分生产成本，并且通过特许经营、价格上限等方式激励产权主体的发展动力，比如供水、供电等市政公用产业。最后，激励性规制工具的设计使用是渐进的过程，可以从投资回报率等低激励强度的规制工具逐渐过渡到价格上限等高激励性强度的工具。根据市场的成熟度和产业的自然垄断特征，尽量开放市场参与的机会，给予在位企业和潜在竞争企业充分的竞争机会，以此激励企业的发展和行业的进步。比如，公共交通行业，在市政公用事业产业体系中属于市场化程度较高的行业，公交、地铁、出租车、共享单车等多种市场形态的参与经营，为公共交通行业的发展和服务品质提升提供了极大的激励作用。

具体到激励性规制，针对不同特点的产业，政府规制所采用的激励性规制工具也不尽相同。比如，类似自来水、燃气等区域垄断性强

---

① ［美］E. S. 萨瓦斯：《民营化与公私部门的伙伴关系》，周志忍译，中国人民大学出版社 2017 年版，第 38 页。

的产业,可以采用区域间标杆竞争的办法;而全国性垄断产业或寡头运营商,如电信、电力等,更多采用价格上限规制的办法。自然垄断行业中的非自然垄断业务(如电网配件生产),或者由于技术发展而不再具有垄断机会的业务(如有线电视业),可以尝试通过开放市场竞争的方式激励业务水平的提高[①]。对于利润低、风险大的行业产业,可以考虑引入 PPP 模式以减少经营风险,政府为企业提供前期资金,带动市场参与的积极性,比如养老院这一类风险高、利润低、社会关注度较高的行业,PPP 的引入将大大推动这一产业的进步,政府的参与有助于培育出一批成熟的养老服务机构,从而最终实现带动产业整体进步的目的。

(二) 兼顾工具客体的接受度

如果将政策工具的客体看作理性"经济人",政策工具的客体会根据政策及其工具为他们带来的收益或损害,做出基于利益的判断,最终选择支持或抵制。公众会倾向于拥护对自身有利的公共政策,这是简单的道理。同时要认识到,不仅制度本身有惯性,制度客体也会随着政策工具而衍生出一整套的应对机制,而新的工具选择必然打破工具客体原有的工作或生活节奏,可能在一定时期内出现不适用的负面反应。

首先,目标人群的社会建构很重要,但却常常被忽视。社会建构影响着政策议程、政策工具选择和合法的政策选择的理性基础,建构已经被嵌入政策本身,成为一种公众认知并影响着公民的方向和参与[②]。也就是说,在公共政策的制定过程中,不仅要考虑如何通过公共政策调整资源的配置,而且为了政策议程、工具选择、政策理性的民主科学和顺利执行,要兼顾目标人群的社会建构工作,向积极的方向引导政策对象。这就需要政府不仅要加强自身的行政管理建构,比

---

① 杨宏山:《政府经济学》,对外经济贸易大学出版社 2008 年版,第 186 页。
② Schneider, A., et al., "Social Construction of Target Populations: Implications for Politics and Policy", *American Political Science Review*, Vol. 87, No. 2, 1993.

如强化诚信、加强民主等,而且要不断加强公民意识的建构,比如完善公众、被规制企业与规制主体间的沟通渠道、培养良好的公民自觉和民主意识等。

其次,政策工具选择中应当重视政策工具的回应性,即是否真正符合公众的利益,这关乎政策能否得到政策目标群体的支持。只有在政策的价值导向与公众的期望恰好一致的情况下,才能够有效达成政策价值的"社会内化",否则公众必然会有战略性行为改变,以回避或消极抵制公共政策中某些目标。政府作为规制机构要提高公共政策设计的智慧,更多选择间接性的、易被接受的政策工具,比如凭单制在教育领域的运用,其多方受益的优势使得这一工具很容易被政策对象所接受和支持。

第三节 激励性规制工具选择的影响因素

一 激励性规制工具本身的特征

传统的工具途径理论长期认为政策工具是价值中立的,即工具本身没有任何特征属性或价值引导,但经过实践的检验证明,政策工具不仅具备各不同的鲜明的特征属性,工具的内在张力还会在一定程度上反映出道德、伦理价值等,并且基于不同的政策参与主体会反映出不同的价值属性,受到当时政治经济环境的约束。因此,在不同的社会环境中,"工具选择必须不太残忍,必须符合一定的伦理道德"[1]。同时,每种工具都有其优缺点,有不同的适用条件和配套要求。因此,要科学使用政策工具的前提就是要了解不同工具的特征,经过科学的论证和比较后做出选择。

现代工具学说的研究者们依据不同的标准对政策工具进行分类。McDonnell 和 Elmore(1987)根据工具实施的行为方式不同,将政策

---

[1] Hood, C. C., *The Tools of Government*, UK: Brain Behav Evol, 1983.

工具分为命令、激励、能力建设、权威重组、劝告五种类型。Howlett 和 Ramesh（2006）根据工具对其客体的强制干预程度的不同，将政策工具分类为强制性工具、混合性工具和自愿性工具三种类型。Lowi 等按照强制性标准将政府工具分为强制性（Coercive Tools）和非强制性工具（Non-Coercive Tools）[①]。萨拉蒙（2016）采用列举法，根据工具的具体实施形式，将政策工具列举出直接提供、社会监管、经济监管、合同、补贴等13种不同的类型。陈振明教授（2009）根据工具在政府改革与治理中的作用，将政府工具分为市场化工具、工商管理技术和社会化手段。

（一）政府改革与治理方式

除了列举法，工具学派一部分学者的分类方式从不同的侧面体现出政策工具的不同特征。总体来说，政府规制属于影响性工具（Hood，1983）、命令性工具（McDonnell，1987）、强制性工具（Howlett & Ramesh，2006）。而随着传统政府规制手段向激励性规制转变，规制工具特征也在发生着变化；或者说，从政府与市场关系角度看，政府规制工具的选择是强制性、命令性的，但是在利用激励性规制工具作为政府规制机制手段的时候，由于激励性规制工具的间接性和治理性，而使得激励性规制工具具有激励性（McDonnell，1987）、混合性（Howlett，2006）的特征。

随着民主社会理念的深入、公用事业改革的市场化程度加深，对激励性工具的要求就更加综合，要求更多体现出市场化工具的运用、巧妙结合工商管理技术手段，同时也对社会化手段的运用有着更多的诉求，规制双方在契约内容上更多通过协商、听证、社会监督等方式完善契约的内容，体现出契约双方的平等地位。以陈振明教授的分类方法为基础模型，将本章第一节列举的十种激励性规制工具进行特征分析（见表3-2），基于工具在政府改革与治理中方式的不同，体现出完全不同的特征。

---

① 转引自陈振明《政府工具导论》，北京大学出版社2009年版，第40页。

表3-2　　　　　　　激励性规制工具的改革与治理特征分析

特征 工具	市场化工具	工商管理技术	社会化手段
工具特征的定义	工具的某些方面具有明显市场特征的方式和手段，工具本身是市场机制的反映	工商管理技术在政府部门的广泛应用的体现	政府垄断供给被打破，个人、社区、企业、非营利组织等加入产品或服务的供给，即社会化手段在政府改革中的应用
特许投标规制	√		
社会契约规制	√		
价格上限规制		√	
利润分享规制		√	
联合回报率规制	√		
延迟偿付率规制	√		
标尺竞争规制		√	
菜单规制	√		
协商规制			√
声誉激励规制			√

资料来源：笔者依据相关资料分析整理得到。

（二）政策工具的价值属性

Salamon（2016）在政策评估标准和政策实施标准的基础上总结出政策工具的评判标准，即有效性、高效性、公平性、易管理性、合法性和政治可行性五个方面，这些大致可以作为选择政策工具的通用价值标准。①工具有效性，主要关注公共行为实现预期目标的程度，要明确的是，公共行为目标的多样性、工具实施环境的复杂性都影响着工具有效性的判断。②工具高效性，主要关注成本和收效之间的权衡，要明确的是，高效性和有效性不一样，一项工具的高效性和有效性不一定兼具，更多时候两种属性是相互排斥的。③工具公平性，主要关注工具产生利益的分配问题，其中包含了基本的平均分配情况和利益收益向弱势群体倾斜的再分配情况。这更多体现在公共政策实施的不同阶段。④工具易管理性，或称"可实施性"，主要关注工具实施的难易程度，如果工具复杂、费解、参与的独立主体多，则管理难度就很大。因此，现实中更多见到的是简单、直接、易操作的政策工具。⑤工具的合法性和政治可行性，主要关注工具选择指向有利于哪些主体和利益，继而确定哪些主体会支持或反对工具实施，同时，"工具的选择能够影响公民眼中政府所享有的合法性的整体感觉"。

根据公用事业产业状况，根据五种评判标准来评判激励性规制工具，可以大致看出每项标准下不同工具的适用情况（见表3-3）。其中，表中出现两种情况的工具评判结果，主要有几个原因：利益相关主体立场的不一致而出现不同的评判；规制工具实施环境的不同会影响评判的结论。

表3-3　　　根据萨拉蒙的评判标准评判激励性规制工具

评判标准 工具	有效性	高效性	公平性	易管理性	合法性和政治可行性
特许投标规制	高	高/低	中/低	高	高
社会契约规制	中	不确定	高	中	高
价格上限规制	高	高	中	高	高
利润分享规制	低	高	高	低	高
联合回报率规制	低	高/低	高/中	低	高
延迟偿付率规制	高	高	低	高	高
标尺竞争规制	高/低	高	低	高	高
菜单规制	中	低	中	低	高
协商规制	高	中	高	中	高
声誉激励规制	中	高	高	低	高

资料来源：笔者依据相关资料分析整理得到。

二　激励性规制工具实施的环境

政策工具的选择并不是一蹴而就的过程，正如建构主义观点认为，工具选择是递增的发展，涉入其中的个体行动者决定和控制这个发展过程的能力很小。政策实施的客观环境对工具选择有着不明显但却很重要的影响。

(一) 行政制度环境

正如政策网络途径所提出的，政策工具的选择和运用是政策网络中的利益相关者之间互动、反复博弈和平衡的结果。新工具则意味着要改变某种现有的运行模式、博弈关系和利益关系的调整。官僚主义的政治或组织制度框架中，权力主体必然会抵触任何形式的放权。而政府规制工作的基本前提就是政府要放权给市场，政府成立规制机构对市场化的产业进行幕后监管，市场化工具的选择就是利益关系重新洗牌的关键。市场化改革工具的运用转变的不仅是产业的面貌，规制机构和被规制企业都需要重新调整自己的定位，而其中必须转变的因素之一，就是官僚主义的制度模式。如果不摒弃官僚主义，权力主体在失去市场权利的同时，将发展出另一种权力，就是通过不恰当或过度地使用规制工具，达到寻租、创租的目的。利益集团也会随之转变而调整企业行为，甚至会利用规制工具的过度使用，抢占政府的补贴性优惠政策、维护企业的市场占有率或区域垄断地位，并且利用垄断地位向规制者索取更多资源。无论从政治、经济、社会发展等各个角度看，寻租、创租都是一种绝对影响总体效率的行为。因此，制度环境会很大程度上影响政策工具的实施效果，对工具的选择需要结合制度的改进同时进行，减少制度冲突和阻碍。

(二) 社会文化环境

与行政体制的影响相对应的，是社会文化的影响。社会自治程度的提高带来社会自觉意识的提升，政府的行政行为必须要更多关注社会的回应。现代民主社会的公共政策实施效果与社会的支持程度有着越来越密切的关联。

在政策工具的选择中，原有的政策工具的不断自我强化，不仅是工具本身、工具对象的作用，既定的社会分工和行为规范都会强化原有工具的效用，这对新工具的选择和实施必然产生阻碍。除了路径依赖问题之外，不可否认的是，政策工具的实施主体有可能畏惧工具改革所带来的社会冲击以及可能引发的社会矛盾。由于利益的较量、矛盾的干扰，最终的工具选择会发生偏差或变形。因此，在工具选择中不仅要看工具的效果好坏，在工具设计中也要关注工具的可接受性。

瑞典经济学家冈纳·缪尔达尔（1991）在对欠发达国家的研究中，提出"软政权化"概念，也一定程度反映出社会文化对行政行为、公共政策及其工具的选择所产生的影响。应该说，我国的政治体制没有普遍出现他所说的"软政权化"问题，但个别现象却不能忽视。地方政府在公共政策及其工具选择的实施过程中，因为社会的阻碍或反对，而轻易放弃本该推行的、经过充分论证的科学决策。本该改造的老城区迟迟改造不了、本该市场化的产业长久以来一直被政策保护，而这背后我们会听到地方政府的难处：比如地价过高、群众反对、影响生产、造成大面积的失业等。这些个别现象长此以往都会影响政府权威，最终妨碍改革进程的推进。

社会的自治发展是历史的必然，政府作为引导社会发展的主体，必须明确和发挥自身的职能，转变不合时宜的官僚制行政体制，培育良好的社会氛围，依法行政、依法治国，让规范化、法制化、科学化、民主化的公共政策制定和工具选择过程成为一种常态。转变传统的管理理念，走向现代化的治理，在政府工具的设计和选择过程中，广开言路，吸收各方意见，特别注意听取利益相关者的意见和建议。在政府规制特别是激励性规制机制设计中，充分体现出协商、民主、治理的精神，这也将成为政府与市场合作共赢的重要的激励因素。

第四章 市政公用事业激励性规制的机制设计

公用事业具有准公共产品属性，可以通过市场化的资源配置和民营化的经营方式，进一步提升公用事业产品供给的公平、效率和质量，并减轻政府财政负担。作为委托方的政府机构需要建立与市场有效对话的机制，在经济发展的不同阶段，政府为了适应经济需求，制定各不相同的对话机制：Adam Smith 倡导的自由放任的经济政策就是一种宽松自由的公私对话，促使大多数西方国家将政府定位为"守夜人"、市场进入自由竞争状态，这一经济形态为第一次世界大战后的国家经济复苏起到了决定性的推动作用。随着自由竞争的深入，市场的弊端暴露无遗，众多经济学家发现，竞争并不是完全自由和公平的，竞争者之间、企业与消费者之间都存在信息不对称的问题，基于"经济人理性"的个人和利益集团会在竞争中讨价还价，导致社会开支和社会福利的扭曲，Adam Smith 最初设想的自由竞争的市场环境和稀缺资源有效分配的状况很难实现。因此，规制经济学得以建立并发展，规制者需要与特定的市场领域真正建立有效的对话机制，也就是在分配准公共产品市场的资源和进行有效规制的时候，嵌入合理的激励性规制机制，减少由于信息不对称而带来的负效应，减少委托代理双方的信息租，促进公共产品供给的代理方能够发挥更大的市场效率。那么，在个人利益和私人信息的作用下，制度安排或分配机制的运作如何才能合理、有效？实现社会福利、效率、公平分配等既定目标的最好机制应当如何设计？经济学中的"机制设计理论"为这些问题提供了理论支持。

第一节 机制设计的理论框架

机制设计理论（Mechanism Design Theory）是最近一二十年微观经济学中的热门议题之一，"机制设计理论在许多经济领域和政治科学领域发挥着核心作用"[①]。这一理论由美国学者 Hurwicz（1960，1972）提出，Hurwicz 也因此被公认为"机制设计理论之父"，而后，Maskin 和 Myerson 进一步发展这一理论，三位学者凭借对机制设计理论的贡献荣获 2007 年诺贝尔经济学奖。

机制是指博弈过程中的制度或规则，是博弈参与者进行信息交换的规则体系。从自利的经济人的角度来说，博弈参与者会基于自利的需要采取策略性行为，有选择地或者欺骗性地进行交换信息，如果没有其他机制来制衡这种博弈，信息交换的效用会大幅下降。机制设计理论主要研究在自由选择、自愿交换、信息不完全及决策分散化的条件下，能否设计一套经济机制来达到既定目标，并且能够比较和判断制度的优劣性[②]。也就是说，经济或社会各领域的发展过程中，制度设计者如果确定了发展的目标，接下来就是要研究设计一种机制，让交易者在信息不对称、决策分散的情况下，基于"自利"所采取的行动同样能够实现预先设定的目标。这一思路与传统经济学的研究思路恰恰相反，Maskin 指出，"机制设计理论是经济学理论的技术部分，大多数经济理论致力于理解现存的经济制度，解释和预测这种制度所产生的结果，属于实证研究"[③]，而机制设计理论更多倾向于规范性研究。除了古典经济学中的资源有效配置，机制设计理论为

---

① 《2007 年诺贝尔经济学奖颁奖辞》，https://www.nobelprize.org/prizes/economic-sciences/2007/press-release/，2007 年 10 月 15 日。
② [美] 利奥尼德·赫维茨、斯坦利·瑞特：《经济机制设计》，田国强等译，格致出版社、上海三联书店、上海人民出版社 2009 年版，第 5 页。
③ 《诺奖得主在江西高校演讲谈机制设计理论》，http://jx.cnr.cn/2011jxfw/xwjj/201406/t20140613_515660633.shtml，2017 年 6 月 13 日。

判定制度的优劣,增加了"信息有效性"和"激励相容性"两个考量标准。

实际上,这一理论贡献早已显现,美国学者 Vickrey 和英国学者 Mirrlees 结合机制设计理论中最重要的"激励相容"理论共同提出信息不对称条件下的激励理论,即委托代理理论,并荣获 1996 年诺贝尔经济学奖。因此,机制设计理论也可以被认为是博弈论和信息经济学的新发展和综合运用。

激励性规制理论正是基于纠正信息不对称的外部负效应而发展起来,被包含在机制设计理论框架中,可以被认为是机制设计理论的具体应用。公用事业市场化改革的最主要目的就是要让市场主体发挥市场主导作用,提高准公共产品的供给效率和服务品质;其中,政府和所有市场主体一样,都是"自利的经济人";这就需要设计一套机制,使得所有"自利"的参与者都在市场化的进程中获取自身利益、争取自我实现,同时,达到市场化改革本身所设定的最终目标。激励性规制在信息有效性、激励相容和资源有效配置三个方面都表现出明显优于传统规制手段的特征,是当今产业规制的主流规制方式。因此,市政公用事业的激励性规制机制设计要将"机制设计理论"作为重要的理论基础进行制度推衍,争取实现帕累托最优的机制设计。

第二节　机制设计的基本目标

政府规制的初衷是弥补市场失灵的缺陷,维护市场和企业的稳定发展,但政府如何通过远距离的规制行为激发市场的繁荣也是一门科学和管理艺术,这就要求政府制定科学的、合理的机制。在经济形式较好的时期,政府能够放手搞活市场,让企业发挥主观能动性;在经济形式窘迫的时期,政府能够主动提供机制措施,协助市场平稳过渡,减轻企业经营以外的事务负担和成本。

一 达成合约治理

"为公众做个好交易不只是取决于是否要签个合同、合同给谁，而是取决于合同从头到尾整个过程的管理。"[①] 市场化改革的过程，助推了"合同国家"的兴起和发展，而能否做好合同管理成为考验政府治理能力的关键点之一。在推进市场化的行业领域产生"有经济性、有效的、高效的、回应的、负责任的和平等的合同"成为政府必须拥有的重要能力[②]，这不仅体现在招投标环节，还包括合同的签订、运行、变更、终结等契约从始到终的全过程。需要强调的是，本书这部分的讨论需要设定一个前提假设，即规制机构不存在腐败或滥用职权的问题。这部分内容以政企合作的典型方式——PPP模式为分析蓝本。

在新公共管理影响下，1992年就有国家（英国）开始摸索采用PPP模式，该模式的成功经验吸引了智利等其他国家纷纷引进并将其应用于基础设施以及相关领域，随后PPP模式在经济全球化的推动下盛行起来。政府合同以直接的方式影响着更多的人，政府采购、PPP模式的应用以及公共部门缩小其规模和作用的要求，使各国政府出于诸多的目的开始使用并逐渐依赖政府合同，政府合同的使用范围不断扩大。我国最早引入PPP模式的项目是1995年泉州市刺桐大桥项目，但PPP模式在我国的发展并不顺利，在最初努力推广PPP模式的背景下，PPP项目依然一度出现落地率低的尴尬局面。首发于《中国经济周刊》的全国PPP综合信息平台项目报告显示2016年全国入库项目共11260个，已签约落地的只有1351个，2017年PPP入库项目数已达到14220个，不过已签约落地的却仅有2388个。如果说公私合作是个好主意，那么为什么政府所做的交易看上去总是失败？以这样的方式

[①] [美] 菲利普·库珀：《合同制治理：公共管理者面临的挑战与机遇》，竺乾威、卢毅、陈卓霞译，复旦大学出版社2007年版，第5页。

[②] [美] 菲利普·库珀：《合同制治理：公共管理者面临的挑战与机遇》，竺乾威、卢毅、陈卓霞译，复旦大学出版社2007年版，第7—8页。

为公众做个好交易显然不是件容易的事!

理论上，PPP模式发展空间广阔，政府与社会资本通过合同结成稳定的契约关系，它有利于缓解财政支出压力，同时有利于提高公共产品或服务的质量和供给效率。但在纵向和横向模式（前者是一种以等级权威作为基础的垂直的传统模式，后者则是以商业交易中的谈判为基础的平行模式）的交叉点上采取行动，相比起私人部门之间的合同签约者来说，政府的责任要大得多。政府必须处理一些由两种模式交叉产生的不可避免的问题，并同时承担这两种模式中产生的责任。PPP合同是签订双方的行为依据与准则，是保障项目成功的核心要件。为推动PPP模式的发展，政府应逐渐完善合同治理机制建设，提高政府的合同治理能力。

本书要论述的政府合同治理是在民主政治的框架下，以合同为协调机制组成的一种有效治理社会的政府行动形式。它不仅仅是一种新型的政府提供公共服务方式，更为重要的是它是一种新的治理机制或模式。这种模式的产生增添了政府治理模式的多样化，使得权威治理与合同治理并存，政府既可以是公共服务的生产者也可以是购买者，作为生产者可以保障质量，作为购买者可以节省人力物力，因而是一种有效的政府职能履行方式。

（一）政企合作的理论合理性

1. 公共选择理论依据

"公共选择是政治上的观点，它从经济学家的工具和方法大量应用于集体或市场决策而产生"[①]，政府本身也是经济人，在政治实践中，地方政府、政府机构的职能部门及公务人员会首先考虑自身利益而非公共利益，政府追求自身利益使得政府规模不断膨胀且低效率，因此，同样需要引入市场竞争机制以消除"公共垄断"。公共选择理论更多地关注政府或其他公共组织提供公共服务的效率问题，从经济

---

① ［美］布坎南:《自由、市场和国家》，吴良健等译，北京经济学院出版社1988年版，第18页。

学垄断低效率的角度分析了政府的管理活动，主张为了改善政府的功能，要引入竞争机制，建立公私之间的竞争，将政府的一些职能释放给社会和市场。公共服务市场化就是该理论的一个重要主张，而 PPP 模式则是公共服务市场化的一种重要形式，PPP 模式中私人部门参与公共服务供给的重要理论基础便是"将竞争机制引入政府部门"的观点。在公共服务项目提供中政府按照公平、公开、透明的原则，通过公开竞争、招投标的途径选出真正符合条件的优质投标人，以此引入私人部门间的竞争。政府通过签订合同，与私人部门建立新型的伙伴关系，利用私人部门的技术和管理提高政府提供公共服务的效率。

2. 委托代理理论依据

委托代理理论是现代契约理论的一个重要组成部分，主要用于分析在信息不完全或不对称条件下，委托人与代理人之间的博弈问题。依据公共物品的类型，公共物品的提供不再只是政府独家的职责，也可以是政府与市场联合提供，如公私合作。在 PPP 模式中，往往存在多层委托代理关系，如政府和社会公众之间、政府和私营部门之间以及私营部门之间的委托代理。在私人部门和政府部门这层委托代理关系中，政府是委托人，私人部门是代理人，也会发生委托代理问题。因为，政府和私人部门都是经济人，在信息不对称的情况下，私人部门可能利用自身的信息优势采取有损公共利益的行为来实现利润最大化。另外，当公私合作的结果远远达不到政府的委托诉求的时候，政府也会尽量摆脱责任，不履行合约，迟迟不付全款。

3. 新公共管理理论依据

新公共管理的重要理论基础是企业管理理论，认为企业管理的技术和方法可以改善公共部门管理的效率和质量，因此，在政府管理中引入企业管理中的合同治理管理方法，在公共领域中则成为政府合同治理。在新公共管理理论的基础之上，以提高公共服务的供给质量与效率最终达到"善治"的公共管理最终目标，公共管理应由传统的"权威"模式过渡到"治理"模式，政府由"划桨"者转变为"掌舵"者。PPP 模式下使用合同制治理的方式提供公共产品和服务，由私人部门负责建设或运营，政府主要是负责安排和监督，正好与新公共管理倡导的政府职能是"掌舵"的理念相契合，政府可以通过这样的方式让渡某些职能并完成职能的转变。PPP 模式下的合同治理是一种新的公共治理模式，也是实现新公共管理的重要途径之一。

（二）合同治理现有问题分析

2017 年 10 月，江苏省高级人民法院民一庭课题组在《法律适用》上发表了一篇文章，研究结果显示：2013—2016 年，BOT 模式下的 PPP 案件分别审结 21 件、115 件、107 件和 183 件，呈快速上升态势，并且得出"随着 PPP 落地项目不断增多，新纠纷类型可能层出不穷"的结论。"纠纷不断"的现象表明，PPP 模式在我国实践中存在诸多问题，比如政府交易角色与监管角色冲突、合同管理不到位及合同条款缺乏弹性等。

1. 政府合同治理的一些问题

（1）政府双重角色冲突

在合同治理的不同阶段，政府承担的职责和角色并不相同，甚至有时会出现角色冲突。政府在整个过程中的角色冲突，主要表现为交易角色与规制角色冲突。例如，上海老港生活垃圾卫生处置场四期工程中就出现了角色冲突的问题，上海市城市建设投资开发总公司（以下简称"上海城投"）作为政府一方（委托人）向社会资本招商，上海城投既是招商人，也作为投资人（代理方）参与竞标，竞标价格的高低与否一开始就让上海城投陷入两难的境地。成为项目管理主体后，上海城投作为项目 APL 贷款的转贷人，成为该笔贷款的债权人并承担了支付垃圾处理费的义务，成为项目的债务人。能否付费成为它可否按时还贷的前提条件，上海城投就这样处在双重角色的冲突中，为了顺利还贷，不顾政府的绩效监管支付了垃圾处理费，使项目的付费机制很难得到有效执行，导致项目运转不利。这个案例在中国并不特殊，因为 PPP 项目中的项目公司多数是由政府与社会资本方共同成立的，各方追求的利益有所不同，政府的交易角色与规制角色冲突比较常见。政府的交易角色与规制角色冲突，具体地说，是在合同整合阶段决策官员不自觉地进入经济人的角色,寻求自身利益,不自觉替代了政府代表这一角色;在合同运行阶段,一旦合同签订,政府就容易出现放松管制的倾向,项目缺乏规制,但基于利益的考虑,政府又时常过多干预私人部门的决策。

(2)合同条款缺乏弹性

合同中的权责配置机制、责任分担机制、收益分配机制等能够有效地明确分工、防范风险、保护各方利益,当合同条款存在漏洞时极容易产生合同纠纷,给项目顺利执行留下巨大隐患。合同条款存在比较严重的问题是合同缺乏弹性,大多表现在公共部门对合同的风险评估与分担不足以及合同对服务价格的设定方面。例如,杭州湾大桥项目由于没有考虑项目运营的波动情况,在这方面没有做好规划,通行费这项合同条款的设计不够合理、缺乏弹性设计,最后项目失败了。杭州湾大桥项目,约定通行费是每次80元,项目运营初期,投资回报率较高(2009年营业毛利率为63.93%)。但运营五年后,嘉绍大桥和钱江通道分别于2013年、2014年建成通车,通行费为每次65元、45元,对杭州湾大桥形成较强分流,致使通行费收入下降,投资回报率下降(2013年营业毛利率降为50.44%),并最终引致部分社会资本退出,并由政府方的授权机构宁波交投回购其股权。从合同设计方面来看,合同缺乏弹性就表现为合同设计不规范,目前此类问题产生的负效应比较常见。

(3)合同管理不到位

准确地说,合同管理包括从合同建立到合同终止期间的一系列的管理工作。PPP项目面临的风险比较多,包括来自市场的或政府的风险,这些风险不可能全部通过建立机制加以防范,那么合同运行的管理就非常重要。正如前面提到的,江苏省高院课题组发表的文章中称,截至2017年4月30日,梳理的PPP案件纠纷涵盖了刑事、行政和民事领域,民事案件中,合同纠纷占比最高达78.22%,合同纠纷中大部分是因合同协议履行、解除、终止、回购等引发的纠纷。合同纠纷不断发生的最大原因在于我国相关法律的不完善,另一个原因是政府合同管理不到位。政府部门常常忽视了明确责任范围、合同管理的连贯性、合同关系的治理以及合同纠纷解决方式的重要性,政府缺位、越位,导致合同管理不到位,以致产生道德风险、合同纠纷解决成本变大、项目质量不达标等问题。

2. 合同治理问题背后的原因

(1) 政府责任意识不足

出现上述政府双重角色冲突、管理过程中缺位与越位等问题,很大程度上是因为政府缺乏责任意识,其原因一方面是本身责任意识薄弱,另一方面与 PPP 模式下合同治理的特点有关,这些特点会使得政府主动承担责任的意愿减弱;PPP 模式下的合同治理有三大特点:一是合同属性兼具合同和行政属性。在合作过程中,合同双方的权利与义务并不均衡对等,政府既要行使私法上的权利,也要使用公法上的行政权,但因项目的特殊,行政干预的必要条件并没能够在法律制度中明确规定,政府没有很强的意识去控制权力的使用,也往往缺乏足够的能力去拿捏行政干预的力度,政府就有可能过多干预合作方的事务;二是 PPP 这种治理模式是纵向模式和横向模式的糅合。在这种十字交叉的治理模式下,政府权责并不那么容易界定,权责不清也会导致政府主动承担责任的意愿减弱;三是 PPP 模式下政府实施合同制的最终目标是实现公私利益的共赢。在项目中,由于政府和私人部门的目标不同,以及委托代理关系中存在信息不对称,公私利益的博弈就不可避免。

(2) 专业人才储备不足

无论是合同整合阶段的准备工作,还是合同运行、合同终止阶段的工作,都需要政府具备更加丰富的专业知识与技能,可惜的是很多地方政府比较缺乏了解 PPP 模式及其运作的专业人才。首先,招投标竞争机制和投标人评判标准的设计就反映了这个问题,我国的地方政府比较青睐最低报价投标人,但最低报价并不是评判招标对象的最合理标准,缺乏综合考量投标人的科学标准,容易导致合同运行过程中的公平性、回应性等其他指标存在问题。例如,东营港东营港区进港航道及导堤工程 PPP 项目，预中标报价为资本金投资回报率和项目公司年融资利率都为 0；安徽安庆市城区污水收集处理厂网一体化 PPP 项目，污水处理费用为 0.39 元/吨；蚌埠市生活垃圾焚烧发电 BOT 项目中标价为 26.8 元/吨垃圾处理补贴费（目前一般为 65—80 元/吨），等等。很明显，这些报价远远低于实际运行的成本线，这样的报价无形中形成了恶性竞争。其次，从合同设计存在的问题也能发现政府缺乏专业人才，前期工作做得不到位。在合同整合阶段，政府部门需要具有专业知识和技能的人员协同企业一起，对市场风险进行科学、准确的预测与评估，对相关服务领域的市场进行实际调研，还要考虑合同规定的价格是否需要调整等各种问题，以便对合同细节进行协商谈判。最后，国内 PPP 项目因为政府缺乏人才而没有做好这一系列的工作，导致合同条款缺乏弹性的问题比较严重。

（3）合同治理能力不高

一是规划能力。结束往往始于开始之际，早期阶段已为合同终止或改变确定了框架。在合同整合阶段，政府部门往往缺乏合同整体规划的能力，没有充分考虑项目的可行性、唯一性、项目进展速度以及政府可支付能力、合同主体稳定性等相关问题，导致项目延期、质量不达标及其他问题。

二是谈判与协调能力。合同纠纷的解决一般首先会经过双方协商，最后不得已才通过诉讼等途径，如今 PPP 合同纠纷案件数量日趋上升、解决成本不断提高。信息与信任是解决问题的关键点，从这些问题当中可以看出政府对政企间信息处理与关系治理能力的不足，从而导致双方的谈判与协调互动能力较低，另外，一些地方政府低水平的合同条款分析能力也在一定程度上影响政府谈判水平的提高。

三是合同执行能力。政府没有做好前期准备工作，没有按照合同条款的约定履行义务，抑或是对项目监管不力、政府毁约等，都表现了政府合同执行低效率。政府合同执行低效率，除了上述缺乏专业人才的原因，也有一部分是因为奖惩、监管机制以及培训教育机制的缺乏或是这些机制没有发挥应有的作用，导致了政府执行合同条款的能力比较低。

（三）规制机构需要规范合同管理

在 PPP 项目中，政府既要承担监管者的角色，也要承担交易者的角色，要做到既保证公共利益又充分考虑当事人的利益，这需要政府有清醒的认识和较高的合同治理能力。越来越多的项目失败引起了人们的反思：为确保能为公众做个好交易，要提升政府的合同治理能力，充分发挥合同治理的作用。所谓各行其是，政府提升合同治理能力，首先还是要正确定位政府角色。这部分政府角色定位与职能转变的研究主要从 PPP 模式理论依据的视角给出相关建议，认为政府在 PPP 项目中应做好主导者、交易者与掌舵者的角色，提高主导者的规划能力、交易者的谈判与协调能力和掌舵者的执行能力。

1. 增强主导者意识并提高规划能力

（1）政府应充当主导角色

公共选择理论认为政府是利己的经济人，主张引入市场竞争机制，提高政府效率，节省财政开支，PPP 模式的出现正是这一理论的应用与延伸。本书认为可以本着为公众做个好交易的原则把 PPP 项目当成一种"利己"的活动，发挥经济人的特性，主动承担政府应尽的义务与责任，努力解决前文所说的逆向选择以及道德风险等问题。在公共服务的提供中政府是主要的承担者，那么，政府在 PPP 项目中应发挥主导者与促成者的作用，向私营部门和公民提供相关的制度、政策支持和保障，概括地说就是以下两点。

一是制造良好的外部制度环境。成功的合同管理需要一些能够体现和加强多元价值的制度，功能强大和科学有效的制度是必需的。例如，美属维尔京群岛节能项目的成功就得益于坚实的法律基础，美国为了推进福特岛开发项目的顺利进行，单独通过了一部特殊法。良好的外部环境是 PPP 项目成功的重要保障，政府应积极创造良好的法律环境、市场环境。法律、市场环境的优化有助于各类组织包括非营利组织的健康成长，使其有能力参与项目竞标，让政府有更多余地找到理想的优质投标人。

二是政府支持。政府应该对私营部门提供更多的政治支持，以吸引更多的私人部门敢于参与公共服务的提供。在保障公共利益的前提下，政府可以适当地通过授权的方式让私人部门自主完成某些原来由政府完成的工作，或制定相应的财政补偿政策，对因为政策调整或市场行情变化造成的经营性亏损进行相应的补贴。比如，在政府的大力支持下，上海华电莘庄工业区燃气热电冷三联供应改造项目顺利成功，项目的资金来源有一部分是商业贷款，为了偿还贷款，政府方授予项目公司莘庄工业区供热、供冷的特许经营权，并对原有供热站资产进行收购或补偿，此外，终端用户向项目公司直接付费为项目的持续现金流入提供了保障，使得项目顺利进行。

（2）政府应该提高规划能力

私人部门会从规划方面看出政府的能力水平，判断政府值不值得信赖甚至合作。为推动PPP模式的发展，作为主导者的政府应该提高规划能力。凡事预则立，不预则废，PPP项目一般都属于资金流动大、涉及利益广泛的项目，更需要政府提高规划能力。在PPP项目治理中，政府需要增强整体意识，要有长远的战略规划，为确保整个项目的效率、公平、回应性的实现，综合考虑公共服务的项目立项、从合同签订到结束的各个环节。最小的成本如何得到最大的产出，这是大多数人经常考虑的问题；同样的，成本与预算的限制可以迫使政策决策者有意识地为项目做更详细的规划。

PPP模式治理离不开具体的生态环境和特有的国情，为项目做规划，地方政府需要对国家政策与地方政策进行准确解读、对项目所处的市场环境进行准确评估并了解民意等，所以，职能部门工作人员的背景对政府规划能力的提高就显得很重要，政府需要对PPP项目的执行环境掌握透彻或综合分析能力强的人才。术业有专攻，项目团队组建时可以根据项目特点、成员背景及能力情况分设不同的项目组，组内成员意见也容易达成一致。比如，澳大利亚北领地帕默斯顿市罗斯伯里学校建设项目，政府联合许多相关的专业部门成立了项目控制组、项目开发组和项目工作组，这些团队的各成员来自不同领域的专业机构，政府部门对项目的各环节予以支持，给项目的良好建设规划打下了基础，这是该项目成功的重要原因之一。不过此种方法有一个缺点，那就是工作组之间容易分离，需要定期或不定期地加强沟通与协调。

2. 学习私人部门的谈判能力并发挥政府的协调能力

（1）发挥契约精神，做平等的交易主体

在 PPP 项目中，私人部门与政府都存在不诚信或违约的问题。PPP 模式中，政府与私人部门签订合同的时候是平等的合作身份，所以，在强调政府要强化对私人部门的监督的同时，也强调政府要提高信用。基于伙伴关系，政府应秉持契约精神，做好交易主体的角色。PPP 模式的两大原则：利益共享和风险分担，应成为政府在公私合作领域的基本理念或行事原则。政府与私人部门共享利益并不只是分享利润，而是指除了共享 PPP 项目得到的社会成果之外，还包括使私人部门取得相对稳定的投资回报[①]，为达到共赢，双方应协商谈判设置合理的收益分配机制。伙伴关系不仅仅意味着利益共享，同时也意味着风险分担。PPP 管理模式中，往往将风险分担给最有能力处理风险的一方，以实现最优应对，从而将整体风险最小化，那么政府应该完善风险分担机制，并尽量降低三大政治风险：政府信用风险、官员腐败风险及政府债务风险。

（2）提高政府主体的谈判与协调能力

公私合作提供公共服务项目中，公共利益与私人利益相互依存，但公、私两者的利益并不相同，甚至不可避免地存在冲突。如何实现公私利益的双赢，是我国基于服务型政府建设要努力解决的问题，可以认为利益的共赢，重要因素之一是和平谈判与协调的结果，政府应提高谈判与协调能力。有效的谈判与协调需要有效的沟通，但 PPP 模式中信息传递方向的变化以及政府和私人部门之间文化的差异对两者的沟通产生了阻碍作用。为消除阻碍，加强沟通与信任，实现真正的

---

① 王泽彩：《政府和社会资本合作模式典型案例》，山西经济出版社 2016 年版，第 10 页。

伙伴关系，要求双方培养共同的价值观和目的，建立规范的协商通道，重视彼此的关系。

首先，培养建立共同的价值观和行为理念。合同双方会带着各自的问题进入合同关系，这些问题对合同关系的建立以及最终的结局都有着重要影响，因此，了解与政府打交道的合同方的类型是有必要的。正如劳埃德·伯顿指出的："私人部门谈判者与公共行政人员在价值、先后重点和责任等方面的重要差别意味着谈判桌两边存在着不同的谈判文化。"① 公私各自存在的文化差异阻碍着交流、谈判的进展，尽管无法消除差异，但认识这些因素有助于减少误解，建立一种更好的工作关系。政府应关注了解合作相对方的组织特点及其在市场中的发展趋势和驱动力，以便当某个组织与政府合作时，政府能迅速了解他们之间的沟通阻碍，通过各种途径加强沟通、逐渐建立共同的认知理念，例如在项目的每一个重要时节点上举办交流会等活动。

其次，建立高效的信息交流平台。在信息不对称、公众不能对公共服务进行有效的意见或建议反馈时，政府对私人部门信息的掌握不足，在合同纠纷谈判与协调的过程中，政府就可能失去某些优势。某种程度上，合同的谈判就是一场信息的博弈，谁掌握的信息多，谁就站在了谈判的制高点，因此，信息调查和共享是一项十分重要的工作。建设信息平台，将项目信息公开，为公众反馈和私人部门与政府的沟通提供平台，形成动态跟踪，一方面可以使信息的共享更加高效，避免因沟通不畅而导致的信息孤立，另一方面也是对参与方的监督。

最后，重视关系治理。公私伙伴关系是一种合作伙伴与结盟，强调相互之间的相互信赖关系。信任是一种柔性机制，对于建立良好的合作关系发挥着至关重要的作用，政府需要营造一种长期互信和良好互动的氛围。政府信誉状况一方面反映在合同义务的履行状况，另一

---

① ［美］菲利普·库珀：《合同制治理：公共管理者面临的挑战与机遇》，竺乾威、卢毅、陈卓霞译，复旦大学出版社2007年版，第69页。

方面也反映在涉及双方利益信息的公开、共享。政府处事的态度、行为方式影响着私人部门对政府的评价。政府要重视关系治理，可以将强化的契约意识转换为道德意识和自我实现，创造条件构建双方的互信。当然，政府与私人部门的关系应该保持一个度，这是合法的合作关系得以维持要遵循的原则。

3. 提高政企合作中的合同执行能力

（1）政府在PPP模式中应做好掌舵者的角色

合同制治理的应用就是利用企业管理的技术和方法来改革政府的一种实践，实现政府职能由"划桨"向"掌舵"的转变，因而在PPP模式中政府应做好掌舵者的角色。然而，政府缺位、越位使政府职能转变受到了很大阻碍，政府要推动PPP模式的发展，就要明确职责并简政放权，如何确定这个界限？首先，政府要转变管理思维方式，规范行政权力，把注意力转向提高自身治理能力。其次，也应积极探索并建立针对政府监管的绩效评价体系，保障工作的效果。

一是规范行政权力。合同双方可以在合同条款中约定政府行政权力介入的条件，但是实际上，虽然合同约定在一定程度上可以规范政府的行政权力，但有时也无法阻止政府的公然违约。所以，对于政府介入项目的行为就需要通过法律法规的规定进行规制，合理的争议解决机制以及相应的救济制度（司法救济制度）也可以在一定程度上约束政府的行政权力，同时需要通过仲裁实现专业化评审和诉讼制度的不断创新等。

二是建立完善责任追究与监督机制。对政府行为的约束，除了法律法规的强制约束力之外，绩效合同也会起到一定作用。我国越来越重视绩效管理，在合同管理中坚持的谁管谁负责原则、赏罚分明的绩效合同也应该用到政府自身管理中。另外，政府应积极探索并建立针对政府监管的评价体系，对于公共项目，公民有知情权或参与权，在一些公共服务供给工程和项目中，可以引入民众参与建设环节，这样便于公众对政府行为进行监督。

(2) 在掌舵者角色下政府合同执行能力的提高

作为掌舵者，政府需要提高办事的效率及效果，认真履行合同约定的义务以及执行政府本身固有的职责。如果政府不够专业、执行能力不够高效，很有可能使投资无法收回，招募、培养一支专业的队伍以及提升现有人员合同执行能力就显得非常重要。这部分重点论述现有人员合同执行能力的提高。提升现有人员合同执行能力可以借助常规的培训，还可以利用外部资源。合同管理常常出现人力不足的问题，即使有人力支持，仍然不能确保有效的管理，除非这些人经过专项的锻炼，可见，对政府来说，进行合同管理培训是有必要的。优质的投标人与政府的合作不止一次，他们比政府更懂 PPP 项目的运作，在合同管理培训中可以让私人部门的负责人加入进来，使培训更有效果。

有效利用外部资源有时可以起到事半功倍的效果。高效的合同管理既需要专业人才，也需要运用现代发达的管理技术，政府应积极探索管理技术的创新或有效运用现有的先进管理技术。环境的变化对合同管理来说也是一个大的挑战，为保证合同管理的连贯性，政府应提高应对风险的能力以及合同变更的能力。在合同运行阶段，可以通过公众的需求反馈、政府之外的参与主体履付能力的变化等进行预测与分析，以应对突发状况。因此，无论是在合同整合阶段或运行过程中，政府都应该对 PPP 合同面临的环境有足够的重视。

4. 合同管理专业人才队伍建设

"政府一方机会主义行为特许合同有瑕疵也有一部分原因是因为政府方经验欠缺"[①]，政府应增强经验教训的总结，提升学习能力。政府 PPP 合同治理的过程中，要抓住项目实施的作用机会，不断积累实施合同制治理的经验。失败是最好的教训，合同分手或改变是一次很好的学习与总结的机会，政府要重视合同分手阶段的管理，在这一阶

---

① 娄黎星：《基础设施 PPP 项目再谈判影响因素及其治理研究》，《综合运输》2016 年第 4 期。

段积极对每次合同实施的效果进行评价，对整个过程进行总结，循环事后汇报总结的工作机制会产生不错的效果。实际上，在合同管理的责任问题上，尽管有些问题是狭隘的，但很多是一些复杂的法律问题，建立我国的 PPP 项目规制时可借鉴国内外成功的案例，系统地完善这一领域相关的法律法规体系。

做好管理工作不仅要厘清责任范围、设置合理的条款机制，而且要求有丰富的专业知识和经验的合同管理人员，这就涉及职能机构人才的引进与留用问题。招募和留住顶级的合同管理人员的关键，在于确保他们在管理合同时感到自己处在非常重要的位置。菲利普·库珀指出：合同管理和其他公共管理事业一样是集约型的[①]，政府应把合同管理看得和公共管理一样重要，提高对合同管理工作的重视，可通过各种方式把成功项目的负责人员引进要拟建项目中来。另外，除了合同管理人员的教育与培训，基础教育也很重要，高校的合同管理教育应该得到重视，因为，政府机构除了进行合同管理，更重要的是履行传统的行政项目管理工作，职能的重叠影响着合同管理，假如在这一领域的工作人员熟悉行政法规及其细则，将会对我国 PPP 人才队伍建设有所帮助。

作为一种新的治理机制或模式，PPP 模式意味着政府的治理模式从指令行政到合同行政的转变。PPP 模式首先是公共服务供给投融资机制的创新，同时，它以风险分担、利益分享等鲜明特征成为管理模式的创新，也可以说是我国政府治理体系和治理能力现代化建设的一种模式创新。政府合同是一种特殊的合同形式，合同主体的一方必须是政府，政府行政力量的加入让政府合同管理变得复杂和特殊。政府权力运行的路径、信息传递方式，以及风险控制的改变要求政府治理、管理方式的创新以及合同治理能力的提升。

---

① [美]菲利普·库珀：《合同制治理：公共管理者面临的挑战与机遇》，竺乾威、卢毅、陈卓霞译，复旦大学出版社 2007 年版，第 194 页。

二 均衡双方利益

随着市政公用事业领域的市场化，企业参与公用事业的经营中，政府和企业双方的合作必须建立一整套规则即规制机制，其直接目的在于：委托代理双方协商达成共识，并将共同合作的事业推向建设发展的统一轨道上，最终达成共赢的目的。机制中的激励性规制设计，则是为了市政公用企业能够在有效控制成本的情况下将生产效率最大化，同时委托一方能够减少与代理一方之间由于信息不对称而带来的信息租。机制设计的最终目的是实现委托方期望达到的提升市政公共服务供给品质的目标，维护并提升公共利益整体水平；通过制度的合理设计，进一步规范委托代理行为即规范政府行为和市场主体行为，最终能够达成"良好的规制"的政府规制状态。因此，在市政公用事业市场化的过程中，规制双方被带入一套统一的机制中，规制双方不仅仅是博弈关系，更多体现为合作关系，合作的最理想结果就是规制双方利益的均衡实现，而规制者利益又体现为规制者内部利益和政府所代表的社会更高利益。

（一）维护规制者利益

人们通常认为，在政府管理工作中，政府作为市场规制者不应该也不能够有自己的利益，政府只应当作为社会公共利益的代言人，监督市场、规范秩序。但是在公用事业市场化改革的过程中，需要看到的是，政府规制的职责是有成本的，规制机构基于财政支持将公用事业产业委托给企业经营生产，政府的财政支出即为成本，政府也期望由此获得相应的社会收益。这些财政支出虽然不是规制机构的自身利益，但规制机构有义务和责任代替纳税人维护和监督财政支出的有效性，并且财政支出的使用效率很大程度上影响规制机构的工作绩效评价，从问责制的角度看，也会最终影响规制机构及其公职人员的利益。因此，规制者利益不仅存在，而且与国家利益、纳税人利益、公众利益高度统一。通过行政法规、问责制度、绩效评价等多种约束规制机构的机制，不仅维护了规制者的利益，同时也维护了代表更高价值的国家利益和公众利益。

激励性规制设计的最初目的是解决规制双方的信息不对称，以及信息不对称所带来的逆向选择和道德风险问题，而这两个负效用问题具体到公用事业产业市场化过程中，恰恰是被规制企业为了扩张自身利益而对规制者、社会或者产业本身的变相利益侵犯，直接影响到规制效果和产业的长期发展。因此，激励性规制的机制设计首先维护了规制者及其所代表的公共利益，很大程度解决了成本补偿与企业绩效之间的博弈问题，让规制者捕捉到更准确的市场信息去判定信息租的范畴，被规制企业获得更多的利润弹性空间，发挥自身经营积极性，进一步推动生产经营绩效的提升。

2017年10月，党的十九大报告明确提出"建立全面规范透明、标准科学、约束有力的预算制度，全面实施绩效管理"。[①] 绩效评估作为重要的管理工具，已经广泛应用于我国地方政府各项工作的阶段性考核中，成为绩效分配、政策规划、战略管理的重要依据。在公用事业市场化的过程中，委托代理合同也越来越多开始采用绩效合同的形式，将政府所期望的行业产业发展的诉求转换为绩效指标的形式，比如价格浮动比率、产品质量要素、服务品质标准等行业发展关键性指标，直接列在委托代理合同中并在合同中约定绩效审核的周期，定期对代理方的绩效进展进行审核评估，根据绩效评估的结果支付代理方一定数额的成本补偿金。由于绩效指标存在"上限制约"的缺陷，激励性指标体系就显得尤为重要，将一定比例的成本补偿金转换为绩效奖惩的部分，以此进一步激励和约束代理企业的经营行为，不但有效解决"上限制约"问题，并且很大程度上激励代理企业的生产经营积极性，同时维护了政府一方的权益，最大可能性赢得社会收益。因此，以绩效指标作为委托代理合同的重要形式，经过双方认可的绩效考评，

---

① 习近平：《决胜全面建成小康社会 夺取新时代中国特色社会主义伟大胜利——在中国共产党第十九次全国代表大会上的报告》，人民出版社2017年版，第34页。

可以帮助委托方清晰明确地表达出所希望得到的产业发展状况或服务质量标准，更加能够直接激励代理方的生产动力，为争取更多的成本补偿金而不断提升产品质量和行业水平，这种良性的循环不但均衡了委托代理双方的权益，最重要的是为社会利益赢得了更大的扩展空间。

（二）维护被规制者利益

前文提到，在公用事业的特许经营过程中，严格意义上说，特许经营协议属于双方经济地位不平等的协议关系，而其中政府作为委托方无论从机构属性、话语权方面、资金能力方面都处于明显的优势地位，企业作为代理方是先天的弱势，因此，在激励性规制的设计过程中，有意识地维护被规制企业的权益显得更加具有现实意义。

激励性规制机制设计的前提是有市场主体参与，即主要针对私有化或公私合作模式。最能够激励代理企业积极性的莫过于产权，即企业通过明晰的产权关系获得排他性的收益和剩余收益的支配权。因此，在公用事业的私有化或公私合作过程中，政府与企业之间要通过明确产权比例、清晰经营权边界的方式，激励代理企业有足够的动力参与公用事业的生产。而私有化模式无疑通过最强的排他权，用最强的激励机制促进产业发展，并最有效解决经济过程中的外部性和搭便车问题。

在市场经济环境中，风险与收益应当大致统一。市政公用事业作为前期投入资金巨大、收益较低、经营难度大和风险高的产业领域，单纯从市场的角度而言，由政府独立经营必然影响公共产品的供给效率。公用事业市场化改革吸引大量社会资本参与公用事业产业中，极大地减轻了政府的财政负担，规制机构也利用这种委托代理关系，将经营风险尽可能地转嫁给代理企业。如果将风险转嫁给企业，规制机构就要给予企业合理的定价范围，保障企业在经营期限内的稳定收益。规制机构在监管代理企业的经营行为和利润空间的同时，合理设计一整套的激励性规制机制正是为代理企业提供增长利润的机会，即通过积极的生产经营和创新发展有可能获得超额利润的机会。相反地，如果因为经济环境等客观原因，而非生产经营策略的问题，造成代理企业的损失或不能获得预期的收益,政府就应当用财政合理补偿。总之,代理企业在承担巨大经营成本和风险的同时,不应当承受非自身原因带来的损失,规制机构有责任维护代理企业的合法收益,维护代理企业成本收益的基本统一。

泉州刺桐大桥这项我国最早的 BOT 项目,就是典型的维护企业风险与收益相统一的案例。1996 年年底通车的泉州刺桐大桥,作为我国首例 BOT 项目,在当时备受瞩目。作为建设承包方的泉州市名流路桥投资开发股份有限公司,以出资额为限承担有限责任、以未来的收益和公司资产为基础融资,全资投入 2.5 亿元完成大桥的建设,与政府协商经营期限为 30 年(含建设期),并按照与政府协议的收费方式及标准收取过桥费。但到 2011 年,泉州境内的 8 座跨晋江大桥中,就只有刺桐大桥仍在收费。桥梁的经营方与政府在桥梁收益问题上僵持不下,最终经过 20 多个月的资产评估、谈判协商等工作,最终以政府提前回购的方式结束大桥 19 年的收费经营,刺桐大桥于 2016 年 1 月 1 日免费通车。

三 提高规制效率

(一) 改善成本收益

公用事业的市场化改革带来了政府与公用企业的分治,减轻了政府负担、真正提升了公用事业生产效率,改善了公共产品供给量和品质。但是由于规制机构与代理企业之间的信息不对称,政府规制实际上存在很大的困难和不确定性。激励性规制的机制设计内化了信息不对称的外部效应,通过在委托代理过程中引入竞争与透明,使得进入市场、定价机制、产品或服务的质量、投资方式等多个环节的关键信息都更加趋近真实,使得委托代理生产经营中的供需约定可以更加详细、规范,减少了政府规制过程中信息租金和博弈带来的沉没成本,有效提高了规制机构的规制效率。

管理学认为激励措施的最佳运行状况,就是在较低成本的条件下,实现个人和组织的目标、利益的联系统一。公用事业市场化的激励性规制，比如社会契约、利润分享、声誉激励等工具，恰恰是将企业的利益和目标、政府的目标、社会公众的利益三者联系在一起，真正激励企业通过提高生产效率、节约成本、提升质量，在增加企业剩余利润空间的同时，完成政府委托的责任，并实现社会公共利益。因此，激励性规制在减少了规制成本的同时，有效扩充了政府规制收益的深度和广度，有效提高了规制机构的规制效率。

(二) 增加动态一致

美国学者 Kydland 和 Prescott（1977）分析了经济政策的动态一致性问题，认为经济个体当前的决策主要来自对未来经济政策的预期，当未来的经济政策恰好与政府当前的最优政策制定规则一致时，经济政策就是动态一致的。本书讨论"动态一致性"在公共政策领域的应用，即从政府的角度看，一个公共政策不仅在制定阶段要做到最优化，而且在执行阶段也应该是相对最优的，前提假设是没有任何新的变量出现；但如果一个公共政策只在制定阶段是最优化的，执行阶段并不是最优的，这个政策就是动态不一致的[①]。"动态一致性"强调了公共政策的长期可持续性特质，能够经得住时间的考验。

通常，公用事业市场化的委托代理关系周期较长，例如，特许经营协议可长达 30 年，特殊项目的时间可以更长。无论企业一方有多高明的政策预期能力，也无法预计 30 年的变化；规制机构一方更加无法向代理方承诺 30 年的时间里与产业发展相关的一切变量都不发生转变。因此，随着时间的推移，规制机构与代理企业之间的矛盾和问题就会逐渐增多。而公用事业的政府规制政策的"动态不一致"问题与委托代理时间周期太长是一对固然存在的矛盾，化解这一矛盾的途径就是在规制机制中增加动态阈值，即激励性规制机制，以增加政策的弹性和机动空间。

激励性规制在激励企业促进生产效率的同时，也激励企业关注政策、市场、客户需求等变量的变化。众所周知，公共政策随着市场和

---

① 张维迎：《博弈论与信息经济学》，上海人民出版社 2012 年版，第 110 页。

社会的改变而调整,公用事业的规制政策也是公共政策调整的一部分,激励性规制使得企业不再只是按照委托代理协议中的固定条款经营,而是能够随着政策的调整及时调整项目或产业的生产经营。也就是说,传统意义上的公共政策"动态一致"主要是对政策制定者的科学性、合理性和可持续性提出要求,但这一要求在公用事业市场改革的过程中并不适用。激励性规制机制的设计,有效地将企业与规制机构从阵营的两方拉到阵营的一方,不仅是规制政策本身要"动态一致",更强调规制机构与市场保持"动态一致"、代理企业与规制机构也要保持"动态一致"。这样不仅减轻委托代理中的风险和纠纷,激励代理企业的市场洞察力,也减轻了规制机构的违约负担,总体上增加政府规制的动态一致,提高规制机构的规制效率。

(三) 环境匹配调试

在公用事业的市场化过程中,对行业企业激励最大的莫过于产权问题,清晰的产权界定和宽松的自主经营权能够给企业带来更大的投资兴业的信心和动力。

当政府决定将公用事业产业或项目进行市场化改革的时候,就要面临在什么行业、什么地区进行什么方式的市场化的抉择。根据所有权配置的不同,一般有三种形式可供选择:私有制、公有制和合作制,其中合作制是内涵最丰富的工具模式,涵盖产权、经营权等多种途径、不同比例的合作,比如常见的 PPP、特许经营等都属于合作制。针对不同产业或项目的发展状况,根据市场成熟度、财政能力等条件,规制机构有权力和责任决定采取哪种委托代理方式,而选择市场化工具的过程,正是政府要体现出智慧和责任之处(见表 4-1)。

表 4-1　　　不同条件下公用事业市场化改革的路径选择

财政能力 \ 市场条件	成熟	培育阶段	较差
较好	私有/合作/公有	合作	公有/合作

续表

市场条件 财政能力	成熟	培育阶段	较差
一般	私有/合作	合作	公有/合作
不足	私有	合作/私有	公有

注：表格中的市场化路径按优先次序排列。

市场成熟、财政能力较好的地区，公用事业的产权模式可以很随意，无论哪种模式都能够保障产业良性发展，保证公共服务的充足优质供给。其中，私有化是当下最受推崇、西方国家和地区最多选择的模式，而部分地区会出于军事、政治等其他因素的考虑，选择公有制或经营权合作的发展模式。在市场成熟或培育阶段且财政能力不足的地区，出于减轻政府负担、保证公共产品供给的目的，私有化或合作制（产权或经营权方面）是更为合适的选择。

市场条件较差的地区，公有制是保证基础设施运行、公共产品供给满足公共需求的最好办法，即使对于财政能力相对不足的地区也是如此，因为准公共产品的有效供给是政府必须承担的基本职责之一。在财政能力较好、市场较差的地区，可以尝试公私合作的方式培育市场主体的生产经营能力，但这种合作也仅限在经营权方面，从而保障企业利益不受损失；而产权的分配合作则是将市场风险和经营难度这两座大山都压在自身能力不足的企业身上，很容易造成企业负债。

市场条件处于培育阶段的地区，无论财政能力状况如何，公私合作的模式都是最恰当的工具模式。公私合作模式以合作共赢、风险共担为基本特征，减轻了政府与市场主体双方的压力和风险，在市场发展过程中，双方都有进步成长的机会，这是典型的正和博弈关系。按照一般经济发展规律，一个地区的市场成熟度与政府财政能力成正比例关系。但随着经济全球化、产业流动速度的加快，跨地区、跨行业的经济合作已经成为比较普遍的现象，也在一定程度上打破了区域经济中市场经济与政府财政之间的掣肘关系，使私有化和公私合作模式发展成为主流趋势成为可能。

重点分析一下经济欠发达地区，这类地区更需要实事求是评估地区经济、社会发展状况，不能够简单复制大城市、经济繁荣地区政府规制的做法。相对而言，欠发达地区也有一定优势，比如市政公用事业市场化竞争相对不激烈、前期投资的沉没成本偏低（人力、拆迁、原材料投入等）、占有更大市场份额的机会更大、企业更容易在经营上升期获得经验、企业在破解难题过程中获得声誉等。社会资本在不同地区的投资经营诉求不完全相同，虽然扩大资本回报率的根本目标不变，但是获取市场准入权、延长市场垄断地位的方式却有很大区别。在欠发达地区需要谨慎推行私有化、承诺社会资本独立产权的做法，从公有制向合作的模式更加适合欠发达地区的现实。因为，在财政能力不足、市场不够成熟的地区，投资风险也很大，资本投资周期更长、回报率更低，投资兴业的市政企业需要承担更大的风险，政府作为规制方不仅要维护公共利益，同时也要考虑市政企业的经营发展问题，需要更加谨慎选择市场化改革路径和政府规制手段。维护投资者的利益与维护公共利益并不冲突，试想企业在强激励规制的压力下，在投资回报周期长、经营难度大的情况下，必然会选择在公益项目中减少投入，更多通过用者付费的方式争取更多利润回报，这恰恰就损伤了公共利益。因此，从宏观角度看，规制机构对投资者的利益保护正是为了鼓励企业通过积极的生产经营向社会提供更优质的产品和服务，保护企业的稳定回报正是为了激励企业敢于向社会分享利润，最终这些保护企业的做法都会在公共利益整体提升方面得到回应。

第三节　机制设计的主要原则

机制设计旨在设计出一种规则，以达到制度设计者预设的目标，其中的关键之一就是机制设计者本身，但是由于设计者缺少关键性的信息，自然无法找到最优解，因此需要间接机制作为媒介以达到最佳结果。而间接机制就是参与相容和激励相容的介入。激励性规制区别于传统规制的最大特点就是参与约束机制和激励相容机制的引入，使得规制者与被规制企业之间不再存在利益上的争夺，双方的博弈从"两害相权取其轻"的狭隘视角转向"共商共赢"的协商合作局面。因此，不同因素下的激励性规制工具的选择与配置，就应当符合这两个最基本的条件。

首先，机制设计不只是关乎机制设计者一方，机制中的利益相关者都是间接的参与者。机制参与者在主动参与时必然会贡献出一些有价值的信息，有助于推动机制达到最佳结果，因此，除设计者之外的其他相关人是否有意愿参与预设的机制过程中，成为机制设计的必要前提。也就是说，机制设计的前提原则要有参与相容的约束。其次，机制设计的复杂性还在于机制设计者与利益相关者的目标并不一致，而且彼此的目标可能并无关联，因此机制设计必须激励相容，要促使机制设计者和参与者的目标达成某种一致，才能促使参与者自觉维护机制的最优状态。最后，无论是宏观政策还是微观制度，若要有效并可持续，透明公正的基本原则是必备要素。

一　参与约束原则

参与约束原则是委托代理关系能否形成的重要前提。委托人提出一项合作意向并寻找合适的代理人时，众多准代理方在决定是否参与竞争之前，要考虑的最关键因素就是这项合作的协议关系能否保证代理人的最低收益不少于其保留效用或机会收益，这种约束条件也被称为个体理性约束，也就是说，参与约束就是要满足个人理性。政府经济性规制的主要内容就是定价、投融资、进出市场、产品质量等，而这些也正是代理企业所关心的内容，其中投融资方式、定价与企业未来的收益率密切相关，同样也决定了企业的参与意愿。因此，激励性规制机制设计的首要原则就是要保护社会资本有意愿参与委托代理的产业领域，让企业有利可图。在前文中谈到的维护被规制者利益，实际上就涉及维护代理企业参与约束的思考。这部分则重点讨论定价规制和企业投融资问题。

(一) 控制定价规制的强度

理论上，激励合同的设计包含两种类型：高强度激励和低强度激励。高强度激励合同是指企业的剩余利润与实际经营中的边界成本息息相关，比如价格上限；而低强度激励合同是指企业的成本能够得到全部补偿，利润与成本无关联，比如报酬率规制。而当今的公用事业激励性规制的机制设计普遍采用高强度的激励合同，意在激励企业提高自身生产经营活力。但政府也应该意识到，激励强度与信息租金是成正比例的，高强度的激励合同意味着高信息租金，也就是政府必须支付较高比例的财政补贴。

规制机构以维护公共利益的名义监管公用事业的产品定价，而定价机制一定程度上决定了激励性规制强度的高低，直接影响着代理企业的参与约束。但是，地方政府并不是都能把握好激励性规制的强度。一些地方由于客观条件限制，招商不易，政府就向投标企业许诺更加灵活自主的定价机制，结果一项自然垄断产业可能经过3—5年的经营就收回成本，由此引发社会的广泛质疑，地方政府也可能面临着问责风险；还有一些地方政府出于多方面的考虑，不仅严格压缩公共产品的定价空间，并且在定价偏低、企业面临亏损的情况下仍坚持不增加额外的政府补贴，让企业受损失。[1] 面对某些地方政府既要设计高强度的激励合同，又不愿意支付高补贴，企业必然会权衡参与公用事业市场的收益与其他机会收益之间的利弊。

以价格上限为例，最高上限定价就是典型的高强度激励性机制，让消费者享受了价格相对稳定且低廉的（准）公共产品，但随着市政公用事业发展周期的延长，伴随着通货膨胀、产业扩张、同类竞争增加等状况，原来规制协议中的最高上限定价却实实在在地限制了企业

---

[1] 《社会资本参与公用事业"受尽欺负" 地方政府大权独揽》，http://news.163.com/15/0127/21/AH0ESJ0U00014SEH.html，2015年1月27日。

收益。以公共交通产业为例，全国各地的公共交通行业普遍采用了最高上限定价法维持较低的票价；与此同时，原油价格的波动、人力成本的上涨、车辆更新维护成本的增加、网约车等同类行业竞争压力的增加，都为公共交通的生产运营带来巨大压力，而公交企业与政府签订的固定票价却不能随着市场要素的变化而频繁调整，这其中发生的成本收益减少和经营困境都要由公交企业及其员工承担。

定价机制应当遵循市场规律。规制机构应当进一步合理规范定价机制，根据公用事业产业发展实际情况和企业实际成本收益率等市场因素决定产品定价的强度，不能仅凭地方财政能力或风险转移的因素考量市场定价问题。采用更加灵活的定价机制，在激励强度和生产或参与约束之间寻求平衡。一是根据季节或市场波动，制定"弹性定价规则"，测算出更加科学的收益分配模型，减少市场波动带来的经营风险和利益损失。二是"阶梯式定价"在电力产业中应用广泛，收到良好的效果，这种"多用者多付费"的定价方针不仅保障企业的利益，也约束消费者的消费行为，其科学性已经得到验证，类似方法可以在类似的市政公用产业中推广，比如排污费的阶梯定价。三是严格利用成本加成的定价计算方法，将服务或产品的质量与定价机制挂钩，引导企业提供多种品质的产品供消费者选择，品质越高、成本越高、定价越高，让老百姓有更多的选择，也增加企业生产经营的创新活力，这也是一种帕累托改进。

国家发改委2017年9月发布、2018年1月1日起实施的《政府制定价格行为规则》（下文简称新《规则》）修订了2006年的旧《规则》。规则的五处重点修订内容，进一步提高了定价机制的参与约束精神。第一，新《规则》进一步完善政府定价的权限范畴，即"国家实行并完善主要由市场决定价格的机制"，将政府制定价格的范围进一步缩小为"重要公用事业、公益性服务和自然垄断经营的商品和服务"。第二，推进政府定价的机制化和程序化。新《规则》强调"政府应当根据不同行业特点，逐步建立商品和服务的定价机制"，"尽可能减少直接制定具体价格水平"。第三，完善政府定价的依据。除依据"社会平均成本、市场供求状况等因素制定价格外","可以参考联系紧密的替代商品或服务价格"。"强化对垄断行业的约束","网络型自然垄断环节价格应按照'准许成本加合理收益'的原则制定"。第四,严格政府价格决策程序。在现有程序基础上,增加"合法性审查和风险评估程序";"强化制定价格后评估和动态调整"。第五,强化公众参与和社会监督。①

(二) 优化企业投融资环境

除了产业收益率的吸引之外,一个地区的投融资环境也深刻地影响着企业的参与意愿。

习近平总书记多次提出各地方政府要"共同营造风清气正的政治生态"。② 2019年10月,国务院颁布《优化营商环境条例》,自2020年1月1日起施行,将营商环境的改善作为之后一段时间的重要工作。在公用事业市场化改革过程中,政府作为委托方和PPP项目的出资方之一,其治理方式直接影响着改革的成败,营造"风清气正的政治生态"和优良的营商环境必然会影响投资者的投资意愿和信心。因此,地方政府必须树立良好的、诚信的、有担当的政府形象,用信誉和负责的姿态吸引多元化的社会资本进入市场。

一是要总体规划和布局要素市场。根据各地方特色和实际情况,战略规划、扎实布局,逐步形成特色鲜明、紧密相连的产业链条。市政公用事业若要实现利润递增就需要稳定的产业、有活力的市场环境作为基础支撑。地方政府要致力于发展多种产业形态、鼓励创新创业产业,创造良好的营商环境,吸引外来人口和外来资本。同时,在公用事业产业发展中,地方政府应将重点放在提供支持性政策,鼓励企业延伸投资、扩张覆盖面、促进管网建设更加现代化等方面,甚至布局到城市规划建设的整体战略方面。试想,在一个人口密度逐渐下降

---

① 《政府制定价格行为规则》(国家发展改革委令第7号),http://www.ndrc.gov.cn/fzgggz/jggl/zcfg/201709/t20170926_861602.html,2017年9月18日。

② 《坚定不移推进全面从严治党》,《人民日报》2016年10月28日。

的地方城市，当地的垃圾处理行业很难保持持续盈利。

二是要明确企业的投资主体地位。在市政公用事业市场化改革中，在部分产业领域中，地方政府基于资产流失、国防安全等因素的考虑，存在51%的股权之争。这让企业作为投资一方没有办法获得应有的话语权，主体地位不能体现，对于是否投入大量资本进行生产经营也会相应地存在顾虑。

三是要大力发展资本市场。地方政府要大力拓展企业融资、项目融资、互联网融资的平台和渠道。促进投融资平台的转型升级，鼓励融资机构参与公共事业相关产业的投资发展中，通过多种经营、拓展服务领域等方式获取稳定的现金流。鼓励通过资产证券化、PPP等方式，盘活存量资产。同时，鼓励地方企业结合地方发展需要，积极拓展市政管理服务、城市配套管理服务等业务领域，打造地方品牌的城市运营商。

二　激励相容原则

机制设计理论主要包括两个问题：信息问题和激励机制。信息传递的过程都伴随着成本，而降低成本最简单的方法就是保证信息是真实的，不扭曲的；继而产生了第二个问题，如何保证信息传递的参与者说真话呢？这就要求"鼓励说真话"机制的设计能够满足每个参与者都实现个人或集团利益，同时兼顾实现机制设计的最终目标，也就是最终要实现"激励相容约束"机制。

（一）激励相容的实现机理

赫维茨在考察了只有私人物品的环境后，提出了"真实显示偏好不可能"定理，即不存在任何机制既使得每个人透露其真实信息又能实现帕累托最优；而在公共物品环境中，信息不真实、无效的问题更为突出，没有真实显示偏好，激励就没有针对性，便无法满足激励相容的条件。因此，赫维茨所说的"激励相容机制"是说，机制设计者要设计出某种激励性的机制，诱使机制参与者能够主动显示真实信息，使个人利益与机制预设的目标达成一致①。随后,马斯金提出"实施理论"(Implementation Theory),将博弈论引入赫维茨的机制设计理论,认为机制需要具备"单调性"和"无否决权"两个特征,这是一项社会选择规则能够实现纳什均衡的充分和必要条件。迈尔森提出"显示原理",即由某个机制及其一个均衡所构成的共同体等价于一个直接激励机制。因此,在设计最优机制时,只需要找出"直接机制",就可以达成"说真话"的均衡结果;而其中的关键在于,要想获得终极的最优均衡结果,需要实现多层次的次优均衡,进而让利益相关者在多重次优均衡都接受的情况下实现"直接激励机制"。②

在公用事业激励性规制的工具选择应用上,必须遵循"激励相容约束"条件。激励性规制中的规制双方都是理性的经济人,规制主体追求的是公用事业的平稳发展、良好的公共服务产品质量、回应公共利益的需求;而潜在的被规制企业进入公共事业产业一定是为了追求企业的边界收益,并不断扩大边际收益的比重。整个过程中要实现三方面的均衡博弈:①规制主体作为委托人要主动设计一种机制,其中包括实现某种利益而需要使用的工具,即激励性规制的制度设计,在这个过程中,委托人需要提供真实信息以吸引优质的代理人参与,让潜在的代理方感受到参与这一机制的收益大于其他机会成本,即"参与约束"的体现。②准备进入市场的企业作为潜在的代理人,要决定是否能够接受这种制度及其激励工具,即机制设计及其工具使用是否真的实现了"激励相容",在这个过程中,如果代理人能够接受,则同样要提供真实信息以回应规制主体的机制设计,并争取代理机会。③被规制企业作为代理人,在机制的约束下,根据政策工具的限制条件展开经营行为,最终实现规制双方所追求的目标,即激励性规制工具将在这个机制落实的过程中得以发挥作用,完成规制职能和激励效用。

---

① [美]利奥尼德·赫维茨、斯坦利·瑞特:《经济机制设计》,田国强等译,格致出版社、上海三联书店、上海人民出版社2009年版,第4页。
② 权衡等:《收入分配经济学》,上海人民出版社2017年版,第96页。

(二) 激励相容的实例分析

以我国政府力推的 PPP 项目模式为例，可以看到具备"激励相容"条件的政策工具在促进产业发展方面所起到的助推作用。

从委托方的角度看，我国政府推广运用 PPP 模式具有诸多内在要求：支持新型城镇化建设的持续发展；推动我国供给侧改革中的公共服务供给质量和数量的改进；有助于解决地方债务，建立现代财政制度等。从代理方的角度看，社会资本更多看中 PPP 模式在风险规避、财税政策等多方面为社会资本提供帮助，进一步鼓励社会资本参与基础设施、市政工程、公共服务等行业领域。特别是，污水处理、养老服务、片区改造等传统意义上投入大、见效慢、风险大、回报低的产业领域，PPP 模式的推广，使更多的社会资本愿意投入这些事业产业当中。以河南省为例，河南省财政厅 PPP 管理中心调整公告显示：2017 年 12 月底，PPP 综合信息平台项目共有 294 个，总投资 2944 亿元；截至 2019 年 12 月 31 日，PPP 综合信息平台项目共有 1063 个，总投资 13342 亿元。[①] 项目涉及林业、旅游、养老、市政工程、交通运输、水利、生态建设和环境保护等领域。

由此可见，在已有的激励性规制工具的基础上，我国政府在推广 PPP 模式方面进一步加大政策倾斜的力度，进一步完善了这一政策工具的"激励相容"条件，让委托代理双方都有更大的可能性实现自己的利益和目标，同时能够获得广泛的社会收益。

但同时也需要看到，在 PPP 模式达成"激励相容"的同时，在"相容"程度上还有需要进一步完善机制设计的空间。PPP 模式在机制设计中突出了政府与社会资本的合作关系，也就是说，在法律地位上，双方是平等协商、互惠互利的关系。但在实践中，很多地方政府仍抱着"政府主导"的官僚意识，比如在股权确立上坚持政府占 51%股权的立场，使社会资本在合同订立最初就失去了话语权；在产品或

[①] 《河南省财政厅关于 2019 年第七次调整 PPP 项目库的公告》，http://public.zhengzhou.gov.cn/D2907X/4411451.jhtml，2020 年 1 月 7 日。

服务的定价上难以平衡公共利益和企业收益之间的关系，让企业不得不选择"留一手"；在收益分配上政府一方独大，造成"政府吃肉、企业喝汤"的局面等。这些问题都一定程度阻碍了"激励相容"的实现程度，使委托代理的合作关系很难在长久稳定、双方共赢的基础上维系。

三 透明公正原则

社会经济的高速发展对政府的治理能力提出了更高的要求，为了应对诸多挑战，各国政府不断推进行政体制改革，基于不同的传统文化和哲学思想，不同国家的行政改革所反映的道德伦理标准不尽相同，但有一些共同秉持的黄金法则是确实不变的，比如对选民或公众负责、维护公共利益、公正廉洁诚信等基本价值。除了宏观的体制性改革外，具体到政府管理不同领域的政策建构、地方政府的治理规范、政府管理行为的机制设计等，都能够体现出鲜明的伦理价值取向。比如，政府在社会保障领域中倡导关怀伦理、美德伦理；在法律领域，政府积极倡导权力伦理、正义伦理；在经济管理领域中，为了避免市场失灵问题和更加适应市场属性，政府较多地遵循规则伦理学和功利主义伦理学。

功利主义伦理学强调为社会带来最大利益或最低成本的行为才是"正当的行为"，即在政府管理经济的过程中，要以结果为导向，根据成本—收益关系来判断政府行为的正当性。在本书机制设计基本目标的章节中，对于规制效率的讨论与功利主义伦理的观点基本一致，强调了考量成本—收益关系在激励性规制机制设计中的重要性，因此，这部分将重点分析规则伦理的重要性。在公用事业的激励性规制机制设计中最基本、最关键的就是信息的透明公开，政府对待所有社会资本，无论是私企还是国企都能够保持公平公正。

（一）机制的信息透明

规制经济学中的部门利益理论直接衍生出政府规制俘虏理论，其认为促使政府对市场进行规制的内在动力就是从中获利，即寻租。事实上，由于政府规制中信息和资源的不对称、规制者的自由裁量权，无论是出于部门利益还是公共利益，都存在规制俘虏的可能性。众所周知，透明政府的建设能够有效地弥补信息不对称、遏制规制俘虏问题。

对市场和企业而言，在市政公用事业市场化过程中，规制者有必要将规制方式、程序和结果、激励手段、自由裁量幅度等重要而不涉及商业机密的信息在政府网站等公开信息平台公告，让有意参与公用事业行业中的所有企业都能够通过统一的渠道了解到全面的信息，进而为市场准入权进行公平市场竞争。这些公开的信息也为中途进入市场的替代企业提供更全面的规制背景信息。规制机构有必要对进入市场、退出市场、调整经营范围、表彰奖励等信息及其背景重要信息在网站上进行公示公告，接受其他规制机构、企业及全社会的监督和质询。

我国政府正在稳步推进透明政府的建设，国务院 2008 年 5 月 1 日开始施行《政府信息公开条例》，以保障公众知情权和政府透明度；并于 2017 年 12 月中下旬连续发布 94 号、97 号文，进一步针对社会关注的重大项目和公共资源配置领域提出政府信息公开实施意见（见表 4 – 2）。

表 4 – 2　　　国务院 2017 年 94 号、97 号文部分"政府信息公开实施意见"相关内容

文件名	相关条款内容
《国务院办公厅关于推进重大建设项目批准和实施领域政府信息公开的意见》（国发办 94 号文）	"突出公开重点"包括"在重大建设项目批准和实施过程中，重点公开批准服务信息、批准结果信息、招标投标信息、征收土地信息、重大设计变更信息、施工有关信息、质量安全监督信息、竣工有关信息等 8 类信息"，并进一步拓展信息公开的平台渠道，"通过政府公报、政府网站、新媒体平台、新闻发布会等及时公开各类项目信息……充分利用全国投资项目在线审批监管平台、全国公共资源交易平台、'信用中国'网站……"
《国务院办公厅关于推进公共资源配置领域政府信息公平的意见》（国发办 97 号文）	进一步规定公共资源配置领域的信息公开，即"保障性安居工程建设、保障性住房分配、国有土地使用权和矿业权出让、政府采购、国有产权交易、工程建设项目招标投标等社会关注度高，具有公有性、公益性，对经济社会发展、民生改善有直接、广泛和重要影响的公共资源分配事项"，强调"谁批准、谁公开，谁实施、谁公开，谁制作、谁公开"的原则，并提出"探索建立公共资源配置'黑名单'制度，逐步把骗取公共资源等不良行为的信息纳入'黑名单'，相关信息由负责管理的部门分别公开"

资料来源：根据公开资料整理。

应该说，以上两项意见的发布与公用事业密切相关，为我国公用事业市场化改革进程特别是为社会资本提供信心。但由于意见的法律效力低，实施效力的强化还需要各级政府将其融入机关管理的绩效中，通过整体规范行政作风、统一监督等方式提升政府透明度。

对社会公众而言，大多数公众并不关心政府对市政公用企业的规制行为、激励措施，但公众却十分关心市政公用设施的定价方式、调价原因、服务或产品的质量、未来产业发展对社会的影响等信息。听证会制度是非常重要的对公众的信息公开和沟通渠道。1997 年颁布的《价格法》第二十三条规定："制定关系群众切身利益的公用事业价格、公益性服务价格，自然垄断经营的商品价格等政府指导价、政府定价，应当建立听证会制度，由政府价格主管部门主持，征求消费者、经营者和有关方面的意见，论证其必要性、可行性。"[①] 2000 年颁布、2015 年修订的《立法法》第三十六条规定："……听取意见可以采取座谈会、论证会、听证会等多种形式。……法律案有关问题存在重大意见分歧或者涉及利益关系重大调整，需要进行听证的，应当召开听证会……"[②] 同时，2008 年实施的《政府制定价格听证办法》、2017 年修订的《行政法规制定程序条例》和《规章制定程序条例》中都涉及听证会在行政立法领域的应用。这些关于听证制度的规定都增加了公众对定价、立法等行为的了解，有助于信息透明。但实践中，我国地方政府更多将听证制度应用于对客观要素的征求意见环节，没有充分体现监督、质询的功能。我国政府有必要进一步明确立法措辞，将听证制度拓展到对公用企业和规制机构的不端行为的立法监察听证工作，范围可以涉及公用企业的不合理收费、规制机构的监管资格、指导规制行为的政策法规的正当性等内容，通过广泛征询意见和证据的方式，妥善处理法律界定不清或争议较大的问题。正如本章前文中谈

---

① 《价格法》，http://www.gov.cn/fwxx/bw/gjdljgwyh/content_2263012.htm，1997 年 12 月 29 日。

② 《立法法》，http://www.gov.cn/xinwen/2015-03/18/content_2835648.htm，2015 年 3 月 18 日。

到的，PPP 相关的合同纠纷在法律归属上一直存在争议，而这种情况恰恰适合利用监察听证的形式来处理。

(二) 机制的公平公正

政府规制机构在监管市场的过程中，基于规制机构与被规制企业之间的关系，容易产生规制俘虏或随意设置信息租金等规制不当的问题；基于行政体制原因，也有可能出现政出多门、权力重复博弈、寻租设租等问题。因此，为了保证激励性规制机制的科学公正，科学划分、严格规范机构之间的权责关系，达到相对独立、分权制衡、有效监管的规制机构设置格局就显得十分必要。

作为行政相对方的被规制企业来说，激励性规制机制的公平公正主要体现为激励性规制机制的设计、实施中能否得到平等的发言权，能否有机会争取到与同行企业大体相当的激励强度和公正的利益分配阈值，而这也是激励性规制机制科学、公正重要原则的体现。这些外化的指标最终都体现出行政体制内部制度设计的合理性，因此，规制机构需要具备相对独立的监察权、规制机构之间科学严谨的职权划分和外部严格的监督体系这三方面的条件，以确保激励性规制职权行使的公平公正。

1. 相对独立的市场规制授权

首先明确的是，我国的规制机构设置不能简单效仿西方国家的独立规制委员会的模式。首先，不同于西方国家的"三权分立"，我国的政治体制是"议行合一"的人民代表大会制度，因此，西方国家判断机构"独立性"的一个重要标准即政策制定权和执行权的分离，在中国的政府机构中不适用。其次，中国的司法体系、政府内部的规制者规制机制都不够完善，地方政府的治理能力也不成熟，从建设能力来说，建立独立规制委员会的时机还不成熟。"权力分离的实施在欠发达国家更费成本"，但是"权力分离节省了基于规制者的奖励性报酬，同时导致更高强度的最佳规制"[①]。相比权力分离所付出的成本，缺少监督的权力独大将是更可怕的、代价更沉重的。也就是说，选择

---

① [法] 拉丰：《规制与发展》，聂辉华译，中国人民大学出版社2009年版，第166—168页。

"权力分离"这种有助于减少规制者机会主义行为的制度。

一般来说，行政机构的独立性主要体现在法律独立授权、人事行政独立、经费来源独立、职权政策的制定与实施的分离四个方面。其中，法律独立授权是其他独立特征的前提，相比采取何种方式行使规制职权，规制机构拥有独立的监察权更加关键、更具实际意义。因此，这里讨论的"独立"，更多是相对于被规制企业、相对于身处行政体系的其他政府机构而言的独立的规制权力。首先，规制机构与被规制企业之间做到真正的政企分开，比如在 PPP 模式中，规制机构要保持独立于合作企业的监督资格，规制机构不能作为直接的政府出资方，必须由政府下设建设集团或其他部门作为合作方，并能够依法设计合作协议，清晰划分政企之间的权责利关系；其次，规制机构在执行监察权的过程中能够不受其他政府机构（无论是上级还是平行机构）的干涉，相对独立地行使规制监察权和监管话语权，并能够对监管结果负全责。

2. 科学严谨的职权划分与制衡

我国中央政府通过多次大规模的机构改革，将机构设置的"碎片化政府的横向分权制衡"模式转变为"整合式政府的纵向权力制衡"模式，以行业为基础，以权力分离制衡为原则，深化机构设置的科学性。本书以电力、天然气等能源类公用事业为例，说明规制机构的改革趋势。国家发改委作为综合研究拟定经济和社会发展政策，总量平衡、总体指导经济体制改革的宏观调控部门，一直隶属国务院，接受国务院的直接管理。国家能源局（以下简称"能源局"）和国家电力监管委员会（以下简称"电监会"）分别作为天然气、电力行业的监管部门有很长一段时间也直接隶属国务院，与国家发改委为平行部门。经过 2013 年的大部制改革，电监会归并入能源局，能源局归属到国家发改委。由此，国家发改委、能源局、电监会由原来的横向平行部门变为纵向隶属关系，而受其规制的天然气、电力等行业的监管权也由之前的平行分割、单一制衡（国务院）转变为纵向整合、多向制衡关系。从行政职能角度来说，纵向的机构改革顺应行业政策规划、行业发展监管的逻辑关系，有利于行业间的合作和资源整合，减少政府机构间的权力博弈和产业发展间的利益争夺，最关键的是纵向隶属关系的调整更有利于产业监管机构的规制者规制，减少政令重叠、权责分散的弊端。

我国市政公用事业的其他产业，如污水、垃圾、燃气、公共交通等，分别归属于国家住房与城乡建设部、交通运输部等规制机构，地方政府机构还设置市政管理局等单位，可见，我国的市政公用事业相关行业的政府规制部门的权力分离是比较明显的。相比较来说，美国作为发达国家的代表，政府规制机构的权力整合性更强。以美国加州为例，加州公用事业委员会（CPUC）是最重要的行业规制机构，监管着私营的电力、天然气、电信、水利、铁路、轨道交通和客运公司，通过保护消费者、确保以合理的价格提供安全可靠的公用事业服务和基础设施，致力于改善环境质量和优化加州经济，从而为公众利益服务[1]。美国各州独立的公用事业委员会负责监管私有化的公用事业产业的运营情况，并且能源委员会作为独立的政策制定机构，独立于规制委员会。

3. 行之有效的权力监督体系

1977 年，Wilson 和 Rachal 提出"政府能自己监管自己吗？"这一疑问，使得规制者规制成为学术界持续讨论的课题。实际上，市场规制机构与政府其他监督机构之间的内部权力博弈和相互制衡最终以达成某种默契为结局，并导致了行政机关内部自我监管的困难，可以说，这是所有官僚体制固有内生现象。因此，需要在权力制衡的天平之间增加一些外生变量，打破彼此之间长期形成的默契。

除了司法、审计、问责、绩效评估等基本的行政体制内部早已存在的监督机制之外，独立于行政体系之外的、像"上帝之眼"一样的独立监督系统恰恰是能够打破权力天平的更有力的外生变量。资本主义国家大多是多党或两党政治，一个党派执政期间，其他在野党势必

---

[1] http://www.ca.gov/Agencies/Public-Utilities-Commission-California.

严密监督执政党的一举一动，任何违反宪法和法律的行为都将引起在野党的质询，从而动摇执政党的执政合法性。而一党制或一党执政、多党合作的国家就需要建立一个独立于所有行政系统之外的独立监察机构，只对国家和执政党负责，例如中国、越南等国家，政府内部的反腐败力度得以加大、成效显著，都是源于这些国家成立、调整或独立授权了反腐败委员会或纪律检查委员会，这些机构只对国家和最高行政首长负责，不受其他权力机构的干涉。

规制机构作为对市场经济进行监督和必要干预的政府部门，其职权性质决定了它们与市场主体之间合谋或寻租的概率更大，因此，独立的、行之有效的权力监察系统非常重要，以保证规制机构及其颁布的激励性规制机制的公平公正，最大限度维护市场主体的合法权益。

第四节　机制设计的核心要点

机制设计的核心是在组织或制度明确既定目标的情况下，设计一套适用于机制网络相关主体的行为规范和利益分配规则。通过行为规范，将相关主体的目标与既定目标联系起来，通过利益分配规则将报酬与既定目标联系起来，同时保障机制网络的稳定运行。市政公用事业产业的委托代理合同，可以被认为是承载激励性规制机制的最关键构件。因此，本书将根据合同设计的思路，重点讨论机制网络中最直接的利益相关人，即规制机构与被规制企业及其委托代理过程中能够起到激励性规制作用的机制设计要点，旨在将委托代理协议关系达到合理合法、利益相关、保证效率，促进参与约束和激励相容的动态一致，最终达成激励被规制企业"说真话"，政府规制行为公开透明、守诚信的目标。

一　建立规制的相关法律法规

现代民主社会的经济体制的建立和发展，都需要系统、完善的法律体系做后盾，法治政府、法制社会的建设无疑为企业投融资行为提供了最根本的保障和激励。在政府与企业之间达成委托代理关系的经济行为中，规制机构的一系列权利都来源于相关的法律法规、行政性文件，而其中最关键的内容就是法规中授权给规制机构的激励性规制强度的自由裁量权范围。

（一）更完备的法律体系建构

在我国公用事业市场化改革的进程中，政府颁布实施了一系列的法律法规、部门规章，全面维护改革秩序，为政府规制行为、激励性规制机制提供了合法性的依据。比如，《合同法》为政府与企业之间的委托代理协议提供了最为重要的上位法依据；《招标投标法》和《政府采购法》具体规范了政府的招投标行为、政府采购行为。我国现有的很多大型的公用事业企业比如电力、水利企业，都是全资或控股的国有企业，而市场化改革的深入推进势必形成对国有资产的巨大考验，《企业国有资产法》等国有资产和资产评估的相关法律一定程度地保护了国有资产的应有价值。《循环经济促进法》中的激励措施为政府激励性规制和市政公用事业产业中的循环经济、资源保护等方面提供了一个桥梁和法律依据。

前文合同治理部分的分析中提到，我国的市政公用事业市场化过程中涉及的委托代理合同，无论在理论上还是实务中，其法律属性或争议纠纷的处理都是难题。政府一方认为与政府相关的协议都理应属于行政合同范畴，纠纷的司法处理也就归属行政诉讼。而市场主体一方则认为既然是基于经济行为发生的协议关系，就应当属于经济合同，纠纷的司法归属应当遵循一般民商事纠纷来处理。实际工作中，绝大部分地方政府和司法部门在对待这类协议及其争议的时候，第一顺序认为其更适用行政法规则，而这种倾向明显地将政府一方置于合同关系中更有利的位置上，一定程度上妨碍了经济主体的参与意愿。调研中能够发现，很多二三线城市存在着政企合作项目招标困难的问题，时常出现投标企业的数量达不到开标标准的情况，有些地方为了项目能够开标落地，不惜找到熟悉的企业佯装投标；也有些项目长期挂在招投标网上，根本无人问津。而企业的裹足不前，除了根本性的市场要素评估不过关、项目盈利面比较小之外，招标城市的地方政府的信誉度和对待委托代理协议的司法界定也成为企业考虑的重要因素，毕竟没有一家企业会愿意在经济合作伊始就被置于不平等的不利位置上。

(二) 补充性的部门规章建构

我国的公用事业市场化改革，特别是在政企的合作伙伴关系越来越普遍的过程中，暴露了我国法律体系建设中的不足，即行政立法和经济立法之间没有很好地衔接和过渡，造成政府与社会资本经济合作行为的司法保障平台不够健全。而基于这种现实，为了维护社会资本的权益，进一步加强对政府行为的规范约束，我国政府不断出台部门规章、行政法规来弥补法律体系中的这些缺陷。特别是2015年以后，中央政府大力推进供给侧改革，将PPP模式作为公共项目建设投融资的重要工具，积极鼓励民间资本参与公共服务供给、基础设施建设等原本由国家财政负担的公共产品供给项目，为了保障这一系列改革的顺利推进，我国中央政府、相关部委连续发布一系列的部门规章为改革发展保驾护航。

表4-3中列举了一部分与市政公用事业市场化改革相关的部门规章，从政府规制行为、定价机制、政府公信力、搞活市场活力等诸多方面为地方政府的经济性规制行为进行规范和指导，而基于目前我国政府对PPP模式的大力推广，与PPP模式应用相关的规章更是不计其数。其中可以看到，"特许经营管理办法"就有两项，其中一项由诸多部门联合发布、涉及管理的行业领域更广泛，但仍在很大程度上存在制度重复建设问题。同时，法规、部门规章的法律效力不高，地方政府能否足够重视、是否严格落实，也是需要进一步深入调研的问题。总体上来说，这些法律、法规、部门规章逐步规范着政府的规制行为，为社会资本提供更多信心，从法律、制度层面为激励性规制提供制度保障。随着经济的发展和市场化进程的加速，制度法规的上层建筑的完善也必将提速。

表 4-3   市政公用事业市场化政府规制相关的一些部门规章

类型	部门规章名称	颁发机构	发布时间
特许经营管理办法	《基础设施和公用事业特许经营管理办法》	国家发改委、财政部、住建部、交通运输部、水利部、人民银行等联合发布	2015年5月
	《市政公用事业特许经营管理办法》（修正版）	住建部	2015年5月
规范政府市场监管行为	《国务院关于促进市场公平竞争维护市场正常秩序的若干意见》	国务院	2014年6月
	《"十三五"市场监管规划》	国务院	2017年1月
政府转变经济的投融资模式	《关于在公共服务领域推广政府和社会资本合作模式的指导意见》	财政部、国家发改委、人民银行发布	2015年5月
	《国务院关于国有企业发展混合所有制经济的意见》	国务院	2015年9月
	《中共中央 国务院关于深化投融资体制改革的意见》	中共中央、国务院	2016年7月
	《国务院办公厅关于进一步激发民间有效投资活力促进经济持续健康发展的指导意见》	国务院	2017年9月
规范政府经济行为、维护政府诚信	《财政部关于印发〈政府和社会资本合作项目财政承受能力论证指引〉的通知》	财政部	2015年4月
	《国务院关于建立完善守信联合激励和失信联合惩戒制度加快推进社会诚信建设的指导意见》	国务院	2015年5月
	《关于完善产权保护制度依法保护产权的意见》	国务院	2016年11月
价格规制方面	《中共中央 国务院关于推进价格机制改革的若干意见》	中共中央、国务院	2015年10月
	《政府制定价格行为规则》	国家发改委	2017年9月
	《政府制定价格成本监审办法》	国家发改委	2017年10月

资料来源：笔者根据公开资料整理得到。

二 约定明晰的政企权责关系

（一）明确产权关系

科斯定理被公认为是产权经济学的理论基础，科斯于 1937 年发表的《企业的性质》和于 1960 年发表的《社会成本问题》两篇文章奠定了交易费用理论、产权理论在经济学中的地位。斯蒂格勒将科斯的理论总结为"科斯定理"并写入 1966 年出版的《价格理论》（第三版）教科书中。现在能够查阅到的文献中，被学术界引用最多就是"科斯第一、第二定理"：第一定理，若交易费用为零，无论初始权利如何界定，都可以通过市场交易达到资源的最佳配置；第二定理，在交易费用为正的情况下，不同的权利初始界定，会带来不同效率的资源配置[①]。也可以理解为，当人们认为所有权人的现有权利对自己具有更大价值的时候，他们会通过交换从所有权人手里购买这种权利；在交易成本很低的情况下，资源总是会流向具有最高利用价值的地方，不管最初是谁拥有了资源的所有权[②]。

但是实际上，所有经济行为的交易成本都不可能为零，市政公用事业更不会例外，如果委托代理双方希望在资源配置和成本收益方面达到帕累托最优，就必须通过明确产权关系的方式，促进产权效用最大化，同时也能够将外部效用尽可能内部化。

本书在阐述参与约束原则的部分，根据地方经济状况的差异，对市政公用事业的产权关系配置做出了分析说明，即在不同的经济状况下，公用事业的产权分配关系应当有所区别，除了能够维护企业利益之外，也是为了最大化资源的效用，保障在公用事业方面的投入能够获得最大化的收益。而针对某一项市政公用事业而言，产

---

① 吴健、马中：《科斯定理对排污权交易政策的理论贡献》，《厦门大学学报》（哲学社会科学版）2004 年第 3 期。

② ［美］林德尔·G. 霍尔库姆：《公共经济学——政府在国家经济中的作用》，顾建光译，中国人民大学出版社 2012 年版，第 51 页。

业内部的产权关系才是最直接影响代理企业生产积极性的因素，比如，产业的所有权、经营权、经营范围等，都应当在制定合同的过程中协商明确。国家发改委下发的《政府和社会资本合作项目通用合同指南》（2014年版）中，对PPP项目中的合作关系、政府移交资产、运营和服务、社会资本主体移交项目都有相关条款，这些条款实质上就涉及产权关系的分配问题。但是，除了固定资产的产权说明之外，诸如经营权、排他性规定等内容如果得不到明确界定，也将成为未来产业合作中的隐患。比如，垃圾处理、污水处理等区域性经营的行业，面临着城市扩张带来的经营范围模糊的问题，在位企业必然会随着城市扩建而扩大垃圾处理或污水处理的范围；但作为委托方的政府而言，合同订立初期测算的成本收益率和政府定价必将具有巨大不确定性，代理企业的收益率将不受监管，合同中涉及的激励性规制条款也可能变为超额补贴。在合同不能修改的情况下，很多地方的地方政府与企业之间会在城市扩张区域的经营权问题上产生纠纷。

总之，在市政公用事业激励性规制的机制设计中明确产权关系，规制双方不仅要把眼光放在二维的固定资产产权关系方面，空间和时间维度上的经营权关系也必须明确。这样不仅促进资源配置的帕累托最优，同时能够清晰政府规制范围，保持合同设计各项条款的可置信性。

（二）明确双方责任

委托代理合同的设计中，规定双方的权利、义务是最基本、最关键的条款。由于合同双方存在信息不对称、追求目标不一致等，合同双方对于权利义务的具体内涵和结果体现的理解也不尽相同；特别在激励性规制中，企业生产经营的努力程度更是难以量化衡量的变量。

绩效合同是现代管理中被广泛推崇和运用的工具，成为较好的明确双方责任的方式。在合同设计过程中，通过绩效指标的协商，将双方的责任尽可能指标化、可测量。特别是在委托代理协议中，委托方希望代理方在协议履行期间所要达到的生产经营状况、兼顾社会利益等目标，在与代理方充分协商的基础上，全部列入绩效合同的各项指标中。双方约定定期或不定期的评估周期，委托方以绩效合同的各项条款和指标来评判代理方生产经营的努力程度，并根据评估结果来确定下一阶段的财政补贴额度。

从激励性规制的角度看，绩效合同的运用能够有效解决合同双方信息不对称而带来的道德风险或逆向选择问题，有助于统一合同双方的目标，从而达到激励相容约束的目标；有利于将原本难以推行的一些要求，用激励性指标的方式得以实现。比如碳排放问题，穆迪投资者服务公司有报告称，"全球受监管电力及天然气公用事业和行业是低碳转型政策的焦点，同时也因'脱碳'举措而面临越来越大的信用风险"①。而利用绩效合同，规制机构完全可以通过绩效评估、依结果核算补贴的方式逐步督促公共事业企业减少碳排放量，对于效果显著的企业给予额外的奖励性补贴作为激励性绩效。这一方法同样可以运用于那些研发高新科技、利用新能源等手段来促进产业升级的企业上，整体上激励市政公用企业更加有动力改进产业技术和发展水平。

鉴于绩效评估存在"上限制约"的问题，将激励性指标有机融入绩效指标的设计中将有助于减少"上限制约"的程度。例如，在市政园林的绿化覆盖率一项指标中，合同中约定"绿化覆盖率≥40%，就是满分"，对于承接方来说，40%就是它的"上限制约"，超过40%的成本投入将不会有额外的收益。为了打破这个制约，相应的激励性指标的设计就十分必要，将补贴额度中的一部分调整为奖励性绩效补贴，随着业绩提升按比例增加奖励，将有效激励承接方进一步提高绿化覆盖率这一指标。

---

① 《穆迪：全球公用事业行业将是"脱碳"重点》，http://finance.sina.com.cn/stock/t/2017-11-07/doc-ifynmvuq9327180.shtml，2017年11月7日。

三 建立权变的协商对话机制

(一) 谨慎使用合约条款调整机制

作为典型的自然垄断产业,市政公用事业产业初期投入资金大,经营协议周期长,属于政府与企业两方面的合作关系,随着资产沉淀加大、经济形势变化,公用事业委托代理协议中的部分内容不可能一直适合市场经济的变化。因此,合同条款调整机制的设计就显得非常关键,以最大限度避免争议的发生。但是无论实际情况如何,规制合同的调整都将影响合同的严肃性和可置信性,最终干扰后期规制合同的实施,激励性规制机制的影响力也将大打折扣。

本部分假设几种规制合同调整的情况,可以看出条款的修改将产生的负面影响。①被规制企业获得了超额利润,规制机构提出规制合同的重新调整,将被诟病为寻租行为;②被规制企业如果未能获得预期收益,在规制合同重新调整过程中,企业将要求规制机构降低激励性规制条款的强度,这样必然会损害有着相似合约条款的同行企业的利益,产生行业间的不公平;③特别是,在被规制企业的经营期已经到期而企业并未收回预期收益的时候,规制合同的调整更加让人生疑,无论如何调整都将产生一系列的负面效应,对政府声誉、其他相关产业的经营积极性都将产生不良影响。总体来说,从市政公用事业的规制实践中,合同条款的重新调整修订机制必须谨慎而严格。可以尝试在合同中约定在不可抗力的灾难、经济的重大改革等几种客观条件下,才能够启动合约条款的调整机制;同时,要在政务公开平台上公示将要调整的企业的基本情况,以便同行企业周知和监督。提高规制合同承诺的可置信性,不仅对政府的公信力提升很重要,同时也利于提高整个行业规制合同的实施效率。

(二) 巧妙使用财政补贴机制

2014年,财政部发布《关于推广运用政府和社会资本合作模式有关问题的通知》,明确规定:"财政补贴要以项目运营绩效评价结果为依据……地方各级财政部门要从'补建设'向'补运营'逐步转变，探索建立动态补贴机制……"① 同时，进一步规定财政补贴作为补偿市政公用事业的"项目收入不能覆盖成本和收益，但社会效益较好的政府和社会资本合作项目"的具体补贴对象、补贴方式，特别强调"补运营"的补贴原则。从激励被规制企业经营生产的角度看，动态补贴除了可以灵活运用于激励在位企业的经营行为之外，同样可以用于鼓励企业承担更多社会责任。比如，乡镇的市政管网建设一直都是地方政府的工作难点，企业不愿碰、政府无力管；但是随着财政补贴灵活性的增加，可以充分利用动态补贴的做法，通过"买一赠一"搭售的做法，鼓励企业将市政管网向乡镇延伸；对积极投入的企业基于增值动态补贴。这种做法不仅解决了地方政府的市政管理难题，加快了城乡一体化建设的步伐，同时也鼓励了企业拓展自身经营战略布局。

四　合理解决契约终止和资产评估问题

国家发改委、住建部等部门分别发布的《政府和社会资本合作项目通用合同指南》《建设工程施工合同》《PPP 项目合同指南》等政企合作的合同示范文本中，对合同终止都有比较详细的规定和说明，比如市场退出机制、违约行为处理、合同争议纠纷处理等，甚至对于面临天灾等意外时刻政府是否需要临时接管、如何进行应急处置等条款也有详尽说明。应该说，这些条款如果能够在市政公用事业的委托代理协议中合理规定并有效实施，将能够达到有效的契约终止作用。

市政公用事业的委托代理协议，一旦面临合同终止或企业退出市场的时刻，就必然涉及资产的清算、移交或者并购重组。市政公用事业的委托代理周期长、产业投资规模较大，经过几十年的生产经营和资本沉淀，资产重新估值将成为政企讨论的焦点之一，特别是电力、

---

① 《关于推广运用政府和社会资本合作模式有关问题的通知》，http：//jrs.mof.gov.cn/zhengwuxinxi/zhengcefabu/201409/t20140924_1143760.html，2014 年 9 月 23 日。

水利、电信等通过上市途径达到融资目的的产业，其股价估值更将是个复杂而涉及多方利益的棘手问题。因此，在市政公用事业契约终止的过程中，合理评估资产、维护资产合理溢价空间，避免双方的机会主义行为或棘轮效应问题便成了这一阶段的关键问题。基于这一问题的机会主义行为，往往是政府一方或支配权更大的一方故意通过强制力或市场优势地位压低公用企业资产的市场估值，让企业受损；而棘轮效应则体现在，目前资本市场中的资产并购往往都是高溢价收场，造成一种只要是资产评估和转移就必须高溢价的潜在趋势，而造成资产收购方的被动地位。

针对资产评估和溢价问题，理论上要严格遵守资产溢价率计算方法，实践中有必要提前在协议中约定资产评估的方式和基本原则。首先，2015年9月，中国证监会上市部发布的《上市公司监管法律法规常见问题与解答修订汇编》规定，并购重组"构成借壳上市的，应当以拟购买资产的价格计算业绩补偿，且股份补偿不低于本次交易发行股份数量的90%。业绩补偿应先以股份补偿，不足部分以现金补偿"[1]。这一规定体现出用市场的方式解决市场问题的精神，面对资产并购中的股权估值问题，优先使用股权化解。其次，如果要享受高溢价，就要有高业绩作为基础。资产的出让方不能只讲权利、不谈义务，在公用企业资产转移过程中，除了资产本身的清算之外，应当回顾企业在经营期间的收益情况、社会贡献情况等产出，高产出换取高回报，这是经济的良性循环法则，同时也是对在位经营企业的非常有效的一种激励机制。[2]

---

[1] 《上市公司监管法律法规常见问题与解答修订汇编》，http：//www.csrc.gov.cn/pub/newsite/ssgsjgb/ssbssgsjgfgzc/ywzx/201509/t20150918_284146.html，2015年9月18日。

[2] 《试以"三高"对策来规范高溢价并购》，http：//review.cnfol.com/tanglunshi/20151102/21698867.shtml，2015年11月2日。

第五章　市政公用事业激励性规制的评估模式

作为公共政策领域不可或缺的一部分，政策评估在最近十几年引起了学术界和各级地方政府的关注。政策评估即政策主体通过开展一系列标准设计和评价活动，并以此为依据衡量和判断政策实施的影响和成效，达到政策监控和进一步决策的目的。

第一节　政策评估模式的知识基础

一　政策评估模式演进

政策评估作为一门专门的科学，一般被认为兴起于 Stephan 于 1935 年通过实验设计方法对美国罗斯福总统的新政社会计划进行的分析[1]。随着方法的演进，学者总结政策评估分为四个阶段：第一代评估以实验室工具测量为主，强调技术性、准确性；第二代评估以走出实验室的田野实验为主，采用测量和描述相结合的方式；第三代评估以强调价值判断的社会实验为主，将实验研究、实地调查、价值判断等相融合；第四代评估以利益相关者主张、焦虑、争议作为组织评估焦点、决定所需信息的一种评估形式，主要采用建构主义调查范式的

---

[1]　李允杰、丘昌泰：《政策执行与评估》，北京大学出版社 2008 年版，第 156 页。

方法论①。其中,前三个阶段都是将实验性的定量评估作为工具手段,第四代评估则更多强调了定性评估的重要性,关注适当性、公平性等问题,例如将复合理性、多元理性应用在政策评估的实践中。政策评估的理念从单一走向多元,其科学性、合理性和可操作性都使得政策评估逐渐成为众多学科研究的一个工具手段(见表5-1)。

表5-1　　　　　政策评估的四个阶段及其特征

政策评估阶段	时间	关注点	性质	评估方法	评估实施
第一代 (效果评估)	19世纪末到第二次世界大战前	政策实施效率和目标实现程度	工具导向	测量	政府内部评估
第二代 (使用取向评估)	第二次世界大战至20世纪60年代	评估结果的价值和实用性分析	目标导向	描述	政策方案预期目标评估,"客观描述"
第三代 (批判性评估)	20世纪60年代至70年代中期	政策价值判断,即社会公平、公正问题	暂时性的决策导向	判断	在政府内部进行,着重讨论社会公平性问题
第四代 (回应性建构主义评估)	20世纪70年代中期以后	评估中的多方需求、多元互动,综合政策效率、政策公正性	行为导向	谈判协商	全面考虑政策利益相关者

资料来源:笔者根据文献资料整理得到。

二　政策评估工具选择

政策评估主要通过经济学、数量统计学、系统论等学科知识,将政策进行分解,使其公式化、模型化,并应用于正式的政策评估体系,最终以评估结论为依据,为政策制定者提供公共政策未来发展的决策意见。

学者从不同维度提出政策评估的模式选择。比如 Mans Nilsson(2008)

---

① [美]埃贡·G. 古贝、伊冯娜·S. 林肯:《第四代评估》,秦霖、蒋燕玲等译,中国人民大学出版社2008年版,第15—21页。

根据工具的知识技术含量，将政策评估工具分为三类：①简单工具（Simple Tools），包括清单、问卷调查、影响表、工艺步骤或专家协助判断等类似的技术；②正式工具（Formal Tools），包括场景技术、成本—收益分析、风险评估、多元评估分析等，涉及大量分析步骤和评估标准；③高级工具（Advanced Tools），试图通过计算机建模、仿真或优化，用正式的和定量方法为社会、经济和技术过程做模型，解释公共政策更加复杂、动态的方面。但是，在实际工作中，由于技术难度、知识普及率等障碍，简单、正式的工具模型更多被使用。

弗兰克·费希尔从工作逻辑角度出发，将事实与价值结合起来，提出"实证辩论逻辑"评估模式，把政策评估分为两个次序、四个论题：第一次序着重政策发起者的行动背景、政策结果和产生结果的背景分析，包含"项目验证"和"情景确认"，是具体情景下的政策评估；第二次序着重政策目标对社会系统的影响，包含"社会论证"和"社会选择"，是社会系统下的政策评估[1]（见图5-1）。

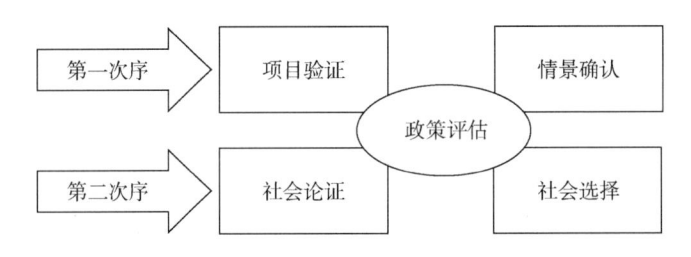

图5-1 费希尔的政策评估分类

资料来源：根据［美］弗兰克·费希尔《公共政策评估》一书的内容整理。

德国学者韦唐在《公共政策和项目评估》（1997）一书中，从政府干预实质结果、评估的价值导向出发，将评估模式分为效果模式、经济模式和职业模式[2]（见图5-2）。

---

[1] ［美］弗兰克·费希尔：《公共政策评估》，吴爱明、李平等译，中国人民大学出版社2003年版，第11—22页。

[2] 陈振明：《政策科学——公共政策分析导论》，中国人民大学出版社2005年版，第293页。

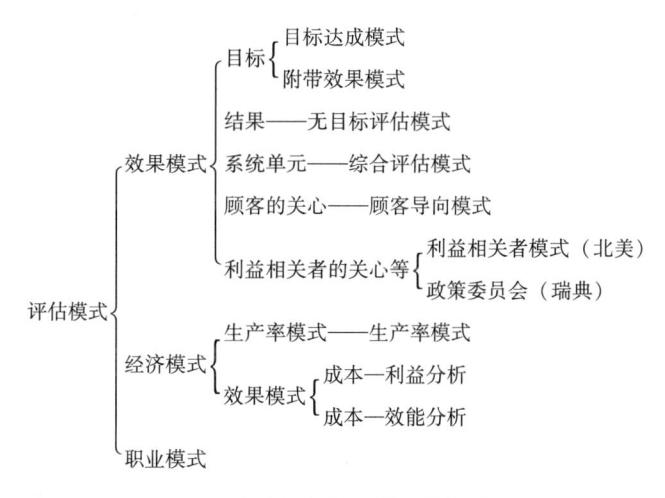

第五章　市政公用事业激励性规制的评估模式

```
                    ┌ 目标 ┌ 目标达成模式
                    │      └ 附带效果模式
                    │ 结果——无目标评估模式
            ┌ 效果模式 ┤ 系统单元——综合评估模式
            │       │ 顾客的关心——顾客导向模式
            │       │                    ┌ 利益相关者模式（北美）
            │       └ 利益相关者的关心等 ┤
评估模式 ┤                            └ 政策委员会（瑞典）
            │       ┌ 生产率模式——生产率模式
            │ 经济模式┤           ┌ 成本—利益分析
            │       └ 效果模式 ┤
            │                   └ 成本—效能分析
            └ 职业模式
```

图 5-2　韦唐概括的政策评估模型分类

资料来源：陈振明：《政策科学——公共政策分析导论》，中国人民大学出版社2003年版，第293页。

政策评估工具模式以基础理论模型的方式引导着政策评估在实践工作中的应用和发展，在 Web of Science 数据库中，对"Policy Evaluation""Policy Assessment"等相邻关键词进行检索，通过文献研究可以发现，不同行业领域的政策评估都逐渐产生了其特有的评估工具模型（见表5-2），比如在生态环境、医疗健康、能源、气候、交通等领域；政策评估逐渐倾向重视事前的预评估、事后的影响评估，比如安全影响评估、财政影响评估等；在评估方式上，模型化、定量化的特点很明显。同时，政策评估的价值标准一直与经济社会发展保持一致，比如经济、效率、效果等；近些年的研究对于人文价值的关注越来越突出，比如公民参与、民主化、公共性等价值标准。

表 5-2　不同行业领域的学术研究中常见的政策评估工具模型

行业领域	政策评估高频标题词
医疗健康	Health Impact Assessment（健康影响评估）
	Health Policy Assessment（健康政策评价）
	Health Risks Assessment（健康风险评估）

续表

行业领域	政策评估高频标题词	
生态环境	Strategic Environmental Assessments（战略环境评价）	
	Ecological Impact Assessment（生态影响评估）	
	Climate Change Risk Assessment（气候变化风险评估）	
政策实施因素	政策评估高频标题词	
政策影响评估	Ex Ante Impact Assessment（事前影响评估）	
	Safety Impact Assessment（安全影响评估）	
	Fiscal Impact Assessment（财政影响评估）	
	Regulatory Impact Assessment（监管影响评估）	
	Sustainability Impact Assessment（可持续影响评估）	
政策风险评估	Social Risk Assessment（社会风险评估）	
	Policy Risk Assessment（政策风险评估）	
政策要素评估	Cost（成本）	Efficiency（效率）
	Quality（质量）	Effectiveness（效果）
	Economics（经济）	Performance（绩效）

资料来源：根据 Web of Science 数据库检索整理得出。

第二节　规制评估模式的主要类别

一　规制影响评估模式

随着世界大部分国家开始在经济领域实施放松规制，各国政府也着手转变政府规制的工具手段。同时，为了确保政府出台的经济规制政策能够坚持"更好地规制"的基本原则，比如不增加企业的额外负担、不直接干预经济、保持透明公正等，各国开始尝试一些检验规制政策的举措。1978年，美国总统 Jimmy Carter 签发《改善政府规制》（NO.12044），提出用"成本—收益分析"的办法衡量规制效率；1984年，德国颁布《联邦法规审查问题项目指令》，要求从严审查联邦政府制定的各项法案[①]。规制影

---

① 郑宁：《行政立法评估制度研究》，中国政法大学出版社2013年版，第59页。

响评估（RIA）作为政府规制的重要组成部分，逐渐在西方各国广泛应用，1995年OECD理事会、2006年欧盟将RIA引入经济规制的制度建构体系中，提出了一系列与RIA有关的条例、规章，协助成员国提高经济规制的规范性和整体效率。经合组织（OECD）和欧盟组织（EU）中的很多国家都在法律中明确了RIA的一般性指导原则。

理论上，RIA并没有统一的公式或法则以供参考。各国因为文化伦理、哲学基础、政治经济等外在环境差异，实施规制影响评估（RIA）的做法不尽相同。美国在设计RIA之初，便严格遵循经济学的成本—收益分析，一直延续至今，通过对规制政策的成本—收益分析法确定其可行性，如果成本收益率不合理，这项措施将面临被取消的风险。而欧洲的运用普遍更倾向于公共管理学中的规范评估方式；比如多重标准分析法，即在确定政策目标的同时，建构衡量政策目标完成情况的一系列标准，用评分方式综合比较规制政策的备选方案，评选出最合适、最能有效利用现有资源的一项；作为定性分析方法，多重标准分析法对成本—收益分析中无法量化的部分进行了有效的补充。[①] 英国更进一步将规制影响评估分为"三个阶段"和"两个重要测试"，"三个阶段"分别为初步规制影响评估（Initial-RIAS）、部分规制影响评估（Partial-RIAS）和最终规制影响评估（Final-RIAs）；"两个重要测试"是小企业影响测试（Small Firms Impact Teat）和竞争过滤测试（Competition Filter Test）。

举个例子，OECD早在1975年便设计出一套规制影响指标（REGIMPACT），主要测量非制造业以及在生产过程中利用非制造业的产出作为中间投入的那些经济部门在反垄断规制中的潜在成本。指标模型为 $REGIMPACT_{\kappa,t} = \sum_{j}^{n} REGNMI_{j,t}^{*} w_{j,k}$，即使用非制造业的规制程度（REGNMI）和总投入产出系数（W）两个变量，计算得出经济部门K从非

---

① Department of the Taoiseach, "RIA Guidelines: How to Conduct a Regulatory Impact Analysis", https://docplayer.net/10582207 - Revised-ria-guidelines-how-to-conduct-a-regulatory-impact-analysis.html, 2009.

制造业部门 J 那里获得的中间投入总量。这一指标模型已经用于 OECD32 个国家 37 个部门和 2 个非 OECD 国家。

在规制政策执行过程中的规制影响评估，主要体现在以下两个关键程序：①事前影响评估：明确规制方案的目标；预测规制风险；抉择实施方案；明确可行性方案评价过程中其他参与主体（主要是政府和小企业）的预期成本收益；明确各主体与规制机构之间的关系。RIA 评估模式提倡公众参与，以提高规制决策的透明度，增加信息来源和彼此沟通。②事后审查，即与事前影响评估的结果进行比较分析，审查政策实施后的成本收益、社会效应、风险、环境影响等结果，作为政策下一周期循环的重要参考。

经过多个国家的实践证明，RIA 对于改善政府规制的总体质量具有积极的作用。政府通过 RIA 报告的方式，通报信息来源和规制决策，提高了规制的可置信性，促进了规制政策的可持续发展。

二 物有所值评估模式

VFM（Value for Money）在国内被译为"资金价值"或"物有所值"评估，是指公共产品或服务在全生命周期内的成本与质量（或可用性）的最佳组合方式，以满足用户需求。VFM 并不是简单的最低投标价，具体来说，是指一个项目，政府采用 PPP 模式要付出的代价总和与采用传统体制要为项目付出的代价总和相比，如果 VFM＞0，则 PPP 模式从财务角度而言是可行的，常常被用来判断 PPP 模式是否更适合用于基础设施等公共产品的融资运营。

VFM 最早源于英国的"Value for Money Audit"（物有所值审计），在美国、澳大利亚、加拿大等多个国家被广泛应用，很多国家官方颁布了完整的 VFM 评价程序和评价指南。我国国家发改委于 2014 年 12 月出台《关于开展政府与社会资本合作的指导意见》，其中提到将"物有所值"审查结果作为决策的重要依据。2015 年 12 月，财政部发布《关于印发〈PPP 物有所值评价指引（试行）〉的通知》，2016 年修订《政府和社会资本合作物有所值评价指引》，进一步推动 VFM 在 PPP 项目中的应用，以促进 PPP 项目规范有序发展。

VFM 评估模式的国际通行做法都是以定量分析为主、定性分析为辅。定量分析的方法主要是指成本—收益分析和公共部门参照标准法（PSC）。成本—收益分析一般是通过比较项目的成本与预期效益来判断项目是否要实施，能够产生多大价值，并且设法将成本最小化、收益最大化。成本—收益分析通常用于评估需要量化社会效益的公共产品。成本—收益分析的评估指标有很多种，比如成本现值、收益现值、净现值、比值等。其中，净现值（NPV）是实际工作中运用较多的一种评估指标，即收益现值与成本现值的差值。美国一直坚持广泛使用成本—收益分析工具。公共部门参照基准法（PSC）是政府在参照类似项目的基础上，根据项目的实际情况制定出项目标杆成本，比较 PPP 项目的全生命周期成本与标杆成本，以此为依据进行项目决策。英国、澳大利亚、中国等国家都更倾向使用 PSC 进行"物有所值"评估。辅助性的定性分析方法主要是通过专家咨询和问卷调查的方式，对风险、全周期成本、创新空间、市场竞争和经济规模等方面进行专家检验，以主观判断为主。

实践中，中国在 PPP 模式推行过程中积极采用了 VFM 评估方式和其中的 PSC 工具，但是在倾向定性或定量的方法论上存在较大争论。定量分析作为更纯粹的经济分析，重视数据和模型分析，更加严谨和科学，但是定量分析需要较多的前期成本，如果项目较小则得不偿失，抑或针对市政公用事业等公共产品，定量分析方法很难做出公平价值、公共利益等方面的价值判断；因此，定量分析方法在公共产品领域存在较大局限。而定性分析是在我国 PPP 实践中运用较多的方法，但是由于没有统一的标准，评估成本较低，往往 PPP 项目前期的物有所值评估最终流于形式或被操纵，无法体现出政策评估的实质意义。也正是因为这些矛盾，为了防止 VFM 评估流于形式，财政部于 2016 年年底发布《政府和社会资本合作物有所值评价指引（修订版）》，在文件中进一步明确定量评估的地位，明确提出："中华人民共和国境内拟采用、已采用 PPP 模式实施的项目应开展物有所值初始定量和定性评价和中期评价。""初始物有所值评价按照先定量评价后定性评价的顺序进行。""中期物有所值只做定量评价,在项目开始运营后 3 年到 5 年内开展,考察物有所值实现程度,作为项目中期评估的组成部分"①。修订的方案选择了一条兼容的道路,通过综合利用几种方法,有效发挥其优势,增加物有所值评估的可操作性、科学性和一致性;但是,我国的物有所值评估仍然需要在实践中不断摸索、总结经验,将一系列方法以制度化、程序化的方式确定下来。

三 政策绩效评估模式

绩效管理以"绩效评估"对管理活动的全流程参与为核心方式,达到提高效率、统一组织目标、提升产品品质的目的;而 Wilson 认为,政府绩效评估意味着一种制度设计,在该制度框架下,以取得的结果而不是以投入要素作为判断公共部门的标准。②"绩效管理"的概念,被公认为最早于 20 世纪 70 年代由美国管理学家 Aubrey Daniels 首次提出,但绩效管理的实践雏形可以追溯到泰勒的科学管理运动。最初开始专门研究公共部门绩效管理的著作被公认为是《评估城市政府》和《市政工作衡量:行政管理评估标准的调查》。随后,1947—1955 年,美国胡佛委员会(The Hoover Commission)提出绩效预算制度,约翰逊总统时期进行设计计划预算制度(Planning-Programming-Budgeting System,PPBS)、零基预算(Zero-Based Budgeting,ZBB)、目标管理(Management by Objective,MBO)等一系列行政改革,真正开始实践政府绩效管理。

20 世纪 80 年代后期,绩效管理在工商企业的人力资源管理中广泛应用;具体而言,即组织通过人事考评将员工工作、劳动报酬与组

---

① 《关于征求〈政府和社会资本合作物有所值评价指引(修订版征求意见稿)〉意见的函》,http://jrs.mof.gov.cn/zhengwuxinxi/gongzuodongtai/201611/t20161107_2452544.html,2016 年 10 月 24 日。

② 范柏乃:《政府绩效管理》,复旦大学出版社 2012 年版,第 17 页。

织的目标紧密挂钩，达到激励员工工作积极性的目的，也被称为"战略性激励"，这一效用逻辑与激励性规制的目标与效用逻辑非常相似。20世纪70—80年代的新公共管理运动，旨在通过学习工商企业的做法，提高政府的行政效率、为公民顾客提供更高效和优质的服务，其中绩效管理作为重要的管理手段被积极引入公共行政管理体系中，并快速在世界各国广泛传播和应用，尤其是OECD国家纷纷建立政府绩效管理体系（M&E）。目前，绩效管理成为各国政府在公共行政中非常重视的管理工具之一，通过与管理行为相关的一系列绩效评估，对评估对象的成本、综合收益、效率、产品质量改进等关键性指标都有相对全面的了解，同时为政府再造、提升政策科学性提供有效支持。例如，美国联邦政府于1973年发布《联邦政府生产率测定方案》，通过3000多个绩效指标来评估政府的有效性；1976年，美国科罗拉多州颁布《日落法》（Sunset Law），通过对政府机构的工作及其执行情况进行全面审查，从而评估该机构是否继续有效和必要，最终决定机构是否需要撤销，由此解决机构膨胀问题；1993年，美国联邦政府颁布的《政府绩效与结果法案》（简称GDRA）成为美国首部针对政府绩效管理的立法，明确政府绩效评估的目的就在于"提高政府效率和管理能力，提高公共服务质量，建立和发展公共责任机制，提高公众的满意程度，改善社会公众对政府部门的信心"[①]；同时，成立全国绩效审查委员会（National Performance Review，NPR），全面将政府绩效管理在政务工作中明确落实，力求打造经济、效率的政府并接受人民的监督。

中国政府绩效管理的实践可以追溯到改革开放之初，当时的绩效管理没有上升到理论研究的高度，但在政府工作实践中提出了绩效审计、领导绩效考核、目标管理等管理手段，同时开展"目标责任制"和"效能监察"等改革。我国的国有企业率先推行绩效评价的管理方式，2006年4月，国务院国有资产监督管理委员会公布《中央企业综

---

① 包国宪、[美]道格拉斯·摩根：《政府绩效管理学——以公共价值为基础的政府绩效治理理论与方法》，高等教育出版社2015年版，第155页。

合绩效评价管理暂行办法》,旨在"加强出资人职责企业的财务监督,规范企业综合绩效评价工作,综合反映企业资产运营质量,促进提高资本回报水平,正确引导企业经营行为",同时明确考核办法为:"综合绩效评价,即以投入产出分析为基本方法,通过建立综合评价指标体系,对照相应行业评价标准,对企业特定经营期间的盈利能力、资产质量、债务风险、经营增长以及管理状况等进行的综合评判。"[1] 党的十六届三中全会明确提出建立预算绩效评价体系;党的十七届二中、五中全会中进一步提出推进政府绩效管理和行政问责制度、完善政府绩效评估制度;党的十八届三中全会提出严格绩效管理,突出责任落实,确保权责一致,通过多次会议,不断巩固和强化绩效管理在政府工作中的制度建设和基础性地位。2010 年,中共中央纪委、监察部增设绩效管理监察室,正式将绩效管理工作引入我国政府行政体系。2011 年 3 月,国务院批复建立政府绩效管理工作部际联席会议制度,联席会议由当时的监察部、中央组织部、中央编办、国家发改委、财政部、人力资源社会保障部(公务员局)、审计署、国家统计局、法制办九个部门组成,监察部为牵头部门,联席会议办公室设在监察部。绩效管理工作部际联席会议主要有五项职能,"一是研究提出加强政府绩效管理的相关政策和措施;二是组织协调和综合指导国务院各部门和各省(区、市)开展政府绩效管理工作;三是组织拟定政府绩效评估指标体系、程序和具体办法;四是组织推动和监督政府绩效管理各项工作的落实;五是研究与政府绩效管理工作有关的其他重大问题,向国务院提出建议"[2]。经过北京、吉林、广西等八个地区和国家发改委、财政部等六个部门的试点,最终在全国各省份全面开展政府绩效管理工作。随着经济的快速发展,我国开始着力深化经济体制改革,特别是在 2013 年,党的十八届三中全会《中共中央关于全面深化改革

---

[1] 《中央企业综合绩效评价管理暂行办法》,http://www.sasac.gov.cn/n2588035/n2588320/n2588335/c4259790/content.html,2006 年 4 月 7 日。

[2] 《马驭主持政府绩效管理工作部际联席会议第一次会议并讲话》,《中国纪检监察报》2011 年 4 月 28 日。

若干重大问题的决定》中明确指出:"完善发展成果考核评价体系,纠正单纯以经济增长速度评定政绩的偏向,加大资源消耗、环境损害、生态效益、产能过剩、科技创新、安全生产、新增债务等指标的权重……"①,逐步确立了政府绩效管理在行政体制改革中的基础性地位,同时,绩效管理、绩效评估等相关词语开始频繁出现在中央政府和地方政府的各类文件或公报当中。随着绩效管理理念深入各级政府工作实际,中央政府开始逐步推进绩效管理制度化、规范化。财政部门成为首先规范绩效管理工作的职能部门,2013 年 4 月,财政部关于印发《经济建设项目资金预算绩效管理规则》(2013 年第 65 号),进一步提高预算支出效率,加强资金预算的绩效管理。2018 年 9 月,国务院公布《关于全面实施预算绩效管理的意见》(2018 年第 29 号),进一步优化财政资金配置效率,加快全方位、全过程、全覆盖的预算绩效管理体系建设。2020 年 3 月,财政部印发《政府和社会资本合作(PPP)项目绩效管理操作指引》的通知,在 PPP 项目中开展全生命周期绩效管理工作。

随着人民民主意识的提升和政府现代公共管理理念的加强,原本单纯考虑 GDP 或 EVA(经济附加值)的量化指标已经很难全面分析和说明评估对象的业绩状况,而公共利益等定性类指标又难以加以量化,因此,在实际工作中,以定性为主、定量方法相辅助的绩效评估方式最为常见,表 5-3 对绩效评估常用方法进行了总结。

表 5-3　　　　　　　　　　绩效评估常用方法总结

类型		具体方式
定性分析方法	价值分析	以公共利益和国家利益为基本原则
	可行性分析	围绕政治、经济、技术、行政、社会等可行性展开
	主观预测	如德尔菲法、头脑风暴等
	社会调查	如抽样法、个案研究法、典型分析法等
	标杆管理	寻找基准参照物,进行类比式的指标设计

① 《中共中央关于深化改革若干重大问题的决定》,《人民日报》2013 年 11 月 16 日。

续表

类型		具体方式
定量分析方法	4E 指标评价	围绕经济性原则、效率性原则、效果性原则、公平性原则四方面
	平衡计分法	围绕财务、顾客、内部经营、学习与成长四个方面设计指标
	关键指标法	通过鱼骨图等分析方式,在众多指标中筛选关键性指标
	成本—收益分析	将成本与收益分别折现或贴现,分别量化、计算、分析
	层次分析法	分解评估对象的要素,建构包含目标层、准则层、指标层的模型,构成两两比较矩阵,计算权向量、组合权向量和进行一致性检验等
	模糊综合评价	确定评估对象的因素集和评价集,确定权重及其隶属向量,建构模糊评价矩阵;进行归一化运算,得出结论

有学者将两者进行更为紧密的结合,即以公共价值为基础进行政府绩效治理(Public Value Based Government Performance Governance,PV-GPG)[①]。无论从合理性或技术方面来说,综合性的绩效评估方法比公式化的纯定量评估分析具有更广泛的应用性和说服力。

首先,经济性定量分析更侧重将评估对象分解成为各项因子和数据,将个性化的评估对象普遍化;综合性绩效评估则超越经济学范畴的单一效率评价,以结果为导向,综合人文社会科学的定性因素和经济学定量分析的优点,更加有效体现政府的公共性、目标多元、非经济属性、平等价值等特征,更利于从全面合理、体现公民需要的角度评价政府行政行为的优劣,并有利于找到问题的根源。

其次,经济性定量分析难以摆脱公示模型的局限,很容易转变成为一般规律的判断;综合性绩效评估相对于纯粹沿用公式计算的定量研究更具灵活性,通过调整 KPI 的关键要素,可以完成重点不同、价值取向不同、主题不同的专项评估和分类评估等工作,不再受到公示模型、技术理性等因素的限制。

最后,经济性定量分析对评估对象的资料解构更彻底,基于分

---

① 包国宪、[美]道格拉斯·摩根:《政府绩效管理学——以公共价值为基础的政府绩效治理理论与方法》,高等教育出版社 2015 年版,第 20 页。

析方法的单一逻辑评估，不太需要多元参与；综合性绩效评估突破内部考评的局限，有意愿、有必要引入第三方评估机制，参与政府绩效评估的工作，更加体现出民主化、回应性和公民价值等现代管理理念。

第六章　市政公用事业激励性规制的实践评估

第一节　实践评估的背景概述

一　案例选择原因及关联性分析

（一）案例选择的原因及背景

1. 以市政公共道路工程项目为例

2013年8月,《国家发展改革委关于印发2012年西部大开发工作进展情况和2013年工作安排的通知》要求:"加快推进基础设施建设,继续加强交通建设。""加强市政公用基础设施建设。""进一步加大中央财政对西部地区均衡性转移支付力度。"① 直至2020年5月,《中共中央　国务院关于新时代推进西部大开发形成新格局的指导意见》中再次提出:"强化基础设施规划建设","到2035年,西部地区基本实现……基础设施通达程度、人民生活水平与东部地区大体相当"②。

本书基于市政公用事业中的激励性规制展开。基础设施建设是市政公用行业中最为根本性的建设项目,而其中的市政公共道路工程项

---

① 《发改委要求下半年加快推进西部铁路公路等项目》,https：//news.yantuchina.com/10461.html,2013年8月27日。
② 《中共中央　国务院关于新时代推进西部大开发形成新格局的指导意见》,http：//www.gov.cn/zhengce/2020-05/17/content_5512456.htm,2020年5月17日。

目又是基础设施建设中最基础的部分。因此，本书选择公共道路工程建设的政府采购，即招投标过程中发生的一系列投入产出、规制机构为了规范和激励项目运行而采取的激励性规制措施作为本书的评估分析对象，通过对项目政府采购过程的信息进行采集和提取，评判项目成效，进一步评估政府激励性规制的作用，最终得出实践评估结论。

2. 以广西壮族自治区首府南宁市为调研选点

评估案例立足广西壮族自治区首府南宁市，将南宁市的市政道路工程招投标工作作为委托代理样本，主要出于调研便利的考虑。市政道路工程项目数量多、项目细节繁杂，就近调研更容易调查到有效数据和观测到关键性指标。并且，南宁市的城市市政道路建设情况具备基建工程的典型特点，比如项目难度大、融资难、周期长等。南宁市近几年城市建设大提速，打造交通立体化城市，道路工程的支出占交通运输支出五成以上。

通过对政府招投标网站公开信息的整理统计可以发现，2014—2016年三年间，工程类公开采购的项目931个，其中道路工程采购项目231个，占工程类采购项目比例为24.7%；招标成功的工程类采购项目544个，其中道路工程采购项目147个，占工程类采购项目比例为27%。2014—2016年三年间，2014年道路工程投入34745238.26元，占当年南宁市交通运输支出的58.44%；2015年道路工程投入38827700元，占当年南宁市交通运输支出的58.91%；2016年道路工程投入31936500.89元，占当年南宁市交通运输支出的50.88%[①]。

3. 以政府采购为激励性规制实践样本

本书以基础设施建设为评估重点，聚焦公共道路工程建设，尤其是以规制合同形式的政府采购活动为政策评估焦点。评估分析将工程招拍挂过程中的政府行为、中介机构、投标企业行为等作为评估客体，以此评判规制机构在与市场主体合作过程中，委托代理关

---

① http://www.purchase.gov.cn/index.do.

系形成过程中所体现出的政府规制强度，以及其中的激励性规制效用问题。

（二）案例与主题关联度分析

案例选择的评估对象与激励性规制研究的关联度非常紧密，能够体现出政府规制委托代理过程中市场准入、定价、运行环节中诸多激励性工具的运用。

一是市场准入环节，公共道路工程的招投标过程属于特许投标规制或称为特许经营招投标工具运用；政府与工程代理方签署的合同属于社会契约规制工具的运用。

二是市场定价环节，公共道路工程项目虽然不算是规模性行业产业，但同样在合同中规定了财政预算包干数额、固定成本（如土方、砂石等）价格上限和项目验收标准等条款，而这些内容则属于市场定价环节中的价格上限规制和成本—收益规制工具的运用。

三是市场运行环节，委托代理双方对于道路工程的建设方案、验收标准等，都以委托代理双方协商结果确定，并以绩效合同的方式列在协议中，这种做法恰恰符合市场运行环节的菜单规制和协商规制的工具运用模式。公共道路工程的招投标项目在政府官方网站平台上进行招标公告、代理人公示等诸多信息公开，可以说是少数信息高度透明的产业规制领域之一，这些公开的信息恰恰能够用来进行声誉规制，一些关键性总价等数据公式能够成为标尺竞争工具的部分依据。

二 指标体系建构的原则

绩效评估指标体系与政府采购项目不同阶段、不同利益主体都有着密切关系，科学建构指标体系可以有效分析出政府采购中的政府规制行为、激励性规制效用，科学评价政府采购项目的总体绩效，有助于采购方（监管方）和供应商都能够客观、公正地评测预期目标的完成程度、评估政策执行总体效率和效能状况、明确政府激励性规制的目标达成度。本书实践评估案例的绩效指标体系建构大致遵循以下原则。

（一）将价值评判和多元评估有机结合

本书实践评估指标体系建构将综合第三代评估和第四代评估的理念，即充分考虑政府规制行为中的规范性、合理性，政府和市场互动过程中的透明、公开等价值判断因素，同时站在多方利益主体的角度评判激励性规制的回应性、资源均衡配置等因素。

（二）将定量指标与定性分析有机结合

实际上，与公共道路工程项目招投标等工作有关的绩效因素非常多，既有客观定量指标（如财政资金状况），也有主观定性指标（如制度合理性）。为保证绩效评估指标的建构能够遵循客观、准确的原则。在本书的指标体系建构中，坚持尽量以客观定量指标为主、主观定性指标为辅的原则，合理量化主观定性指标，确保最终评估结论客观、公正、合理。

（三）覆盖全局，突出重点

本书的绩效评估涉及政府采购过程，同时又有意兼顾政府激励性规制行为，其中牵涉的流程烦琐、主体众多、制度复杂、范围广泛，指标体系的设计必须能够覆盖全局，同时注意突出所要考核的关键性环节。因此，本书采用关键指标法不断精简指标项，保证指标间互相排斥又彼此相关，同时考虑分析数据的可获取性，最终筛选确定的指标项都是有必要考核且承载关键性信息的内容，提高了实践评估的有效性、可操作性。

第二节 实践评估的设计思路

一 实践评估的项目范围

实践评估重点针对南宁市道路工程项目中的路基、路面、排水建设等项目的招标投标活动，表6-1详细介绍了道路工程构成内容。评估指标体系的建构主要参考《公路工程建设项目招标投标管理办法》

(交通运输部令 2015 年第 24 号公布），该办法为规范公路工程建设项目招标投标活动，完善公路工程建设市场管理体系，根据《中华人民共和国公路法》《中华人民共和国招标投标法》《中华人民共和国招标投标法实施条例》等法律、行政法规制定的，适用于中华人民共和国境内从事公路工程建设项目勘察设计、施工、施工监理等的招标投标活动。

表 6-1　　　　　　　　　　道路工程构成

分部工程	子分部工程	分项工程
道路工程	路基土方工程	旧路床挖除、土方路基、路基防护
	排水工程	沟槽开挖、沙砾垫层、预制块铺砌下水井改造
	涵洞工程	沟槽开挖、回填、涵身施工、洞口工程
	路面工程	级配沙砾底基层、级配碎石基层、透层油封层、中粒式沥青、混凝土 AC-16C、粘层油、细粒式改性沥青混凝土 AC-13F、土路肩硬化、培土路肩、人行道

实践评估案例立足广西壮族自治区首府城市南宁市，对 2014—2016 年南宁市公共道路工程建设政府采购项目进行绩效评估考核。本书选择 2014—2016 年的招投标公开数据作为评估依据，主要原因在于公共道路工程建设周期较长，2014—2016 年的招标项目大部分已经完工验收，有助于绩效评估所有指标项目的数据采集，同时兼顾事后评估相关指标的评价，完整反映政府激励性规制效用。

二　指标体系的基本框架

公共道路工程项目一般通过公开招标方式进行政府采购，整个过程大致有三方利益相关者共同参与，即采购主体（一般兼任政府规制职能）、招标代理方、中标供应商，对这一过程进行绩效评估旨在帮助项目参与各方，特别是对工程项目"招拍挂"的投入、过程、产出、效果等进行有效监管。绩效评估主要以结果导向的管理方式来评判公共政策或公共项目的效能，因此，本书的实践评估将采用绩效评估效果模式中的"系统单元—综合评估模式"为基本模式，即将政府采购的全流程进行系统性、单元化分割，分为投入、过程、产出、效果四个系统单元。同时，兼顾采购主体的规制职能，将激励机制对利益相关者的效用评估分为机构、过程、评审、奖惩四个方面，最终对公共道路工程政府采购项目的政府激励性规制的实践效果进行综合评估。评估分析在本章第二节详细阐述。

三 指标体系的分析逻辑

本章绩效评估指标体系主要有两个逻辑线，评估也以此分为两个步骤。

首先，对公共道路工程项目政府采购全流程进行绩效评估，一级指标为投入、产出、过程、效果，考查项目综合质量、综合效益，二级指标体现利益相关者的关键行为及其效益等。

其次，在项目整体评估的基础上，对政府激励性规制措施及其效益进行绩效评估，指标体系重点从利益相关者（即采购主体、招标代理方、中标供应商三方主体）的行为出发，主要以各级政府出台的政府采购中涉及激励效用的奖惩制度及其实施为依据，对采购代理机构、采购行为过程、采购评审工作、采购项目奖惩管理四个一级指标建构评估指标体系，考查关键性的利益相关者、关键工作流程中的激励性规制措施对公共政策或项目产生的效用。透过全部评估指标体系及其最终评价结果，审视公共道路工程项目政府采购项目的监督约束机制是否存在影响及其所达到的效用如何。

由于激励性规制行为并不是规制机构的独立职能，更多体现在规制机构规范市场主体的行为和项目推进合作和实施的过程中，体现在一些规制合同或者行政法规的具体条款及其实施中，不能简单化地单独进行绩效评估。因此，必须首先对项目招投标和执行情况有基本的把握和判断，需要综合公共政策或项目进程的全过程要素进行绩效评估，才能够在此基础上对激励性规制行为进行评判（见附表1和附表2）。

第三节 实践评估的指标体系

一 评估体系标准分析阐述

（一）评估样本选择

本书的分析样本来源于南宁市政府采购网，并依据针对性、代表性、科学合理性等条件，对资料进行筛选、抽样、整理分析，数量符合统计分析要求。

第一轮从上万条招标采购信息中筛选出南宁市2014—2016年三年间政府采购中标的572个工程类项目的有关信息。

第二轮从572个信息中进一步筛选南宁市招标成功并最终成交的道路工程147个项目（其中2014年67项，2015年37项，2016年43项）（见附表5）的规模、数量、采购主体、中标供应商和招标代理方等相关信息。

第三轮对已选择的项目进行抽样，随机抽选样本总数100，按照2014—2016年道路工程项目的分布比例逐年抽样，抽样结果为：2014年抽取45项，2015年抽取25项，2016年抽取30项（见表6-9）。从已抽出的100个样本中整理出采购主体、招标代理方和中标供应商的名录，其中采购主体12个，招标代理方1个，中标供应商55个。

（二）指标标准依据

本书的绩效评估指标标准主要分为强制性标准和非强制性标准。强制性标准主要依据国家相关的政策、法律法规比如《中华人民共和国招投标法》《公路工程质量管理办法》《公路工程建设项目招标投标管理办法》《建筑工程施工许可管理办法》等强制性规定。非强制性标准主要根据计划标准和执行标准，计划标准即前期制定的项目目标、实施计划、项目预算、工程定额等标准，这些标准主要来源于招标公告，中标公告，采购公告，项目建议书，项目的可行性研究报告，立项批复文件，概算文件，资金计划文件，采购主体、中标供应商和招标代理机构的信用奖罚信息，相关的关于奖罚的法律法规等；执行标准即在招标采购完成后，中标供应商对项目实施及项目完工后所产生的社会和经济效益以及政府对采购主体、中标供应商的奖罚信息进行考核。

绩效评估中的定量指标数据主要来自南宁市政府采购网、采购主体网站（如南宁市住建委）、相关新闻报道、中标供应商官网（如广西城建咨询有限公司）和采购监督机构网站（如广西住建厅）等。绩效评估中的定性指标数据主要通过媒体采访报道或实地调研访谈相结合的方式获得。

（三）指标权重确定

1. 政府采购绩效评估指标的权重确定

根据财政部 2011 年印发的《财政支出绩效评价管理暂行方法》，运用层次分析法，将公共道路工程项目的绩效评估体系分为投入、过程、产出和效果 4 个一级指标、7 个二级指标、15 个三级指标、25 个单项评分（见附表 1、附表 3）。表 6-2 具体说明绩效评估表一级指标体系的权重分配方案及理由。二级、三级指标体系的指标解读在附表 1 中有具体阐述，这里不再赘述。

表 6-2　　　　　绩效评估表一级指标体系权重说明

一级指标	一级指标权重分配		权重分配理由
投入	45%	20%	重点考核项目采购前期、中期准备和投入情况，这阶段的工作对项目的立项规范性、目标合理性和招投标工作是否能够顺利进行有重要的影响和作用
过程		25%	重点考核中标供应商的资质、采购主体的财务管理及采购监督单位的监督情况，这阶段的工作直接关系到项目产出和质量，占比更重

续表

一级指标	一级指标权重分配		权重分配理由
产出	55% 本着绩效评估"结果导向"原则，适度倾斜产出、效果指标的考核比重	15%	重点考核项目结果，比如道路工程是否按照施工图纸设计、安全系数和质量是否达到国家标准等多项指标，对整个项目的评估结论起到重要影响
效果		40%	重点考核整个工期及建成后对周边生活、生产及环境的影响，这也是本书绩效评估重点关注的领域，作为最重要的部分，占权重比例最大

2. 激励性规制绩效评估指标的权重确定

依据国务院、财政部、广西区政府和南宁市政府颁发的针对公共道路工程招投标监管、工程质量监管等法律法规，比如《中华人民共和国招投标法》《公路工程质量管理办法》《公路工程建设项目招标投标管理办法》《建筑工程施工许可管理办法》等设计指标，最终确定政府规制机构对采购代理单位、采购活动过程、采购评审工作、采购项目的事后奖惩四个方面的监督管理工作展开绩效评估考核。

利用美国绩效评估专家奥西多的逻辑模型确定二级指标，采用反向指标权重设计，即先确定二级指标各项目的权重数值，根据绩效评估的根本目标和各项指标对激励性规制行为的重要程度，最终确定各项一级指标的权重比例（见表6-3）。激励性规制绩效评估考核体系总指标值为100分，有4个一级指标、10个二级指标、25个单项评分，取4分为中位数，根据不同评分项在激励工作中的重要性和价值来适当提高或降低分值比重（见附表2和附表4）。

表6-3　　　激励性规制评估指标二级指标体系权重说明

二级指标	二级指标权重分配	权重分配理由	一级指标	一级指标权重分配
1.1 政府采购代理机构资格认定	8%	考核政府采购代理机构的采购规范性，包括2个打分项	1. 规制机构对采购代理机构的监督管理	26%
1.2 政府采购代理机构名录登记	8%	考核政府采购代理机构名录登记是否合法合规，包括2个打分项		

续表

二级指标	二级指标权重分配	权重分配理由	一级指标	一级指标权重分配
1.3 政府采购代理机构监督检查	10%	考核政府采购代理机构的违法行为，包括2个打分项。对代理机构的行为影响更为直接，加重权重值	1. 规制机构对采购代理机构的监督管理	26%
2.1 公共资源交易中心开展政府采购活动	14%	考核财政部门（特指交易中心）是否有效、规范地监督政府采购行为，包括4个打分项，"管办分离"原则更多体现委托代理双方的行为规范和制约，加重权重值，设为5分，其他为3分	2. 规制机构对采购活动过程的监督管理	36%
2.2 规范政府采购行政处罚	10%	考核规制机构对参加政府采购活动的供应商、采购代理机构、评审专家的违法行为的调查，包括2个打分项，都涉及规制机构主动规制行为，加重权重值		
2.3 政府采购主体、供应商和代理机构管理	12%	考核规制机构对政府采购代理机构的信用评价是否符合规范，包括3个打分项，都直接反映了声誉激励规制		
3.1 政府采购评审专家管理	10%	考核政府对采购评审专家专业性和资质的管理是否符合要求，包括2个打分项。由于评审专家是政府与采购代理机构之间重要的联系人，起到信息沟通的桥梁作用，加重权重值，设置5分一项	3. 规制机构对采购评审工作的监督管理	22%
3.2 规范政府采购评审监督工作	12%	考查政府采购评审委员会展开工作的规范情况，包含4个打分项，权重比值为3分一项		
4.1 政府采购供应商投诉处理	6%	考核政府采购供应商的投诉处理事宜，包含1个打分项，财政部门能否规范处理投诉，移交相关部门。起到约束激励的作用，加重权重值	4. 规制机构对政府采购项目的奖惩管理	16%
4.2 对道路工程项目政策措施成效予以激励或问责	10%	考察道路工程重大项目的奖惩机制，包含2个打分项。最直接体现激励性规制的考核条款，加重权重值		
合计				100%

（四）评分标准确定

针对公共道路工程项目绩效评估以及其激励性规制绩效评估的权重情况，参考评估综合标准及分级方法，根据阈值原则给出判别标准，见表6-4。

表6-4　　　　　　　绩效评估评分标准及说明

一级指标	评分区间设定	备注
投入	18分≤总分≤20分，评定为优	评定为优，各个单项指标基本满分
	15分≤总分＜18分，评定为良	
	13分≤总分＜15分，评定为中等	
	00分≤总分＜13分，评定为差	
过程	22分≤总分≤25分，评定为优	评定为良，各个单项指标基本达到良以上的评分
	19分≤总分＜22分，评定为良	
	14分≤总分＜19分，评定为中等	
	00分≤总分＜14分，评定为差	
产出	14分≤总分≤15分，评定为优	评定为中等，个别单项指标影响整体评价，单项指标中等居多
	12分≤总分＜14分，评定为良	
	10分≤总分＜12分，评定为中等	
	00分≤总分＜10分，评定为差	
效果	36分≤总分≤40分，评定为优	
	30分≤总分＜36分，评定为良	
	25分≤总分＜30分，评定为中等	
	00分≤总分＜25分，评定为差	
政府激励机制绩效评估	80分≤总分≤100分，评定为优	评定为差，调查的主体对象问题较多，评分以差居多
	70分≤总分＜80分，评定为良	
	60分≤总分＜70分，评定为中等	
	00分≤总分＜60分，评定为差	
加总分值评价等级	90分≤总分≤100分，评定为优 80分≤总分＜90分，评定为良 70分≤总分＜80分，评定为中等 0分≤总分＜70分，评定为差	

二 绩效评估细则分析阐述

（一）政府采购评估分析

1. "投入"维度

结合项目立项规范性、项目目标合理性及资金到位率的总分，最终得分为20分，无扣分项，评价等级为优。

（1）招标立项

①项目立项规范性：根据招投标法第二章有关规定，重点考察采购主体需要招标的项目是否严格按照招投标法中规定的程序申请和设立，提交符合要求的文件、材料，并且在招标采购前进行必要的可行性研究、专家论证、风险评估、集体决策等准备工作；通过对网站公开全部项目中的147个成交项目的随机抽样调查，通过查找相关的资料和询问相关工作人员，得出分数。无扣分项，总分为6分，评价等级为优。

②项目目标合理性：根据招投标法第16条对招标公告的有关规定，采购单位或采购代理机构的招标公告都能依法进行编制，并在国家指定的报刊、信息网络或其他相关媒介公布；招标文件的编制遵守招投标法的规定、符合国家相关法律法规，文件的各项技术标准符合国家强制性标准，满足招标人要求；招标代理机构与项目实施单位或委托单位职责无密切关系。通过对网站公开全部项目中的147个成交项目随机抽样调查，进行招标公告和招标文件编制的评估，全部符合国家相关法律法规，招标代理机构和与委托单位之间职责务密切相关，无扣分项，总分为6分，评价等级为优。

（2）资金分配

按照预算法的规定，"用于专款专项的资金不能挪为他用"[①]。根

[①] 《中华人民共和国预算法》，http://www.npc.gov.cn/npc/xinwen/2019-01/07/content_2070252.htm，2019年1月17日。

据广西财政厅发布的 2014—2016 年的政府预算表和决算表、相关部门资金使用表、广西每年度资金处分及相关工作人员匿名调查,对政府采购项目的资金分配进行评价打分。在评分过程发现财政部门按照法律要求分配和下达的资金,相关工作人员熟悉法律法规;项目的资金分配结果合理,无相关人员表示异议,无扣分项,总分为 8 分,评价等级为优。

2. "过程"维度

结合对项目资金情况、项目实施情况和财务监控有效性的评估,最终得分 19 分,扣 6 分,评分等级为良好。

(1) 资金落实

资金到位率:据《建筑工程施工许可管理办法》规定:"建设工期不足一年的,到位资金原则上不少于工程合同价的 50%,建设工期超过一年的,到位资金原则上不得少于工程合同价的 30%。"① 通过随机调查 147 个项目的采购监督单位、访问部分项目工作人员和查找资料,各个项目都按照《建筑工程施工许可管理办法》规定发放建设资金,得分 5 分,评价等级为优。

(2) 财务管理

①资金使用合规性:采购主体按照相关国家财经法规和财务管理制度和有关专项资金管理方法的规定管理有关专项资金的分工安排、组织协调和统筹管理,项目实施部门负责按照项目专项资金预算范围内按计划合理使用专项资金,财务部门通过完整的审批程序和手续拨付有关专项资金。无扣分项,总分为 4 分,评价等级为优。

②财务监控有效性:中标供应商的财务部门制定或具备相应监控机制,对项目实施单位的资金进行组织统筹,但具体的资金实施由项目实施单位自行安排,存在监控不到位等问题;财务部门根据专项资金拨付文件跟踪资金使用计划,对专项资金项目的资金预算、财务决

---

① 《建筑工程施工许可管理办法》第 4 条第 8 款,http://www.mohurd.gov.cn/fgjs/jsbgz/201409/t20140901_218863.html,2014 年 6 月 25 日。

算进行监控检查,但财务检查的措施或手段存在不完整性。扣2分,总得分为4分,评价等级中等(见表6-5)。

表6-5　　　　　　　　指标项2.2.2评分依据解读

评分标准	评分	综合评分
1. 是否已制订或具有相应的监控机制(满分:3分)	随机访问147个项目的采购监督单位、相关人士和查找相关资料,147个项目的采购监督单位已制订相应的监控机制,得分2分。但是相关机制未能逐步完善,扣1分	2分
2. 是否采取了相应的财务检查等必要的监控措施或手段(满分:3分)	随机访问147个项目的采购监督单位、相关人士和查找相关资料,其中被调查的100个项目中,有一半的采购监督单位未能采取相应的财务检查等必要的监控措施或手段,扣1分,得分2分	2分
综合评定	6分:优;5分:良;4分:中等;4分以下:差	总得分:4分 总评:中等

(3) 业务管理

①管理制度健全性:部分较成熟的招标代理机构依照法律法规相关规定制订或具有相应业务管理制度,但业务管理制度不完善,存在漏洞、项目多次更正等问题,例如南宁市良晖街(五象大道—延庆路)工程1标段采购项目在2016年4—6月三个月内对采购文件进行了10次更正公告,说明其招标代理机构业务不精。在查阅2014—2016年的道路工程项目中,存在部分中标后20天的公示期内被投诉质疑的项目,其中有24个项目被废标,主要原因为开标过程中未能按照规范开标流程进行操作。扣2分,总得分为2分,评价等级为中等(见表6-6)。

表6-6　　　　　　　　指标项2.3.1评分依据解读

评分标准	评分	综合评分
1. 是否已制订或具有相应的业务管理制度(满分:2分)	调查147个成交项目招标代理机构,通过查找招标公告,招标代理机构已制订或具有相应的业务管理制度,得分1分。但是相关的业务管理制度不完善,扣1分	1分

续表

评分标准	评分	综合评分
2. 业务管理制度是否合法、合规、完整（满分：2分）	调查147个成交项目，通过查找招标公告，通过更正公告的数量，评估招标代理机构业务管理制度是否合法、合规、完整。147个成交项目招标代理机构业务管理制度合法，得分1分。但是在对业务人员培训方面少，业务人员业务不精，导致招标文件更改次数多，扣1分	1分
综合评定	4分：优；3分：良；2分：中等；1分：差	总得分：2分 总评：中等

②制度执行有效性：中标供应商在招投标过程中遵守相关法律法规，但业务管理规定本身存在漏洞，供应商无法全面遵守其各自的业务管理制度规定；招投标过程中的项目合同书、验收报告、技术鉴定等资料齐全，但归档过程中出现延期现象，未能及时整理归档项目相关文书资料；部分项目存在人员条件、场地设备、信息支撑等没有落实到位，很多工程项目出现工程延期的现象。扣2分，总得分为4分，评价等级为中等（见表6-7）。

表6-7　　　　　　　　指标项2.3.2评分依据解读

评分标准	评分	综合评分
1. 是否遵守相关法律法规和业务管理规定（满分：2分）	通过查找147个成交项目的中标供应商的公司介绍，在"中国政府采购网"查找被处分和记录在案的供应商名单，147个项目的中标供应商都能够遵守相关法律法规和业务管理规定，得1.5分。但部分中标供应商没能将业务管理规定更好地落实到本公司，扣0.5分	1.5分
2. 项目合同书、验收报告、技术鉴定等资料是否齐全并及时归档（满分：2分）	随机访谈147个项目的采购主体，调查中标供应商项目的合同书、验收报告、技术鉴定等资料是否齐全并及时归档，通过调查，绝大多数的中标供应商资料齐全并及时归档，得1.5分。部分中标供应商未能及时归档，扣0.5分	1.5分
3. 项目实施的人员条件、场地设备、信息支撑等是否落实到位（满分：2分）	随机访谈147个项目的采购主体，调查中标供应商项目实施的人员条件、场地设备、信息支撑等是否落实到位。通过调查，绝大多数的中标供应商未能及时完成工期，施工人员不足，设备不足，信息支撑不足，扣1分	1分

续表

评分标准	评分	综合评分
综合评定	6—7分：优；5分：良；4分：中等；4分以下：差	总得分：4分 总评：中等

3. "产出"维度

结合实际完成率、质量达标率和成本节约率的总分，最终得分11.5分，扣3.5分，评价等级为中等。

（1）项目完成基本数据

①实际完成率：预计招标的项目和招标成功项目的比率。从成交公告中抽取成交供应商完工的相关信息中2014—2016年公共道路工程项目（见表6-8），其中预计招标总数为172个，废标24个，流标1个，最后成交项目147个，实际完成率为85.47%。得分为4分，评价等级为良。

表6-8　　　　2014—2016年道路工程项目招标完成情况　　　单位：个

年份	道路工程总数	道路工程项目废标总数	道路工程项目流标总数	成交的道路工程项目总数
2014	87	10	0	67
2015	33	8	1	37
2016	52	6	0	43
合计	172	24	1	147

资料来源：南宁市政府采购网公开数据。

②质量达标率：在一定时间内，工程质量达标产出占实际产出的百分比。根据《市政道路工程质量检验评定标准》的规定，进行质量评估，道路工程质量达标率需达到100%。本书从施工合同中抽取2014—2016年签订道路工程施工项目100个，并调取工期完工后的质量检验报告，其中质量达标被评为合格的有100个项目（见表6-9），无扣分，总分为5分，评价等级为优。

表6-9　随机抽取的2014—2016年道路工程质量达标情况

序号	项目编号	是否合格	序号	项目编号	是否合格
1	NNZC2015-20213A	合格	31	NNZC2014-20133A	合格
2	NNZC2015-20185A	合格	32	NNZC2014-20113A	合格
3	NNZC2015-20051A	合格	33	NNZC2014-20140A	合格
4	NNZC2015-20048A	合格	34	NNZC2014-20132A	合格
5	NNZC2015-20056A	合格	35	NNZC2014-20146A	合格
6	NNZC2015-20070A	合格	36	NNZC2014-20013A	合格
7	NNZC2015-20079A	合格	37	NNZC2014-20105A	合格
8	NNZC2015-20043A	合格	38	NNZC2014-20069A	合格
9	NNZC2015-20101A	合格	39	NNZC2014-20106A	合格
10	NNZC2015-20096A	合格	40	NNZC2014-20128A	合格
11	NNZC2015-20102A	合格	41	NNZC2014-20089A	合格
12	NNZC2015-20104A	合格	42	NNZC2014-20117A	合格
13	NNZC2015-20123A	合格	43	NNZC2014-20111A	合格
14	NNZC2015-20128A	合格	44	NNZC2014-20090A	合格
15	NNZC2015-20169A	合格	45	NNZC2014-20107A	合格
16	NNZC2015-20167A	合格	46	NNZC2014-20043A	合格
17	NNZC2015-20170A	合格	47	NNZC2014-20103A	合格
18	NNZC2015-20212A	合格	48	NNZC2014-20095A	合格
19	NNZC2015-20168A	合格	49	NNZC2014-20104A	合格
20	NNZC2015-20230A	合格	50	NNZC2014-20098A	合格
21	NNZC2015-20162A	合格	51	NNZC2014-20099A	合格
22	NNZC2015-20240A	合格	52	NNZC2014-20080A	合格
23	NNZC2015-20241A	合格	53	NNZC2014-20079A	合格
24	NNZC2015-20229A	合格	54	NNZC2014-20042A	合格
25	NNZC2015-20175A	合格	55	NNZC2014-20070A	合格
26	NNZC2014-20182A	合格	56	NNZC2014-20087A	合格
27	NNZC2014-20172A	合格	57	NNZC2014-20084A	合格
28	NNZC2014-20155A	合格	58	NNZC2014-20063A	合格
29	NNZC2014-20148A	合格	59	NNZC2014-20047A	合格
30	NNZC2014-20154A	合格	60	NNZC2014-20078A	合格

第六章　市政公用事业激励性规制的实践评估　189

续表

序号	项目编号	是否合格	序号	项目编号	是否合格
61	NNZC2014-20040A	合格	81	NNZC2016-20088A	合格
62	NNZC2014-20034A	合格	82	NNZC2016-20089A	合格
63	NNZC2014-20033A	合格	83	NNZC2016-20110A	合格
64	NNZC2014-20022A	合格	84	NNZC2016-20087A	合格
65	NNZC2014-20023A	合格	85	NNZC2016-20105A	合格
66	NNZC2014-20026A	合格	86	NNZC2016-20086A	合格
67	NNZC2014-20016A	合格	87	NNZC2016-20107A	合格
68	NNZC2014-20045A	合格	88	NNZC2016-20085A	合格
69	NNZC2014-20016A	合格	89	NNZC2016-20039A	合格
70	NNZC2014-20009A	合格	90	NNZC2016-20042A	合格
71	NNZC2016-20174A	合格	91	NNZC2016-20069A	合格
72	NNZC2016-20183A	合格	92	NNZC2016-20063A	合格
73	NNZC2016-20167A	合格	93	NNZC2016-20069A	合格
74	NNZC2016-20155A	合格	94	NNZC2016-20014A	合格
75	NNZC2016-20156A	合格	95	NNZC2016-20035A	合格
76	NNZC2016-20114A	合格	96	NNZC2016-20001A	合格
77	NNZC2016-20113A	合格	97	NNZC2016-20003A	合格
78	NNZC2016-20120A	合格	98	NNZC2016-20002A	合格
79	NNZC2016-20079A	合格	99	NNZC2016-20017A	合格
80	NNZC2016-20090A	合格	100	NNZC2016-20071A	合格

资料来源：南宁市政府采购网公开数据。

③成本节约率：工程类项目前期资金投入巨大，为了保证工程的质量，更加不能保证成本节约到位。中标供应商主要是根据所建设的道路级别来确定项目标价，很难统计确定成本节约率。因此，最终确定将道路工程项目普遍的达标指标率15%作为本单项指标的参考标准，平均值为15%以下作为安全节约率，100个项目中有50个项目超过15%的成本节约率（见表6-10），扣分2.5，评价等级为差。

表 6-10　抽取的 100 份样本的成本节约率情况

序号	项目编号	中标公告成交金额	招标公告预算金额	成本节约率（%）
1	NNZC2015-20213A	26973406.89	35399505.74	23.8
2	NNZC2015-20185A	78397018.53	88294100	11
3	NNZC2015-20051A	130012990	153773400	15.45
4	NNZC2015-20048A	2733706.31	3728261	26.67
5	NNZC2015-20056A	30628838.56	35528700	13.79
6	NNZC2015-20070A	3685336.97	3131403.99	-17.69
7	NNZC2015-20079A	2254675.09	3009800	25.09
8	NNZC2015-20043A	45966747.56	54351251	15.43
9	NNZC2015-20101A	3365092.75	4737783.76	28.97
10	NNZC2015-20096A	84741007.78	102473800	17.3
11	NNZC2015-20102A	16871897.32	22471000	24.92
12	NNZC2015-20104A	58699981.98	64823100	9.44
13	NNZC2015-20123A	51767843.87	61713858	16.17
14	NNZC2015-20128A	150541938	157593700	4.47
15	NNZC2015-20169A	80867027.28	78551603	-2.95
16	NNZC2015-20167A	48306200.46	46465600	-3.96
17	NNZC2015-20170A	85389627.85	90846500	6
18	NNZC2015-20212A	2446481.51	2728378	10.33
19	NNZC2015-20168A	115536524.6	124350700	7.1
20	NNZC2015-20230A	5044525.02	6706016.76	24.77
21	NNZC2015-20162A	2457531.73	3316457	25.9
22	NNZC2015-20240A	93345674.67	110451100	15.48
23	NNZC2015-20241A	97992468.58	119489400	17.99
24	NNZC2015-20229A	49377226.58	72953700	32.32
25	NNZC2015-20175A	27236964.82	34241600	20.45
26	NNZC2014-20182A	436369206	552019000	21
27	NNZC2014-20172A	6377542.03	6881900	7
28	NNZC2014-20155A	91019552.65	128066500	29
29	NNZC2014-20148A	58788393.55	62956400	7

续表

序号	项目编号	中标公告成交金额	招标公告预算金额	成本节约率（%）
30	NNZC2014 – 20154A	4376011.7	5125507.24	15
31	NNZC2014 – 20133A	204842445.46	219221200	7
32	NNZC2014 – 20113A	15035373.99	18003800	17
33	NNZC2014 – 20140A	240617626.9	266620400	1
34	NNZC2014 – 20132A	66864395.83	73371200	9
35	NNZC2014 – 20146A	431584145.77	494385200	13
36	NNZC2014 – 20013A	174600000	212616700	18
37	NNZC2014 – 20105A	48975040.8	54786200	11
38	NNZC2014 – 20069A	37035944.96	47481400	22
39	NNZC2014 – 20106A	1485379.75	21327500	31
40	NNZC2014 – 20128A	3146019.51	3820570	18
41	NNZC2014 – 20089A	3705120.75	4544300	19
42	NNZC2014 – 20117A	42126978.72	46661100	1
43	NNZC2014 – 20111A	81496352.55	82988191.25	2
44	NNZC2014 – 20090A	36268777.65	46134200	22
45	NNZC2014 – 20107A	68416060.05	84467600	2
46	NNZC2014 – 20043A	31620407.31	43799500	28
47	NNZC2014 – 20103A	18463124.12	27376800	33
48	NNZC2014 – 20095A	111081617	117420000	6
49	NNZC2014 – 20104A	31321640.35	42659300	27
50	NNZC2014 – 20098A	53519854.16	84011700	37
51	NNZC2014 – 20099A	43458636.55	64105400	33
52	NNZC2014 – 20080A	118225568.19	125033536	6
53	NNZC2014 – 20079A	74171436	100013000	26
54	NNZC2014 – 20042A	24910500.43	30342500	18
55	NNZC2014 – 20070A	91838289.17	93589600	2
56	NNZC2014 – 20087A	101929546.15	115810100	12
57	NNZC2014 – 20084A	14021983.14	16571800	16
58	NNZC2014 – 20063A	6256298.82	9797800	37
59	NNZC2014 – 20047A	10478752.66	13805000	25

续表

序号	项目编号	中标公告成交金额	招标公告预算金额	成本节约率（％）
60	NNZC2014-20078A	151263458.35	172017900	13
61	NNZC2014-20040A	38824706.27	48439400	2
62	NNZC2014-20034A	84542150	102573682	18
63	NNZC2014-20033A	74369572	91137534	19
64	NNZC2014-20022A	81043151.93	108094489	26
65	NNZC2014-20023A	94162731.28	120587083	22
66	NNZC2014-20026A	4311483.49	4565533	6
67	NNZC2014-20035A	71234291.25	98057100	27
68	NNZC2014-20045A	10833000	13246300	19
69	NNZC2014-20016A	33013690.13	41040900	2
70	NNZC2014-20009A	492828500	600421800	12
71	NNZC2016-20174A	57189244.79	66749400	14.32
72	NNZC2016-20183A	60560405.14	61589036	1.67
73	NNZC2016-20167A	35474737.5	37613791.86	5.69
74	NNZC2016-20155A	11989979.94	16415300	26.96
75	NNZC2016-20156A	62520549.22	67780759.87	7.76
76	NNZC2016-20114A	140176985.6	160135500	12.46
77	NNZC2016-20113A	15305096.39	15310000	0.03
78	NNZC2016-20120A	106422343.1	107893900	1.36
79	NNZC2016-20079A	53098577.81	57630222	7.86
80	NNZC2016-20090A	45695788.46	52664300	13.23
81	NNZC2016-20088A	49001959	57080500	14.15
82	NNZC2016-20089A	50720228.18	56601100	10.39
83	NNZC2016-20110A	9906416.9	14037400	29.43
84	NNZC2016-20087A	9105305.95	10415400	12.58
85	NNZC2016-20105A	63075118.51	70703068.75	10.79
86	NNZC2016-20086A	10884918.14	13174800	17.38
87	NNZC2016-20107A	1650354.73	24863055.81	33.62
88	NNZC2016-20085A	4327962.23	4671300	7.35
89	NNZC2016-20039A	3714365.15	4101500	9.44

续表

序号	项目编号	中标公告成交金额	招标公告预算金额	成本节约率（%）
90	NNZC2016-20042A	9527326.77	14226900	33.03
91	NNZC2016-20069A	3804009.6	4448610	14.49
92	NNZC2016-20063A	8605218.93	11455708.39	24.88
93	NNZC2016-20069A	3804009.6	4448610	14.49
94	NNZC2016-20014A	24326966.49	28984400	16.07
95	NNZC2016-20035A	7339088.67	7814500	6.08
96	NNZC2016-20001A	134912204.2	160328400	15.85
97	NNZC2016-20003A	211935694.4	198662060.4	-6.68
98	NNZC2016-20002A	152848428.2	216605669.7	29.43
99	NNZC2016-20017A	26534368.79	33340500	20.41
100	NNZC2016-20071A	4895538.55	5394433	9.25

资料来源：根据南宁市政府采购网公开资料整理。

4. "效果"维度

结合经济效益、社会效益和环境效益的总分，最终得分29分，扣11分，评价等级为中等。

①经济效益：公路发展对沿线经济有辐射作用，促进沿线地区的开放，扩大融资规模和投资力度；刺激沿线地区经济发展，提升经济发展实力；同时，公路发展促进企业之间、城市之间，以及本地区的产业优化与升级。这部分的考核点主要依据2014年以后的相关新闻报道和南宁市交通局路段的运输基本情况通报进行评估。通过调查，道路建设完工开通后对沿线经济以及运输行业都有着极大的经济影响，无扣分项，经济效益的总分为10分，评价等级为优。

②社会效益：一是对沿线居民生活的影响，根据新闻报道、参考南宁市环保局2014—2016年度环境公报进行评估，多项资料反映出噪声对居民的生活影响很大，环境机械设备（如车辆行驶等）成为城市生活的主要污染源。实地考察的施工现场，超过半数存在不同程度的噪声污染问题。扣3分，得分4分。二是对周边社会其他

生产经营的影响，道路施工工程有利有弊，根据新闻报道，道路修建后，方便居民出行，为周边生产经营带来进一步生机；但是道路周期长，建设过程为周边生活带来较大不便。扣2分，得分6分。社会效益指标项最终总得分为10分，扣5分，评价等级为中等（见表6-11）。

表6-11　　　　　　　　指标项4.1.2评分依据解读

评分标准	评分	综合评分
1. 对周边居民生活的影响（满分：7分）	多家媒体曾报道，南宁市出城公路的夜间运输车辆多，影响到周边居民的睡眠质量，扣3分	4分
2. 对生产经营的影响（满分：8分）	工程周期长，建设过程为周边生活带来较大不便，扣2分	6分
综合评定	13—15分：优；11—12分：良；10分：中等；10分以下：差	总得分：10分 总评：中等

③环境效益：这部分评估主要根据新闻报道并参考南宁市环保局环境公报以及走访调查环卫等工作人员。环境效益主要对水环境、大气环境、植被破坏等方面综合评价。水环境主要指施工过程中产生的废水（如模板冲刷等）混入生活污水，对水体造成污染；大气环境主要指施工过程、运输过程及施工现场产生的扬尘，施工机械排放的燃油废气和汽车尾气污染等有毒有害气体；植被破坏主要指施工过程对道路两边的植物造成的不可避免的破坏。从微观角度看，环境效益直接反映在道路工程建设中的路面排水能力，比如是否有积水、是否有污泥等。在随机抽取的100个项目中，大约每10条道路建设就会发现有一条有积水问题，部分地段在施工期间挖路带来的泥沙在雨天会堵塞下水道，导致排水不畅。综合项目在施工中和施工后对生态的影响做出评分，扣6分，总得分为9分，评价等级为差（见表6-12）。

表 6-12　　　　　　　　　指标项 4.1.3 评分依据解读

评分的标准	评分	综合评分
1. 开工期间，对环境的影响（满分7分）	通过大量新闻报告和走访发现项目开工期间对水环境、大气环境和生态环境影响很大，扣4分，得3分	3分
2. 雨天路面排水系统是否完善（满分8分）	平均10条道路完工后就有一条积水排水系统好。但部分路段施工期间，排水系统不畅，扣2分，得6分	6分
综合评定	13—15分：优；11—12分：良；10分：中等；10分以下：差	总得分：9分 总评：差

经过对 4 个维度、25 个单项指标的评估，最终得出 2014—2016 年南宁市政府采购公共道路工程的绩效评估总分为 79.5 分，评价等级为良。

（二）激励机制评价分析

政府规制行为的激励性机制具体到公共道路工程的招投标领域中，主要是指政府在采购过程中，对采购主体、中标供应商、招标代理机构等单位采取的有督促、激励作用的机制建设及其具体行为。通过招投标制度能够反映招标主体（政府）与被招标客体（采购主体、供应商、招标代理机构及其监督单位）之间的委托代理关系特别是其中的具有激励作用的规定，进一步明确招标主体作为规制方如何通过制度、法律法规对作为规制客体的代理机构进行激励，以促进其在规范合法经营的同时，能够依法获利；也包括规制机构依据有关法律、法规对采购主体、供应商、招标代理机构进行相应的奖惩，同样达到激励市场主体及其市场行为的目的。

1. 规制机构对采购代理机构的监督管理

规制机构对采购代理机构的监督管理主要依据财政部门发布的一系列对采购代理机构的监督管理办法制定评估指标，包括对采购代理机构的资格认定、名录登记、常规检查三个部分，经过调查走访，规制机构（这里重点指财政部门）对采购代理机构的监管严格按照相关规定展开，没有发现违规行为的公告或处罚信息。无扣分项，总分为26分，评价等级为优。

(1) 政府采购代理机构资格认定

本指标根据2018年3月起实施的《政府采购代理机构管理暂行办法》，考核政府规制机构是否按照办法规定对政府采购代理机构进行相应的资格认定和业务限定监管，采购代理机构是否依据资格条件规范采购行为。根据对南宁市财政部门的走访、对代理机构资格公示等资料的查阅，财政部门对代理机构进行了标准统一的资格认证工作。无扣分项，总分为10分，评价等级为优。

(2) 政府采购代理机构名录登记

本指标根据财政部2018年2月公布的《关于做好政府采购代理机构名录登记有关工作的通知》第五条"严格落实政府采购行政处罚结果"[①]和《政府采购代理机构管理暂行办法》第二章"名录登记"相关条款制定[②]。考核政府采购代理机构是否按规定进行了名录登记；名录登记是否符合通知要求，比如经过考察评分，对被禁止参加政府采购活动的代理机构，省级财政部门及时将其从名录中移除，并停止其信息发布和专家抽取等操作权限；政府采购活动的代理机构在处罚期中不允许其经营。根据调查，政府采购代理机构的没有出现因违法违规行为而被除名等情况，财政部门严格按照通知规定执行代理机构名录登记工作。无扣分项，总分为6分，评价等级为优。

(3) 政府采购代理机构监督检查

本指标根据财政部《关于2017年开展全国政府采购代理机构监督检查工作的通知》和《政府采购代理机构管理暂行办法》第四章"信用评价及监督检查"相关条款设计。通过查阅有关的处罚类新闻和公告，走访法院、检察院和财政部门等相关工作人员，财政部门实际工

---

① 《关于做好政府采购代理机构名录登记有关工作的通知》，http：//www.ccgp.gov.cn/zcfg/mof/201802/t20180224_9605557.htm，2018年2月24日。

② 《政府采购代理机构管理暂行办法》，http：//www.ccgp.gov.cn/zcfg/mof/201801/t20180111_9468265.htm，2018年1月11日。

作中对涉及采购主体、政府采购代理机构和评审专家等主体的违法违规线索进行了延伸检查，并按照规定对查实的违法违规行为依法做出处理处罚，得分5分。根据纪检监督部门公布的信息，对招投标过程中公职人员的行政行为进行了有针对性的监管，并没有发现公职人员涉嫌违纪的行为，得分5分。总分为10分，无扣分项，评价等级为优。

2. 规制机构对采购活动过程的监督管理

通过对政府采购行为过程的调查研究，从交易中心规范行政行为、是否存在违法行为记录、代理机构信用评价等方面综合评判，最终得分31分，总评为良。

（1）公共资源交易中心开展政府采购活动

本指标设计根据财政部2014年发布的《关于公共资源交易中心开展政府采购活动有关问题的通知》（财库〔2014〕165号）第三条："各级财政部门应依法履行对政府采购活动的监督管理职责，对进入交易中心的政府采购项目执行情况加强监督检查，依法受理供应商投诉，对违反政府采购法律法规的行为进行处理和处罚。"① 详细的评分依据见表6-13，总得分为12分，评价等级为良。

表6-13　　　　　　　指标项2.1评分依据解读

评分的标准	评分	综合评分
1. 财政部门是否依法履行对政府采购活动的监督管理职责，对进入交易中心的政府采购项目执行情况加强监督检查，依法受理供应商投诉，对违反政府采购法律法规的行为进行处理和处罚（满分：3分）	根据政府采购网、招投标网等官网发布的公告，查找交易中心是否存在违法违规行为，对照财政部门监督检查体系，得出考核分数。由于财政部门的监督检查制度并不清晰明确，扣1分，得2分	2分
2. 财政部门对纳入交易中心的集中采购机构是否要求加强考核、指导和培训，促进落实政府采购政策功能等（满分：3分）	通过随机调查交易中心的工作人员，咨询财政部门是否定期召开培训会，发现实际工作中财政部门对集中采购机构有相应培训，但是频次极少，有流于形式的倾向。扣1分，得2分	2分

① 《关于公共资源交易中心开展政府采购活动有关问题的通知》，http：//www.ccgp.gov.cn/zcfg/mof/201711/t20171121_9199155.htm，2017年11月21日。

续表

评分的标准	评分	综合评分
3. 财政部门是否坚持落实"管采分离"的政府采购管理体制，财政部门不得违法采取授权、委托或者共同管理等方式，将政府采购的监管职责交由其他机构行使（满分：5分）	通过调查，考察到财政部门坚持落实"管采分离"体制，得5分	5分
4. 对涉及政府采购活动的违法违规问题，交易中心是否向政府采购监督管理部门如实反映情况，配合做好监督检查和投诉处理工作（满分：3分）	通过调查，考察到交易中心向政府采购监督管理部门如实反映涉及政府采购活动的违法违规问题和情况，配合做好监督检查和投诉处理工作，得3分	3分
综合评定	13—14分：优；11—12分：良；9—10分：中等；0—8分：差	总得分：12 总评：良

（2）规范政府采购行政处罚

本指标设计根据财政部2015年发布的《关于规范政府采购行政处罚有关问题的通知》（财库〔2015〕150号）第二条"各级人民政府财政部门依法对参加政府采购活动的供应商、采购代理机构、评审专家做出的禁止参加政府采购活动、禁止代理政府采购业务、禁止参加政府采购评审活动等行政处罚决定，要严格按照相关法律法规条款的规定进行处罚，相关行政处罚决定在全国范围内生效"和第三条"各级人民政府财政部门要依法公开对政府采购供应商、采购代理机构、评审专家的行政处罚决定，并按规定将相关信息上传至中国政府采购网开设的'政府采购严重违法失信行为记录名单'，推动建立政府采购供应商、采购代理机构、评审专家不良行为记录制度，加强对政府采购违法失信行为的曝光和惩戒"。① 通过调阅相关处理处罚新闻，走访法院、检察院、财政部门有关工作人员，可以确定财政部门严格按照规定监督采购行为，没有发现公职人员违法违纪行为公示。没有扣分，总分为10分，评价等级为优。

---

① 《关于规范政府采购行政处罚有关问题的通知》，http://www.ccgp.gov.cn/zcfg/mof/201509/t20150915_5851552.htm，2015年9月9日。

(3) 政府采购主体、供应商和代理机构信用管理

本指标设计根据2018年1月发布的《政府采购代理机构管理暂行办法》(财库〔2018〕2号)第四章第17条:"财政部门负责组织开展代理机构综合信用评价工作。采购主体、供应商和评审专家根据代理机构的从业情况对代理机构的代理活动进行综合信用评价。综合信用评价结果应全国共享。"详细的评分依据如表6–14所示,总得分为9分,扣3分,评价等级为良。

表6–14   指标项2.3评分依据解读

评分标准	评分	综合评分
1. 行业协会、媒体等对采购主体、供应商和评审专家的从业情况和代理活动进行综合信用评价(满分:4分)	通过查阅"信用中国"网站和国家企业信用信息公示系统,到行业协会、媒体机构调研发现,对招投标行为中的采购主体、供应商和评审专家的从业情况和代理活动进行专门性综合信用评级少之又少,扣2分,得2分	2分
2. 财政部门是否建立健全定向抽查和不定向抽查相结合的随机抽查和相应的奖惩机制(满分:4分)	根据财政部门公布的抽查信息,可以看出财政部门已经建立健全定向抽查和不定向抽查相结合的随机抽查机制,但从被调查年份看,抽查频次不高,效用不明显。扣1分,得3分	3分
3. 对代理机构的监督检查结果是否在省级以上财政部门指定的政府采购信息发布媒体向社会公开(满分:4分)	通过查找政府采购网等媒体信息平台,代理机构的监督检查结果已经在省级以上财政部门指定的政府采购信息发布媒体向社会公开,无扣分项,得4分	4分
综合评定	11—12分:优;9—10分:良;7—8分:中等;6分及以下:差	总得分:9分 总评:良

3. 规制机构对采购评审工作的监督管理

采购评审工作是政府采购工作中的关键性环节,评审工作的规范合理性将在很大程度上影响政府采购的科学性。通过对评审专家、评审监督两项工作的管理活动进行评估,最终得分为21分,评价等级为优。

(1) 政府采购评审专家管理

本指标设计根据财政部2016年印发的《政府采购评审专家管理办

法》(财库〔2016〕198号)第四条:"财政部负责制定全国统一的评审专家专业分类标准和评审专家库建设标准,建设管理国家评审专家库;省级人民政府财政部门负责建设本地区评审专家库并实行动态管理,与国家评审专家库互联互通、资源共享……"① 根据走访调查,抽样审核2014—2016年道路工程招标的评审专家资质,同时抽查财政部门是否将专家名单纳入全国评审专家库。调查结果显示,财政部门积极负责地建设本地区评审专家库并且实行动态管理,与国家评审专家库互联互通、资源共享,得分5分;根据调查南宁市财政部门工作人员及评审专家,南宁市财政部门依法履行对评审专家的监督管理职责,但相应的监督管理制度建设滞后,没有进一步细化和具体化,可操作性不够强,有待改进,扣1分,得分4分。总得分为9分,评价等级为优。

(2) 规范政府采购评审监督工作

本指标设计根据财政部2012年发布的《关于进一步规范政府采购评审工作有关问题的通知》(财库〔2012〕69号)第三条"严肃政府采购评审工作纪律"的相关规定②。通过走访财政部门、政府采购代理机构等有关人员,大体了解到政府采购的评审工作基本符合通知规定,评审委员会成员、工作规范等都严格按照规定执行,总得分为12分,评价等级为优。

4. 规制机构对政府采购项目的奖惩管理

激励可以分为正面激励和负面激励两种情况,具体到工作机制上就是奖惩制度,这是最直接反映激励性机制效用的内容。通过对政府采购中的投诉管理、奖励或问责管理的考察评估,最终得分为14分,评价等级为优。

---

① 《财政部关于印发〈政府采购评审专家管理办法〉的通知》,http://www.ccgp.gov.cn/zcfg/mof/201702/t20170208_7908707.htm,2016年11月28日。
② 《财政部关于进一步规范政府采购评审工作有关问题的通知》,http://www.ccgp.gov.cn/zcfg/mof/201310/t20131029_3587680.htm,2012年6月26日。

(1) 政府采购供应商投诉处理

本指标制定根据财政部 2017 年发布的《政府采购供应商投诉处理办法》(财政部令第 20 号) 第 25 条 "财政部门在处理投诉过程中, 发现被投诉人及其工作人员、评标委员会成员、供应商有违法行为, 本机关有权处理、处罚的, 应依法予以处理、处罚; 本机关无权处理的, 应转送有权处理的机关依法处理"[1]; 2018 年修订发布的《政府采购质疑和投诉办法》中的规定: "财政部门处理投诉事项原则上采用书面审查的方式", "财政部门处理投诉事项, 需要检验、检测、鉴定、专家评审以及需要投诉人补正材料的, 所需时间不计算在投诉处理期限内" 等[2]。通过财政部门公布的处罚信息, 财政部门在处理投诉过程中, 严格按照该规定执行, 规范处理投诉事务。总分 6 分, 评价等级为优。

(2) 道路工程项目政策措施成效予以激励或问责

本指标制定根据 2016 年南宁市发布的《关于对各县区(开发区)贯彻落实中央、自治区和南宁市政策措施成效予以激励或问责的通知》(南府办〔2016〕52 号) 第八条 "对受到通报表扬的县区(开发区) 优先给予一定的新增建设用地计划指标奖励, 奖励指标在年度市级土地利用计划中单独列出, 纳入计划执行管理。同时, 受到通报表扬的县区(开发区) 符合开展城乡建设用地增减挂钩、工矿废弃地复垦利用等试点的, 给予试点指标奖励" 和第九条 "对受到通报表扬的县区(开发区) 纳入市级层面统筹推进重大项目清单的重大项目, 若项目推进进度较快且上级财政安排的补助资金已全部使用完毕的, 市各相关部门财政专项资金优先支持受到通报表扬的县区(开发区) 符合投向的市级层面重大项目, 并酌情提高补助比例。(由市发改委、

---

[1] 《政府采购供应商投诉处理办法》, http://czj.np.gov.cn/cms/html/czj/2017-09-06/1745886833.html, 2017 年 9 月 6 日。

[2] 《政府采购质疑和投诉办法》, http://www.mof.gov.cn/mofhome/tfs/zhengwuxinxi/caizhengbuling/201801/t20180102_2791704.html, 2017 年 12 月 26 日。

财政局、各有关业务主管部门负责组织实施)"。① 通过政府采购等网站的公告信息、走访调研相关部门，很难找到任何工程项目受到通报表扬的公示公告等，但从财政局、交通局前期工作经费使用情况中可以发现，南宁市各相关部门财政专项资金做到了优先支持一些县区（开发区）符合特定原因的投向的市级层面重大项目。从调研的情况看，部分项目负责方认为资金发放不够及时，因此这一项酌情扣2分，最终得分8分，评价等级为良。

经过对4个维度、10个二级指标、25个给分点的评估，最终得出2014—2016年南宁市政府采购工程类道路工程中的激励性规制绩效评估总评成绩为92分，评价等级为优。

第四节　实践评估的综合评判

通过对市政公共道路工程招投标工作及其激励性规制机制的绩效评估指标相关数据资料的调查，本节客观评述2014—2016年南宁市道路工程项目政府采购行为以及政府激励机制的效用情况，评判政府委托代理行为的整体效益和效用状况，并且通过部分指标的剖析能够发现委托代理行为中的不足。

一　政府采购项目前期工作

根据绩效评估指标分析，实践评估案例中的前期投入工作规范合理，没有突出问题。根据《招投标法》相关规定，评估过程中随机抽取的委托代理项目的申请程序、招标文件等文书的前期准备健全、规范，能够严格根据法律规定，有步骤、按程序准备完备。已完成招投

---

① 《南宁市人民政府办公厅关于对各县区（开发区）贯彻落实中央、自治区和南宁市政策措施成效予以激励或问责的通知》，http://www.nanning.gov.cn/xxgk/xxgkml/jcxxgk/zcwj/zf-wj/t756055.html，2016年9月18日。

标工作的项目的档案材料在相应的委托方、代理方、中标供应商三方都有相应的存档保存，以备查验。从招标项目三方主体的业务范围看，招投标工作也都符合国家规定和机构业务范围，没发现违规或超范围招投标情况。实践评估案例中抽取的公共道路工程项目的建设资金都来源于各级地方政府的财政资金，通过查阅历年的政府预算、决算报告，其中基础设施建设方面的资金使用没有发现违规违纪等行为；在调研走访过程中，也没有发现关于资金分配方面的反馈意见。总体来说，实践评估案例中的政府采购招投标的前期投入工作是规范、合理、公开的，为接下来的采购工作铺垫了良好的基础。

二 工程项目实施过程

政府采购项目实施，即工程项目已经完成招拍挂程序，确定了政企双方的委托代理关系，双方根据相关法律法规的规定和签订合同的条款要求，具体履行各自的职责，通过相应的监督机制，保质保量将工程项目落实、验收、完工的全部过程。根据考核目标的需要，本案例的评估重点关注了工程项目实施过程中的资金落实及其管理问题、工程实施过程中的业务管理问题。通过评估调研的信息资料显示，2014—2016年，所有工程项目都能够严格按照《建筑工程施工许可管理办法》的要求足额按时拨款；财务预算、决算和相关资料都是齐全的，没有发现任何关于资金使用违规问题，可以认为工程款的使用符合相关规定。

在基础设施建设工程项目的资金使用监督管理制度方面，《南宁市政府投资项目管理办法》、工程合同文本中都有相关规定，但各部门、各单位的具体实施却千差万别，资金监管力度和频次各不相同，没有形成统一规范的管理机制，增加了资金使用规范方面的隐患。招投标的业务管理方面存在比较明显的问题，只从南宁市招投标网站上公开的信息便可以看到很多频繁更正的公告，被抽选的2014—2016年的招投标项目中也有一些项目被投诉、被撤销或废标，而这些现象背后的根源都是企业提交信息不规范不准确、代理机构流程投标不规范或监管机构监管不到位等；同时，很多工程项目存在延期交工的问题，其根源是中标供应商本身不具备完善的施工能力和施工条件。

通过对项目实施过程的绩效评估可以看出，从基础设施建设招投标到施工中出现的问题，很多源于制度不健全、执行不规范、监督不到位，只有通过不断强化政府规制力度、完善制度建设和全流程管理，才能够进一步保障工程项目的政企之间委托代理关系的可靠性和项目实施的高效率。好的方面在于，通过绩效评估调研工作可以看到，政府招投标的大量信息在相关网站得到公示，过程做到了公开、透明，为社会监督、同行监督提供了有效的渠道和平台，相应地也为工程项目的有效落实提供了第三方监督的保障。

三 政府采购项目综合产出

政府采购项目的实际产出有很多评判标准，本书只从保量、保质、保效益三个方面来评判政府采购项目的综合产出状况。

①"保量"这一指标采取实际完成率作为衡量依据，即（政府采购公共道路工程项目的实际招投标数量/计划招投标数量）×100%。通过南宁市政府采购网站的公开数据统计计算，2014—2016 年南宁市实际通过的公共道路项目的招投标项目完成率为 85.47%，存在一定比例流标、废标的现象，从"保量"的角度看，并未完全按计划实现政府采购。在政府采购中，流标或废标通常是由于有效投标供应商不足三家，无法依法开标造成的。废标的原因除了实质响应供应商不足三家之外，还有可能存在影响采购公正的违法违规行为、投标人报价均超过采购预算或者采购项目出现重大变故而取消。流标的原因基本上与招标方有关，虽然也表现为实际响应的供应商不足三家，但根源主要在于：招标方对未来的供应商的资质要求过高而导致有能力响应的企业不多；招标公告中排他性条款过多而导致符合条件的企业过少；招标公告中所涉及的资金不合理，比如最高投标限价过低，利润空间

不够有吸引力；招投标公告投放宣传力度不够，但这种可能性比较小。本案例实际别抽取的样本中，流标情况只有一例，其他都显示为废标。

②"保质"这一指标采取了质量达标率作为衡量依据，即（政府采购公共道路工程项目的质量达标产出数量/实际全部产出数量）×100%。从随机抽取的100个样本中，实际验收达标合格率为100%，说明南宁市实现政府采购并建设完工的公共道路工程项目都能够达到委托代理要求，按照合同规定完成了施工，通过了《市政道路工程质量检验评定标准》的验收评估，最终验收合格。这从另一个侧面说明，在公共道路工程建设方面，南宁市住建委等部门作为委托方能够严格履行监督职责，有效地管控工程质量。

③"保效益"这一指标采取了成本节约率作为衡量依据，即〔（计划成本－实际成本）/计划成本〕×100%。实际上，成本收益率是最直接地反映"保效益"问题的指标核算值，但从公开数据中无法获得"收益"一项的数据，作为商业机密，被调研的实际施工中标商也无法提供真实数据为研究所用，只能选择可获取的成本节约率核算值作为本案例研究依据。同样依据随机抽取的100个样本，对比这些工程的招标公告预算金额和中标公告成交金额，以此判断南宁市财政资金在这些项目中的成本节约情况，考虑到各项目建设道路的级别不同、原材料成本浮动率等因素，允许一定程度超过预算金额数，最终根据道路工程项目普遍采取的15%（含）达标率阈值作为参考标准，即成本节约率低于15%的都属于安全节约率。而100个样本中有一半都超过了15%的阈值，也就是说，一半项目都没能够按照预算标准达成委托代理。从调研访谈中可以找到这一现象的部分原因：从中标供应商的角度来说，工程类项目前期资金投入巨大，在委托方监管严格的情况下，为保工程质量，首先就要保证资金充足；其次，要保证工程的净收益，谈判中必须要逐项洽谈，企业不想在任何一项投入中亏本贴钱，或者说，在这项中贴了钱，在其他项目中就要补偿回来，最终确定的成交价超过预算也属常态；而招标的采购委托方以政府及其下属

建设部门为主，对原材料的成本价格浮动、市场通胀率等因素的敏感程度不高，前期设计招标公告时很难准确把握工程预算金额，核算预算更多基于经验主义的办法。总之，招标预算金额与中标公告中的成交金额有差异是情理之中，但造成较大幅度差异的工程数量不在少数，而这些情况实际上是可以在一定程度上避免的。

四　工程项目外部效应

市政公共道路工程作为基础设施建设项目，经济、社会、环境等各方面综合效益显而易见，道路畅通为人民生活带来极大便利，繁荣沿线地区经济，激发周边产业和上下游产业的升级优化，扩大就业机会，改善人民生活。与此同时，公共道路建设也会为沿线地区带来一定的负面影响，道路工程建设破坏原有的生态平衡与已有的绿化系统，对大气环境、噪声环境、水环境等造成一定影响。评估调研过程中，能够看到诸多公共道路工程建设中产生的社会问题和环境问题。

（一）社会收益方面的影响

从长远角度看，公共道路工程的建设无疑对周边经济会产生积极影响，但是施工建设过程中产生的生活便利问题却不容忽视，特别是在被调研的南宁市这一问题更是突出。由于资金问题、土质差异引起工程建设难度等问题，南宁市多条道路建设周期在五年以上，以南宁市地铁轨道建设一项为例，地铁一号线建设2008年年底动工，直到2016年12月28日才全线通车，历时8年，一号线沿线25个站点、32.1千米，沿线经过南宁市最重要的路段，8年的施工期对市民出行、对沿线经济运营都产生巨大的负面影响，其代价不容忽视。

（二）噪声污染方面的影响

城建区内施工工地产生的噪声污染一直是南宁市民反映较大的问题。为了解决声环境问题，南宁市人民政府于2018年5月印发实施《南宁市区环境噪声污染专项整治行动工作方案》，其中，南宁市环保局加强与市大行动办、城乡建委、城管局、公安局等部门的协调联动，对施工单位违法违规施工行为加大惩戒力度，相关违法信息被录入"信用中国"网站进行公开①。同时，市政府加快推动环保信息发布系统项目中有关噪声功能区监测站建设，目前已完成项目初步设计、投资概算及政府招标文件编制，进入招标程序。2018年上半年，南宁市区1—4类功能区昼间噪声均能达到国家标准，其中，夜间噪声达标率46.4%，同比上升17.5个百分点。应该说，南宁市政府在严格噪声监管方面已初见成效。在一些靠近居民居住区的道路工程现场调研可以发现，南宁市已经做到严禁夜间大规模施工，进一步合理选择施工工序，在敏感区域附近施工时增设轻型震动施工设备，减薄路基每层填料厚度，并增加碾压遍数与铺筑层数，使施工噪声对居民造成的影响减到最小。

（三）空气质量方面的影响

我国大部分城市都存在雾霾问题，在特定季节、特定气候下，雾霾扬尘对城市空气质量造成巨大影响，而雾霾问题与城市内的道路、建筑施工工程量的增加有必然的联系。南宁市曾经在城市绿化、空气质量方面长期处于全国前列，但随着南宁市地铁建设工程的沿线布局越来越广，工程周期一再延长，南宁市超过三年出现了雾霾问题。为了解决空气质量问题，南宁市委、市政府办公厅于2017年年底印发《南宁市打赢"蓝天保卫战"，建立治尘长效机制工作方案》，建立治尘长效机制，重点开展五大整治行动，即"两点一线"（即消纳场、工地和运输线路）污染大整治、工业及交通排放污染大整治、焚烧烟尘污染大整治、工程车辆扬尘污染大整治、裸露土地扬尘污染大整治。其中，严控建设工地扬尘污染，要求全市所有在建工地（包括无证施工工地），重点是土方工程和扬尘工地，纳入网格化管理和24小时视频监控；同时方案进一步将建设工地扬尘管控措施落实不到位的施工单位纳入信用考评，与企业参与招投标挂钩，提高土方作业和运输招

---

① 《多措并举治理噪声污染　声环境质量获有效改善》，《南宁日报》2018年6月18日。

标的门槛。① 2018年6月，南宁市政府进一步深化扬尘污染治理，在建成区范围内全面开展建设工程现场搅拌砂浆整治工作，要求全部使用预拌砂浆，减少施工现场干散砂石、水泥现场堆放量90%以上，并减少筛选黄沙、水泥拆包、搅拌时的粉尘排量，大大减少了城市粉尘污染。② 2019年，南宁市区空气质量达标天数比例为91.2%，市区环境空气质量实现连续三年稳定达标；南宁的空气质量在全国168个重点城市中排名第17位；2019年，南宁市荣获全国"2019美丽山水城市"称号，是全国唯一连续三年蝉联这一称号的城市。③

（四）水环境方面的影响

南宁市属于温湿的亚热带气候，一年集中雨季超过四个月，城建区内的公共道路工程在施工过程中产生大量泥沙，一遇大雨便会造成路面污水横流，大量混有泥沙的污水排入下水管道，在管道下方或排放末端的河流中形成泥沙淤积问题；部分道路因为泥沙过多，堵塞排水道，造成雨天积水内涝问题，不仅影响道路交通、居民生活，在某些地段（如桥洞等低洼处），由于内涝过深，甚至威胁行人安全。在调研中可以看到，泥沙污染类的问题没有得到根本性解决，施工方也表示处理难度较大，特别遇到梅雨季节，施工难度本身已经增加，污水问题更加难以解决。在工程施工标准中，这是一项综合性的工作，废水应集中排放到沉淀池中；沉淀后及时清理淤泥，施工设备应避免油污滴漏问题，最终减少工程施工对水环境造成污染。同时，通过加快主体工程中的绿化工程、排水工程等水保设施的建设进度，控制项目区域范围内的水土流失；施工结束后产生的取土弃土应及时种植绿化，从而减少因道路施工而造成的对自然环境的干扰，保护并进一步

---

① 《南宁建立治理扬尘长效机制　全市在建工地视频监控》，《南国早报》2017年12月14日。
② 《我市进一步深化扬尘污染治理，今年建设工程现场全部使用预拌砂浆》，《南宁日报》2018年6月14日。
③ 《南宁市去年空气质量达到6年最好，全国排名第17位》，《南国早报》2020年1月6日。

提高工程总体效果。

五　激励性规制机制综合评判

本节以政府采购公共道路工程项目这一委托代理的活动过程作为研究案例，具体分析政府委托代理关系中的激励性规制的实施及其效用。而激励性机制并非显性的、独立的政府职责，通过前文对政府采购项目的全流程绩效评估后，可以发现一些制度、法规和具体操作中具有激励性作用的条款和做法，而激励机制也包括了正面的奖励措施和负面的惩罚措施两个大的方面。本节通过另一套绩效评估指标体系独立考核激励性规制机制的效用状况。这一套指标体系以规制机构为行为主体，通过规制机构对采购代理机构、采购行为过程、采购评审工作、采购项目奖惩管理四个方面的监督管理行为，剖析政府规制机构如何从多维度、各环节激励委托代理行为的合法、合规、合理执行。

（一）对采购代理机构的激励

在政府采购活动中，关键的行为主体就是采购人、招标代理机构和中标供应商三方。其中，以采购代理机构在政府采购活动中最为关键。原建设部89号令《房屋建筑和市政基础设施工程施工招标投标管理办法》（2018年9月修改稿）中规定："依法必须进行施工招标的工程，招标人自行办理施工招标事宜的，应具有编制招标文件和组织评标的能力；……不具备上述条件的，招标人应委托具有相应资格的工程招标代理机构代理施工招标。"[①] 实际情况是，大量的工程采购项目都是委托专业资质的招投标代理机构完成招投标工作的。由于招标代理机构申请门槛低，从事招投标代理的机构非常多，只广西一地就超过400家招标代理机构，能否对采购代理机构进行有效的监督和管理

---

① 《住房城乡建设部关于修改〈房屋建筑和市政基础设施工程施工招标投标管理办法〉的决定》第十条，http://www.mohurd.gov.cn/fgjs/jsbgz/201810/t20181010_237864.html，2018年9月28日。

很大程度影响政府采购行为的合法合规性，影响政府采购的公平公正性，最终有可能影响招投标项目的工程品质。

根据财政部2018年3月起实施的《政府采购代理机构管理暂行办法》，广西区财政厅于2018年4月发布《关于规范我区政府采购代理机构名录登记和信息管理有关工作的通知》①，进一步加强了全广西采购代理机构的登记和监管。根据在财政部、广西财政厅、中国政府采购网、广西政府采购网等官方公开信息平台上收集的资料，规制机构对采购代理机构的资格认证、名录登记、违规违法行为公式、调查处罚等监督管理职能都有清晰的记录，能够通过网站向全社会公示、接受监督，比如在中国政府采购网的"严重违法失信行为信息记录"一栏就能够找到14家广西区注册的代理机构。同时，通过走访法院、财政部门、代理机构相关工作人员，在访谈过程中没有发现任何代理机构在资格认证、违法处罚方面的违规操作事例，基本可以认为规制机构在对采购代理机构的监督管理方面是比较规范、透明的。

（二）对采购行为过程的激励

针对一些地方的政府采购公共资源交易中心的业务工作中出现违法乱纪现象，比如，违法改变政府采购法定评审程序、干预评审结果、乱收费、"管采不分"等问题，财政部于2014年10月份颁布《关于公共资源交易中心开展政府采购活动有关问题的通知》②，对公共资源交易中心的业务工作进行制度化规范。通过访问广西壮族自治区和南宁市的政府采购中心网站，可以看到从2014年起政府采购项目严格按照通知要求展开，有监督、处罚和公告，对失信企业也进行比较详细的不良行为记录公示。

通过深入调查可以发现，监督管理执行过程中，规制机构大多依

---

① 《广西壮族自治区财政厅关于规范我区政府采购代理机构名录登记和信息管理有关工作的通知》（桂财采〔2018〕9号），http：//www.gxcz.gov.cn/xwdt/tzgg/20180409-74548.shtml，2018年3月27日。

② 《财政部关于公共资源交易中心开展政府采购活动有关问题的通知》，http：//www.ccgp.gov.cn/zcfg/mof/201711/t20171121_9199155.htm，2017年11月21日。

据《政府采购法》及其相关法规条例进行监督检查，没有独立的制度或规范，法律条文繁多，监督检查过程中具体如何实施、重点倾向哪些内容、监督频次如何、违规处罚的具体操作等，都没有具体的制度化设计，随意性较强。财政部门对交易中心进行的业务指导或培训次数远远不能满足工作需要，信息沟通不畅通的情况仍有存在。

中国招投标公共服务平台、中国政府采购网、广西区政府采购中心、广西区招投标公共服务平台、南宁市政府采购网等业务平台基本都能够查询到广西壮族自治区、南宁市政府采购相关利益主体的信用情况，特别是失信记录情况公示期长达三年以上，对行业间和全社会对政府采购行为过程的监督提供有效平台和信息。但同时查阅信用中国、国家企业信用信息公示系统等平台并不能相应查询到失信企业信息，这说明政府采购信息与行业协会、其他媒介的信息平台之间没有形成有效的合作互通，特别对企业信用问题、从业状况的监督跟踪不够完善，不利于对失信企业的惩戒。

财政部门对政府采购利益相关者的随机抽查工作已经列入财政部门的工作计划和业务职责中，通过广西财政厅网站也可以看到相关抽查结果的通报，但2014—2016年，针对政府采购行为的随机抽查并不多，抽查工作随意性大，抽查结果争议大。广西财政厅于2017年颁布《财政厅随机抽查工作细则》（桂财监〔2017〕74号）[1]，在财政检查领域全面推行随机抽取检查对象、随机选派执法检查人员并及时公开抽查情况和查处结果的"双随机、一公开"监督检查机制。而这项制度是2015年李克强总理在国务院常务会议上提出并阐释的工作方式，广西财政部门直到2017年才做出反应，制度建设严重滞后。

（三）对采购评审工作的激励

财政部于2012年发布《关于进一步规范政府采购评审工作有关问题的通知》，对政府采购中的评审工作开展规范进行了相关规定。广

---

[1]《广西壮族自治区财政厅关于印发随机抽查工作细则的通知》，http://www.gxcz.gov.cn/xwdt/tzgg/20170825-67577.shtml，2017年8月24日。

西壮族自治区于2017年印发《广西壮族自治区政府采购评审专家管理实施办法的通知》，并于2017年启动建立统一政府采购评审专家库工作，进一步提升广西壮族自治区及其下辖市政府采购评审工作的规范性、制度性。这些制度建设与本书调查时间段内的制度建设形成强烈的反差，制度建设相对滞后为政府采购评审工作带来极大的不稳定性、不公正的隐患。调研过程中看到广西壮族自治区、南宁市财政部门都相应建立了政府采购评审专家库，并对专家们进行了多轮的业务培训，同时专家库通过网络系统向全社会公示，有利于社会监督，总体来说，广西区形成了比较规范的评审专家管理工作。通过走访了解一些政府采购评审工作现场，各地方财政部门开展工作的严谨程度、规范程度不大相同，仍存在制度执行不严肃的问题。

（四）对采购项目奖惩的激励

规制机构对代理人的激励性规制中，最为核心的就是奖励制度和惩戒制度，其中奖励制度最为常见的方式就是财政补贴的审核发放，财政部门对代理人和受补贴机构进行阶段性的考核评估，以评估结果作为下一合作周期发放财政补贴的重要依据；而惩戒制度则一般根据举报、投诉、随机抽查等方式发现代理人的违规违法行为，并对其失信行为进行公示，通过减少补贴、罚款、暂停其开展业务等方式对其进行惩罚。奖惩措施在达到有效监管的同时，极大地刺激了代理人的积极性和主动性，使其有了非常明确的行为标尺，引导其行为趋向委托人预期的方向和结果。

具体到政府采购项目而言，规制机构更多从随机抽查和投诉中发现招标代理机构和中标供应商的不规范操作和违法违规行为。地方财政部门根据财政部2017年发布的《政府采购供应商投诉处理办法》，更加规范地处理业务投诉事件，通过政府采购中心网站可以看到一些"投诉处理决定书"。同时，调研中也了解到，财政部门或其他地方政府部门作为项目招标人时，一旦发现招投标过程中出现违法违规情况，也能够按照《政府采购法》等法律法规严肃处理，对违规企业进行相应的处罚，比如退回违规款项、三年内禁止其参与招投标项目等，但这一过程中并没有发现在经济领域有严重违法乱纪的现象，可见，广西壮族自治区或南宁市的政府采购过程总体上是规范、严谨的。

从调研的情况看，财政资金优先发放给重大项目，重点倾斜支持地方政府重要工程项目的情况很常见。从网站或政府文件等资料中很难找到对工程项目质量优良或者提前完工等因素进行通报表扬的公示公告。由此可见，在地方政府的行政思维中，财政资金是重要的激励杠杆，精神奖励并不起到太大作用，经济奖励更为直接。2016年，《南宁市人民政府办公厅关于对各县区（开发区）贯彻落实中央、自治区和南宁市政策措施成效予以激励或问责的通知》中明确规定："财政专项资金优先支持受到通报表扬的符合投向的市级层面重大项目，并酌情提高补助比例"。通过走访基础设施工程的中标供应商能够发现，由于各地方财政能力有差异，并不是所有基础设施工程项目的财政补贴发放都能及时到位，很多地方存在拖延发放补贴的问题。某公司作为大型建筑企业，在全国很多省市都有投标基础设施建设工程项目，其分公司负责人提到，西部地区相对中东部地区而言，财政能力确实差很多，工程款不及时到位的情况比较常见，而作为奖励性质的财政补贴更是有更多手续程序要走，拿到手也并不容易。资金发放的不及时到位，影响了本该起到激励性作用的政策效用的发挥，干扰到供应商企业的行为和心态。地方政府应积极落实项目资金，这不仅是为了协助项目的进度，同时也从事实上推动激励性规制措施的实施。

六 小结

通过对公共道路工程的政府招投标工作的绩效评估，将这一市政公用事业项目招拍挂各环节进行了有效的分解，依据财政部、国家发改委、广西壮族自治区政府、广西壮族自治区财政厅、南宁市政府等各级政府部门制定的法律、行政法规、通知公告等，采用绩效评估的方式，将规制双方的行为都进行了比较全面的考核。绩效评估的最终目的是为了发现问题，促进工作进一步改进，而不是否定与批判，因此，本书在计分、扣分过程中采取相对宽容的态度，整个工程招投标工作最终的绩效评估结果为良好，而这项工作中政府规制的激励性规制部分的评估结果为优秀。

总的来说，市政公用事业激励性规制并不是一套有迹可循、相对独立完整的制度体系，它嵌套在各项政府行为中，通过各项法律、法规、通知等官方文件寻找线索，因此，绩效评估工作没法做到细致入微，关键指标的筛选也可能存在不恰当的地方。具体到被评估案例而言，南宁市政府在市政工程招投标工作中严格遵守各项规章制度，尽可能将招投标工作做到公开、公正，信息相对比较公开透明，能够达到信息偏差小，从而尽可能降低信息不对称而引起的道德风险和逆向选择问题发生的概率及其影响。评估中出现的扣分点，可以认为是地方政府行为中的管理理念或者是管理能力带来的问题，可以通过实践不断完善成熟起来，虽然一定程度上影响工作效率，但其影响并不是根本性的，规制机构在政府规制全流程中能够尽可能服务于被规制机构，维护被规制者的利益不受侵害，保护供应商们的获利权。

第五节 规制行为主客体综合分析

一 对采购监督者的综合评价

这里谈到的采购监督者就是本书讨论的政府规制机构及其他监督机构，在本书的评估案例中，政府采购主体一般都兼具监督规制职能。政府采购的规制机构基本都建立起相应的监控制度（中央、省级、市级），并且根据制度安排对基础设施建设工程招投标的全部进程进行有效监督和管理。在本次绩效评估的调研和总结中，除了观察到制度的具体落实情况真实、有效之外，也能够发现监控机制存在的一些缺陷和不足，例如，规制机构内部缺少专业的财会业务人才，导致对投标供应商的资金使用上缺乏完善的、有效的监管，对工程款的规范使用造成一定隐患；市政公用事业相关的工程项目落地开工以后，监督机构基本上退出项目建设过程，也就无法对工程项目的实施展开实质上的监督管理，对项目中标供应商的业务监管也没有相应制度支持。因此，本节以公共道路工程为例，对基础设施建设工程项目周期的监管机构提出一些思考。

（一）事前监督

1. 有效利用现有制度、合理规划监督制度

政府采购项目的监督者除了财政部门、发展与改革部门、纪检监察等部门之外，政府采购主体是最主要的、最直接的监督管理者。作为政府采购项目的动议一方和发起一方，有责任完善政府采购过程和项目实施过程中的重要环节规划设计。对政府采购这一政府行为而言，法律法规、制度条例林林总总，比如《政府采购法》、《招投标法》及其《实施条例》、住建部89号令、财政部87号令、财库60号令、《政府采购代理机构管理暂行办法》、《政府采购评审专家管理办法》、《关于加强政府采购活动内部控制管理的指导意见》、《政府和社会资本合作项目政府采购管理办法》、《政府采购竞争性磋商采购方式管理暂行办法》、《建设部关于进一步加强工程招标投标管理的规定》等。这些规定几乎涵盖了政府采购行为前期的各个环节和重要领域，但存在某些规定没有有效衔接的现象。同时，具体针对资金监控、政府采购活动监督方式、项目实施过程监控等环节却没有专门性的规定和具体操作办法，各地方的做法也并不统一。由于缺乏制度管控、缺少法规依据，很多地方政府在政府采购活动中重视项目立项、轻视项目施工，重视拨款、轻视资金监控，无法有效督促项目按计划推进并完工。

2. 政府采购计划、发展规划和财政预算协调统一

政府采购计划的编制工作对市政工程项目招投标的实施和完成都有着决定性作用。政府采购计划的编制应与地方经济和社会发展周期性规划（如"十三五"规划等）保持同步，以每年度财政部门制定的财政预算为重要参考，以产业、行业或采购目录为依据，细化政府采购计划类目，明确各类目的资金规模、不同类目之间资金区别的依据、

经费使用基本规范和标准等内容。这些前期工作都有利于在政府采购过程中、在政府采购项目实施过程中规范监督财政资金的流向和使用进度；有效防范财政部门拨款方式，财政直接拨款给预算部门、预算部门随意分配，由此会产生截留、挪用或无预算盲目采购等问题；同时，有利于财政部门有的放矢地加强对项目采购资金的监督管理，确保政府采购项目的划拨资金能够有效地、按计划用途使用，确保预定的市政工程项目的按时落地、顺利施工、准时完工。

3. 精准施策、防微杜渐，有效监督规制客体

①招标代理机构作为政府采购活动中非常关键的一环，需要更加专业、更加严格的业务培训，采用"一票否决"机制淘汰违规中介机构，从而减少政府采购活动中无谓的废标、流标或利用制度漏洞的围标等行为，避免资源的浪费，政府采购活动整体效率降低。②对投标的市场主体的监督，需要作为政府机构的监督者们加强市场调研，更深入了解市场价格波动情况、市场主体生产经营实力，提高合同设计和谈判的能力，"知己知彼"，减少信息不对称的负面效应。

(二) 事中监督

1. 招标流程中的规制事项

招标流程中的规制更多是针对监督者的自我规制，其中体现出行政行为的规范性、合法性，这些行为都能体现出政府的公信力和权威意识。

①招标通告：公开招标的项目按规定在招投标平台公开发布招标通告；招标通告的内容详细、真实、合法，不能出现明显的指向性；从发布通告到开标之间，留有足够时间以便投标商准备材料。②招标文件：招标文件的内容详尽、真实、合法，便于投标商理解；技术规格制定明确、全面，是否存在增加评标难度的因素。③招标程序：主要是监管采购招标必须严格按程序进行，防止直接签署合同情况出现。

2. 投标流程中的规制事项

投标流程的规制主要针对投标的市场主体行为，这个环节的规制强度直接关系到未来中标供应商的品质、政府采购项目实施效果。

①投标商资格预审：进入政府采购环节的准供应商必须具备一定

资格条件，一般包括：合法的法人身份、独立承担民事责任能力、良好的履行合同记录、良好的资金财务状况、法人代表及高级管理人员在申请资格前5年内没有职业犯罪和刑事犯罪记录等。②投标书：投标书的制作应符合规范，在有效期内密封交投等；有必要调查投标书关键内容的真实可靠性；调查投标书的作价、技术规格等重要条款与投标商能力之间是否匹配，以检验是否存在夸大或隐瞒关键信息的行为。③投标过程：监督其过程的完整性、公正性；检查投标商的询价定价与市场状况是否相符，是否存在违反规律迹象；检查投标商是否提供足额的保证金等。

3. 开标、评标流程中的规制

对开标、评标流程的规制更多也是针对规制机构自身的监督，体现在组建评审委员会、聘请评标专家等活动中，这一环节的规制强度对招投标的公平公正性和政府公信力都将产生直接影响。

①开标：开标的日期、方式、参加人员、程序等全程记录监管；监控投标商与招标人的活动，严禁双方暗箱操作或围标。②评标：评标委员会是否按照规定组建，比如评标委员会应由采购单位代表和受聘的技术、经济、法律等方面的专家组成，总人数为5人以上的单数，其中受聘专家不得少于总人数的2/3；是否特别关注回避制度；评标必须以且只能以招标文件为依据，其中，价格是评标的主要因素，但不应作为唯一标准；评标结束后编写评标报告，上报采购主管部门。

（三）事后监督

为了评判政府采购的总体效益，必须对公共道路工程项目采购进行事后监督。但实际上，事后监督行为更多是亡羊补牢，主要的规制行为都应在事前、事中监督中完成，而事后监督更多是对政府行为做出评判，便于奖惩。就政府采购项目而言，主要是财政部门、项目招标机构联合对政府采购项目的合同履行情况进行规制评判。比如，供应商是否按时交工、验收；工程质量是否满足预期即招标文件的规定；财政部门和采购主体是否按合同、及时足额付清工程款；是否将奖惩制度体现在工程验收和工程款结算环节中等。

政府采购流程长,涉及单位主体多,采购流程中各环节涉及的独立单位主体之间形成了管理—执行—监督的分权局面,达到彼此监督、权力制衡的目的。

通过评估调研,发现规制机构对工程项目中的违规违法问题的定期或者不定期回访检查力度远远不够。以本书案例来说,在中国政府采购网等网站上可以发现一些信息,个别专业的建筑工程公司在以往的招标项目中有串标、围标等行为,并依法受到处罚;从政府法规角度来说,这些违规记录对这家企业参评中国建筑工程鲁班奖、文明企业等荣誉称号都有影响,理论上也会影响这家企业未来的工程招投标。但事实上,由于规制机构回溯检查的力度不够,这类企业依然会参与之后的其他招标项目中。从独立的第三方评估角度来说,本人很难相信这类企业不会再次出现协助、围标或者串标等行为。

二 对招标代理方的综合评价

政府采购活动中,招标代理机构起到了至关重要的作用,绝大多数市政工程招投标都是由代理机构完成。通过绩效评估可以看出,绝大部分代理机构管理规范、职责体现充分。同时,从招标公示中也可以看到大量的不断更改的招标文件,间接证明了招标代理机构中的一些业务人员工作水平不精、编制招标文件存在漏洞,导致招投标工作效率下降。政府规制机构对招标代理机构要进一步加强必要的监管,比如,招投标代理机构是否制订了相应的工作制度,加强内部管理,加强员工培训、规范操作流程等。

三 对中标供应商的综合评价

在实践性评估分析和调研过程中,可以观察到应标的供应商们为了能够获得项目,基本都能够遵守相关法律法规和业务管理规定,遵守招投标相关法规,规范投标、参评。中标供应商在工程落地、施工过程中，能够认真履行施工责任。目前调研到的工程基本上都能够按照设计图纸施工，2014—2016年政府采购工程中有很多工程已经完成合格验收，但是仍有少部分工程存在工期延期、存档资料不完善、档案没有按时送交采购主体存档等问题。因此，对政府采购项目中标供应商的规制需要进一步细化、更加严格。比如：①招投标合同必须内容详尽，合法合规，有必要经过专业法律人士的认定后再签署。②在项目施工过程中，按照合同规定和施工图纸要求，分阶段、不定期抽查工程进度和工程质量状况、工程安全状况等。③中标供应商必须按时交齐项目合同书、验收报告、技术鉴定等资料，方便采购主体归档保存；确保工程类项目20年的存档期。④建立更完善的业务管理制度，要求供应商相应建立内部管理制度，职责分工明确、管理有章可循，禁止一切不正当的竞争行为。⑤最重要、最终极的规制手段就是资金问题，被规制客体必须完成合同规定所有条款，才能全部结算工程款。

第七章 研究结论、创新及展望

在西方,规制经济学已经发展成为一个比较完整的经济学分支领域,并可以在电力、水利、电信等诸多产业的政府规制行为中找到该理论的应用。规制经济学作为被公共管理学科比较关注、可以为公共行政管理领域所应用的重要理论框架,有助于比较科学地规划政府与市场的边界,有助于市场经济环境中的政府与市场主体合理接纳对方职能,为双方合作治理提供理论桥梁,学界逐渐形成了规制经济学与公共管理学融合发展的新趋势。中国自改革开放以来,便对市政公用事业领域进行了比较彻底的市场化改革,政府机构渐渐将职能从自然垄断产业的"运动员"向"观察员"和"裁判员"的角色定位转变,改革实践及其取得的成果也证明了规制经济学在经济性规制领域的广泛应用取得了一定成效。

第一节 研究结论

一 激励性规制理论仍在起步阶段

20世纪80年代,我国开始大刀阔斧地在自然垄断产业中展开市场化改革,学术界在这一时期关注到植草益和斯蒂格勒等学者的研究成果,积极将规制经济学引入中国,通过对规制经济学的持续关注和研究,产生了如余晖东、张红凤、冯中越、王俊豪等取得突出成绩的专家学者。规制经济学理论有效地推动了中国的市场化改革进程，帮助市场主体和政府机构重新界定自己的职责和定位，重新建立彼此的关系模式，为建构市场化改革的制度建构提供理论基础。随着市场化改革的深入发展，市场主体向政府机构不断要求更多的发展空间，要求规制机构提高规制效率，为市场主体提供更多空间、放松规制力度，经济实体的现实需求助推了新规制经济学的研究，这一理论中的激励性规制理论便是核心观点之一。

总体来说，学术界对于激励性规制理论有了比较全面的认识，即激励性规制产生的市场根源、产生的必要性、比较可行的工具选择等都形成了比较一致的观点；但是在激励性规制的制度建设、具体实施及实施的成效方面存在较大的分歧和争议。也就是说，激励性规制的科学可证伪因素更多地仍停留在理论推演层面，其存在的依据、合理性和科学性都毋庸置疑，但在具体实施中却存在与理论推演不太一致的问题，比如激励性规制机制是否真的可以节约成本、是否可以控制定价、是否能够减少信息不对称、是否能够切实提高生产效率或服务品质等，这些方面都有很多文献加以论证分析，但得出的结论却不尽相同。

因此，本书初步认为新规制经济学中的激励性规制理论仍处于起步阶段，它不仅不能独立解释市场化或民营化改革中政府与市场主体之间的利益纷争问题，即使将其与整套的规制机制嵌套在一起，在一些案例中也并不能看到激励性规制这一变量的效用。目前的状况是，需要相对完善的市场化制度背景、比较诚信的规制双方机构、比较成熟的规制双方关系建设等众多因素配合，才能够激发激励性规制机制的效用最大化。

二 激励性规制的应用仍有待时日

20 世纪 80 年代以后，大部分国家改革自然垄断产业的总体做法都是放松其经济性规制，我国及时地跟上了国际步伐，也开始了对自然垄断产业的放松规制，在基础设施建设、公共交通、电力、燃气等产业中积极引入市场竞争，提高产业运行的生产效率。但实际上，几十年来我国一直面临一个困扰，即"一管就死、一方就乱"，这一问题始终没有得到根本性的解决。相对而言，我国中西部地区的市政公用事业改革进程更加缓慢，市场主体参与不够、市场活力不足，应该说，部分地区的市政公用事业的市场没有被充分开发、市场仍不够开放。在很多地区的城市市政公用事业市场化改革中，规制机构没有充分放松政府规制的力度和强度，更多是根据政策规定和程序，从形式上引入市场主体和竞争机制，最终只是变相地将国有的政府垄断转变成私有的企业垄断，完成了形式上的政企分开，从"一锅饭"到"上下级"，没有形成有效的市场竞争和博弈。

本书认为，市政公用事业的改革进程与地方经济之间不是绝对的正相关，地方政府的改革措施与地方政府考核指标、地方政府领导魄力、地方经济社会发展状况、财政状况等密切关联。要从战略发展的角度从根本上解决这些问题，各省各市根据实际情况，从战略方向上对自然垄断产业的市场化改革进行方向性的顶层设计，比如改革中的规制机构要最终到达怎样的规制状态、政府与市场之间的关系要达到怎样的形式等，形成统一的、明确的目标和方向有助于层层落实。党的十八大、十九大报告都明确提出要处理好政府与市场之间的关系问题，要从过去的"管制"向"服务""合作""治理"等关系模式转变，而科学的顶层设计必不可少。

（一）政府规制应从规划最基本的法律原则开始

针对自然垄断产业的市场化改革，从中央到地方各级政府都相继出台了大量的法规、通知等，这些政策设计更多针对某些具体的产业、某阶段的改革措施而出台，对改革的具体做法进行了不同程度的规定。本书的第一章列举了一部分改革措施。但是这些政策对于价值、理念的倡导远远不够，对于基本原则的规定各不相同，地方政府在执行过程中没有统一的导向，只能从实际工作角度出发，先把工作落实，很难考虑规制的"强度"、政企关系的"尺度"等问题。因此，目前更需要的不是不断颁布具体实施细则，而是要从全局出发、从产业发展的战略视角出发,"以立法为先导",将政府规制的基本准则明确下来,进而指导其他具体改革措施的实施细则。

(二) 将激励性规制制度化并应用于规制实践中

在市政公用事业政府规制实际工作中,激励性规制并不是规制机构考虑的重要制度设计内容,很多规制机构将财政补贴作为管控企业行为、防控市场风险的最关键抓手,双方的信息不对称依然很大,造成企业在与政府打交道的过程中仍然存在明显的逆向选择和道德风险;同时,一家规制机构要应对多种市政行业、多家市政企业,市场的多变性远远超过规制机构的控制和想象。本书的第六章在进行绩效评估的指标依据考核时,从不同的政策文件中发现了能够起到激励作用的条款,但是在实际工作中,由于这些条款分布在不同的政策文件中,很多企业也并不能够完全掌握全部政策文件和各项条款规定的意义,导致这些条款很难起到合力,很难真正激励到企业的经营行为。因此,在市场活力不足地区的市政规制机构更加应当综合考虑、充分利用激励性规制的措施,并将其制度化、统一化,让被规制企业有菜单选择的机会;根据市场规律设计市场竞争的空间,在自然垄断产业中形成小规模或分阶段的竞争性环境;产品定价要符合市场规律,尊重企业的获利权;规制政策应灵活动态,与市场变化保持高度一致,在维护公共利益的同时,也要保护企业利益不受损失。真正从正面积极引导企业规范经营、控制成本和价格、谋取利润最大化。规制机构应当最大限度降低信息租,减少从市政行业市场化的过程中获利的心理,把受益更多让渡给企业,让市政企业有长期留下来规范经营的信心。

三 合同制治理是有效的机制框架

随着新公共管理运动的发展,大量本来属于政府的职能转交给社会组织或企业经营生产,自然垄断产业的市场化改革属于这项改革运动的一个重要部分。市政公用事业的市场化改革实质上就是将本来由政府经营的市政公用事业产业放给市场主体经营管理,政府部门作为规制机构对产业进行整体规制、拨款或抽租等，对产业的放松规制无论采取委托代理、合作还是外包的形式，都涉及规制机构与被规制企业主体之间签署的"合同"问题，这就是公共管理学科中的"新合约主义"的核心议题。在放松规制的大背景下，基于公共选择理论、委托代理理论、交易成本理论等主流理论的融合，公共管理领域逐渐形成"新合约主义"或"合约制政府"的思想，市政公用事业中的激励性规制问题恰恰符合合约制治理理念下政府治理方式转变问题；这一问题的核心就在于"合同"。

在市场化的改革中，规制机构与被规制企业签署合约，将双方的权利、义务在合同条款中明确约定；规制机构的目的在于利用市场力量增加竞争、提高效率，希望被规制产业降低成本、提高生产率、提升服务品质、改进产品质量等，这些诉求都要通过合同条款的合法、科学设计达成契约；企业的目的在于通过参与原本自然垄断的产业，获取相对垄断的经营地位，谋求高额利润，企业为了保护自身经营利益，必然将争取更大的经营自主权。从理论上说，合同制治理的引入能够减少政府部门的负担，降低交易成本；但是实际工作中，合约制治理的引入却对政府规制机构提出了更高的要求，规制机构不仅要懂得垄断产业的生产规律，还需要懂得如何设计合同条款，即在法律框架下符合市场规律和规制机构诉求、兼顾代理企业的合法生产经营等。

在对一些地区的调研中，感受到自然垄断产业市场化改革中的合同制治理没有得到规制机构充分的重视，规制机构更多地将市场化改革和政企合作看作"政府甩包袱、企业传接球"，对于合同签订的细则考虑不够充分，一旦发生利益纠纷，就会出现政府不诚信、单方违约的问题，这也是一些地方招商困难的原因之一。而规制机制中的合同治理可以被看作政企合作的纽带，合同的谈判设计过程是真正体现规制双方的职责、专业素质、治理能力的环节，单独订立的任何工作方案都没有合同的法律效力更大。委托代理双方签订的合同能够成为激励性规制发挥作用的关键平台，规制机构可以将能够激励企业的事项全部列入合同条款，被规制企业必然会根据利益导向，转变经营生产模式，争取额外的奖励性收益。因此，在市政公用事业的激励性规制的机制建设方面，规制机构应盯紧与企业之间签订的合同这一重要的法律文书，将规制行为、激励性规制行为全部充分体现，以实现规制机制的正效用。一套规范的规制合同能够真正实现政企良好的合作，最终有助于产业发展壮大，使得公共利益最大化。

四 激励性规制工具选择空间较大

我国市政公用事业市场化改革以来，规制机构应用的委托代理关系中的最常见激励性规制工具就是特许经营，我国目前积极推广应用的 PPP 模式也只是对特许经营方式进行了更为宽泛的拓展，属于特许经营方式的属概念。前文介绍了十种激励性规制工具模式，除了特许投标规制在独家垄断性经营权方面为未来可能的代理商提供激励之外，其他的激励性规制工具都属于间接激励方式。

在市政公用事业市场化改革实践中，激励性规制工具的应用仍不够充分，还有很大的选择空间，例如利润分享、标尺竞争、声誉激励等，都是比较符合我国国情、可以引入规制实践的激励性规制工具。激励性规制的规制清单更利于让企业看到更多激励途径，为企业投资、长期经营提供信心和动力。通过实践调查研究可以发现，这些间接的激励性规制工具在不同的法规文件中都有涉及，但这种碎片化的制度设计不利于激励效用的发挥，很多企业根本不清楚某些激励性条款的存在。这些间接性的激励性规制工具的应用也并非易事，工具之间的选择、多种工具的配合、工具使用中的制度设计等都需要更多的提前规划和专门的设计，这些工具能否得以应用，实际上是考验政府执政能力的重要体现。一些地区的规制机构更多将垄断经营权、财政补贴、减免税收这些传统的工具作为激励措施，而忽视间接性激励起到的更长久的促进作用，反而容易引起市政企业的短视逐利的生产经营行为。

激励性规制工具的选择和使用不是规制双方协商就能够很好实施的，比如，能否获得公众支持、是否存在地方保护、工具之间是否存在冲突等，这些问题都是激励性规制工具选择和搭配的过程中必须考虑和解决的现实问题，这就需要地方政府、市政规制机构切实营造良好的营商环境、"风清气正的政治生态"、科学高效的治理实践保证激励性规制工具的整体效用可以发挥到最大化。本书认为，在激励性规制工具的选择和使用方面，我国规制机构仍有很多需要解决的问题、需要克服的困难，这一领域治理能力的提升空间仍很大。

五 政府规制相关资金使用效率低

市政公用企业进入市场后，在其他激励性规制效用运用不足、作用有限的情况下，市政企业生产经营中对规制机构的最大依靠还是财政补贴，因此，如何优化资源配置、提高资金的使用效率就成为很现实的问题。市政公用事业领域市场回报率偏低，大部分企业要依靠财政补贴才能获取预期收益，因此，激励性机制要把财政资金这一手段运用更灵活，将财政补贴事项与市场主体行为或服务品质挂钩，依据奖惩情况界定拨款比例。实际情况是，无论是在政策文件还是在规制合同中，地方规制机构设置的罚款条例法规数量多，奖励性条例数量少，规制工作以罚为主、奖励为辅。以案例中的公共道路工程项目为例，基础设施建设是财政资金投入比重大、收效慢的行业领域，财政资金在这一类领域的投入一直存在重分配、轻管理问题，财政和建设部门对财政支出的使用绩效缺乏必要的、制度性的规制考核。对于财政资金有限的欠发达地区而言，这种不够规范的做法会造成更大的交易成本，不利于真正减轻地方政府财政负担目标的实现；随意增加财政补贴的做法更加不能轻易使用，这只会在短时间内刺激企业，不会起到长远的激励效用，也容易引发企业的道德风险行为。

因此，市政规制中必须强化自然垄断产业相关财政支出的绩效评估，客观公正地衡量财政资金的支出效率，而其中的激励性规制绩效评估能够更进一步反映财政资金使用的外部效应，对优化资源配置和使用效率有着关键性作用。前期工作中的财政资金投入，不仅要考虑对市场主体的规制、惩戒，更要增加奖励机制，把奖励、惩罚、必要开支等设置为固定评估维度，以此刺激财政资金效用的最大化；倒逼市场主体调整自身行为、减少信息不对称、增加生产回报率、提高产品或服务品质，为财政部门深入评估资金使用效率提供更科学的绩效依据。

六　政企合作配套制度建设很关键

在研究调研中发现，政企之间在政府规制、激励性规制手段应用等方面存在很多认知上不一致的地方，在各持己见的状况下很难想象激励性规制能够完全发挥其效用。接受调研的地方市政公用事业中，政企之间在很多关键性指标的理解和回应上有较大的差异，比如：激励性规制促进产权关系，规制机构普遍认为特许经营和PPP模式为公用事业市场化起到助力，而公用企业更加关注"拍卖"这一途径。规制机构普遍认为激励性规制的运用对优化市场竞争、提升成本效益、提高产品质量等方面都有促进作用，但这种观点没有得到公用企业的普遍认同，企业甚至感觉很多产业的区域垄断局面都没有打破。随着审批环节的减少，政企之间沟通的渠道也在减少，在政府深入企业了解市场方面，政企之间存在很大的分歧，规制机构普遍认为，通过深入企业政府对公用企业已经有比较深入的了解，但公用企业却感受不到政府机构的主动关心。但同时，公用企业高度认可政府服务质量的改善，特别是行政审批程序减少后为企业减轻了很多负担，政企关系也因此得到改善。

基于以上认知不一致的分析，可以看出，政企之间的信息沟通不足，关键事项的共识存在差异，彼此间的信任关系也并非预期的那么好。但从总体上看，政企双方的合作还是顺利的，在重大事项上彼此能够达成认同。而调研中发现的诸多差异性的观点是值得规制机构重视的，这些问题都提醒规制机构需要制定一系列的配套措施加以改善，政企关系的改进、政府规制的良性开展、市场竞争的秩序提升等目标的实现，真正需要激励性规制发挥理论上的高质量，需要更多配套措施辅助，也需要规制机构公职人员的耐心和智慧。

第二节　研究创新

一　研究角度的创新

本书丰富了公共管理学科的研究宽度，将公共管理学知识与规制经济学、产业组织理论进行交叉融合，借助混合扫描决策的思维模式，充分运用机制设计理论、合约治理理论、政策工具理论、政策评估理论等公共管理学知识，运用政策评估、数量统计、案例分析等研究方法，研究了我国市政公用事业市场化中的产业激励问题。就政府规制理论而言，我国学者的研究大多从规制经济学、产业组织理论入手，其中专门研究激励性规制的文献和著并不够丰富，专门分析阐述我国自然垄断产业发展中遇到的激励难题的研究明显不足。本书从公共管理学的研究视角展开，将主题明确在规制经济学中的激励性规制理论，重点讨论市政公用事业中的激励性规制。从公共管理学的角度来看，都是政府规制自然垄断产业领域的问题，通过将公共管理学理论体系融合其中，解读规制机构与被规制企业之间的博弈和合作，为进一步协调政府与市场的关系、协调双方利益、提升公共利益等提供改革发展的新思路。

二　案例选择的创新

纵观我国现有市政公用事业或者产业规制的研究文献或著作，研究案例选择大多数是以地区或城市维度、行业或产业维度为依据展开调研，这些研究让后来的学习者们看到了市场化改革的进程、不同地区改革的典型性做法和经验教训等，为其他学者和后辈们留下宝贵的学术资料。本书的案例分析选择政策评估的方法，案例选择视角与以往的研究不尽相同，规避不同具体产业之间的差异，通过政府规制工作全流程，观测激励性规制在政府规制工作中的效用。案例为市政公共道路工程的政府特许经营环节的政府规制行为以及激励性机制行为的绩效评估。为了突出规制行为中的委托代理特征，将政府采购招投标（特许经营）工作作为激励性规制考察维度，能够避免政府规制过程分析的信息不对称问题。

三　机制设计的创新

本书运用微观经济学中的机制设计理论，有效分析了激励性规制运行关键要素的建构问题，将机制设计中的激励相容理论、规制经济学中的激励性规制和契约理论有效结合，重点剖析激励性规制的机制设计中的基本目标、主要原则、核心要点等关键性要素的建构机理。我国的市政公用事业政府规制涉及不同产业、不同地区，涉及规制机构与被规制企业两个主体，各个维度所产生的问题不尽相同，机制设计难度可想而知。本书的机制设计建构不仅从规制者角度出发，更多要将被规制企业的意见、想法、面临的难题体现在机制设计的考量中，均衡规制双方的利益。同时，本书提出有针对性的设计原则方案，建构出差异化的机制建构思路，尽量将调研中发现的突出矛盾和问题反映出来，并提出通过机制设计尝试解决的制度建构模式。

第三节　研究展望

一　研究局限

（一）实践分析案例选择困难

市政公用事业大多属于前期投入大、经营周期长、生产回报率偏低的产业，从项目规划、招投标、项目落地经营到一个特许经营周期结束，如没有重大变故，基本都在30年左右。政府规制的周期自然与这一产业的委托代理周期保持一致。其中经历的规制环节、规制博弈等，都是一篇研究报告很难最终反映出来的。因此，如何确定实践性检验的政府规制环节，能够既反映全貌、又突出激励性规制这一侧面，成了比较难解决的问题。

市政公用事业所涵盖的行业很多，如电力、水利、燃气、公交、基础设施等，不同行业的行业规则、市场发展规律完全不相同；市场化程度也完全不一致，比如燃气产业已经高度市场化，而公共交通行业在很多地区仍是国有状态。在这种情况下，针对哪个行业深入调研分析都很难体现出政府规制的基本规律。

我国市政公用事业的地区差异非常大，不同地区的基础条件不同，当地市政公用事业市场化改革和发展的状况与其他地区不一致，没有可比性。这些差异性造成案例选择中的地区确定存在困难。

本书选择的案例是经过多次调研，在研究中尽量反映真实客观情况的案例。但事实上，由于各地差异大、行业门类多、规制周期长等原因，这些案例也并不一定能够反映出市政公用事业市场化中的全部情况，也无法完全准确描绘出政府激励性规制的一般规律。

（二）案例分析数据采集困难

市政公用事业中激励性规制的实践性检验分析，其意义在于验证被规制市政企业生产效率提高、成本收益率提高、产品或服务品质提升等进步是否与激励性规制机制有关联，是否是正相关。但是实际上，与这些要素相关的大部分关键性数据都是无从获取的。

就企业而言，企业的盈利情况、生产效率报表、经营状况或产品市场占有情况等数据，都属于企业的商业秘密范畴，作为独立的研究者是无从获取的。只有与市场相关的部分内容，可以通过问卷调查获取公众认知，但收集到的数据与实地观察到的情况也有一些区别。这说明，社会公众对市政企业的内部经营状况并不了解，只能通过新闻、传闻等构成一些依据不清的印象，至于生产经营的好坏与政府的激励性规制是否有必然的联系，通过问卷调查获取的信息更是没有任何可信度。因此，本书没有太多社会开放式的问卷调查，只对来自政府和企业专业问卷的数据做深入分析。

就政府而言,激励性规制本身就不是政府规制领域中的独立工作内容,规制部门也没有对这个工作进行过专门的统计和档案收集,只能从现有的文件、政策等资料中整理获取。调研中,规制机构普遍认为政府规制的作用是显著的,其中具有激励作用的措施也起到一定作用,有效规范了企业的经营行为,但缺少对激励性规制的整体描述。数据采集的困难也反映出在政府规制领域相对公开的数据库资料远远不够,为了适应服务型政府角色的转变,应改变传统的政府规制的思维模式,将"大数据"思维引入政府规制工作中,将原来单一由规制机构完成的职责转变为多元互动的规制方式,也就是说,将可以公开的数据向社会公众公开,有社会公众、被规制在位经营企业、其他竞争企业等多元主体的协助规制,政府规制的工作将更全面、更高效,同时能够从社会规制层面激发企业动力和市场竞争。

本书最终选择通过绩效评估、内部问卷调查的方式对市政公用事业的激励性规制做出实践性检验,既符合公共管理学科的研究范式,又能够规避数据信息不足带来的信效度低的问题,能够比较客观、公正、准确地检验本书预计要验证的问题。同时,运用定性分析的方法分析行业规制案例,弥补了数据不完整带来的分析不充分的缺陷。最终,本书能够以多种方法、多个层面反映研究主题。

(三)研究能力的局限

本书的研究主题涉及两个主体,即规制机构与被规制企业,激励性规制就成为将两者联系起来的桥梁。在调研过程中,作者尽可能做到双方都采用比较一致的问卷和访谈问题,希望可以获取能够对应分析的信息,能够比较均衡地反映出双方的想法。但是在写作的过程中,经常较难兼顾规制双方的立场,特别是在双方观点不一致的问题上,研究者作为第三方独立分析的问题和结论就更难将双方的观点和想法都同时表达清楚。受到研究能力的限制,本书存在很多不足。首先在实践分析的案例上,限于研究者的视野和站位,无法进行总体的研究布局和相对宏观的研究。同时,有很多问题没有解释和分析得清晰透彻。

二　研究展望

本书对市政公用事业中的激励性规制的研究还远远不够，仍有很多问题值得在未来深入探讨。

（一）市政公用事业的研究空间巨大

市政公用事业涵盖行业领域众多，就中国的产业发展现状而言，还有很远的发展道路要走，就市政公用事业领域的学术研究而言，还有更多值得探讨和分析的问题。在水电等传统产业已经逐渐走向深度民营化的时代，在没有迭代产品或高端技术升级的情况下，学术研究更多倾向于对产业技术、产业经济的研究，总体上比较成熟，但对其他领域的研究并未涉及很多；污水、垃圾处理等领域问题错综复杂，利益主体交织其中，有很多值得深入分析的问题，比如长流域的污水治理问题、污水治理中的高成本分摊问题、中小城市的垃圾治理多元化问题、垃圾处理城乡一体化问题等；与人民生活更加接近的公共交通问题，是公共管理学科的研究者们讨论最多的市政公用事业行业领域，而近些年很多地方出现的产业更新升级、公共产品更迭期缩短、多种服务供给方式竞争激烈等情况，引起了学术界的关注和讨论，比如在共享单车与公共自行车、租车平台和传统出租车、地面公交与地铁轨道等准公共产品供给方面的资源合理配置问题并由此引发的一系列的产业发展问题，都是非常值得学界关心、深入调研并加以讨论的领域。

我国地域广阔，地方差异大，城乡差异大，因此，欠发达地区、县乡等基层的发展问题也同样值得关注。促进城乡一体化发展、推动乡村振兴等一系列工作，都需要基础设施、市政公用事业发挥基础保障作用，而现实情况是，很多基层、农村、欠发达地区的市政公用事业仍处于低水平、慢发展阶段，需要全社会投入更多关注，政府投入更多力量，研究者投入更多智慧，助力这些地区市政公用事业的快速市场化发展，助力地区经济社会的整体发展。

(二) 激励性规制理论研究还有空白

本书研究结论部分已经提到，激励性规制理论的研究仍处于起步阶段，仍停留在理论推演的阶段，较多见到对其概念、应用价值、工具选择框的分析，并没有深入更多具体问题，没有产生更多研究分支，基于理论的论证和争议比较少见到。现有的国内外研究都是基于实践工作展开的简单论述，主要围绕政府规制效用问题，具体到激励性规制的研究非常有限。而在诸多的激励性规制工具中，每个工具都有其适用性问题、工具配套使用问题，这些问题都是值得深入研究，并能够从实质上推动政府规制理论甚至激励性规制理论的发展。

在政府规制的实践或制度建设中，很难见到专门的激励性规制建构，而在政府规制行为最常见的自然垄断产业或市政公用事业中，政府更多通过财政补贴的方式激励企业的市场行为，并在特定时期在某些政策领域给予一定的让步和优惠，比如减免税收、有限划拨土地。因此，激励性规制在实践中是怎么起作用的，是否真的可以节约成本，是否可以控制定价，能否减少信息不对称，能否切实提高生产效率或服务品质？规制双方中间有一个中介机构，起到了至关重要的作用，中介机构的存在确实分担了规制双方的工作量，但中介机构在整个政府规制中的作用到底是积极还是消极的？规制合同的订立过程中的环境建设、制度顶层设计如何健全？很多问题需要更多研究以相互印证、验证。而研究受限制的原因大多与机构独立性问题、信息公开透明问题有关联。

(三) 激励性规制的制度建设不充分

在系统完整的规制设计中，激励性规制成分很小，并不足以影响产业全局发展。最好的规制之所以起作用，不是因为激励性规制的独立存在，而是与其他制度设计要素的有效配合。实际工作中，各级政府都没有建构直接针对激励性规制的制度法规，需要从法律、法规、通知、公告等大量的规制文件中逐条寻找。可见，国家在民营化、市场化领域的制度建设中，更多从行业、事业领域进行纵向建构，主要是为市场主体制定行为准则，并逐渐搭建起职能恰当、效用充分的自上而下的规制制度。而横向的规制双方关系方面的制度建构、规制主体之间的职能互通和沟通协调机制建设远远不够。特别是在政府治理走向"共同治理"的时代背景下，需要在政企的委托代理关系上找到更恰当的平衡点，让一揽子规范的激励性规制机制真正有章可循、有法可依、有的放矢，从而调动市场活力。

激励性规制的有效性很大程度上取决于规制合同的设计、合同双方的诚信、第三方的规制等因素所起的作用。因此，政府规制的法理保障显得至关重要，规制行为中有众多的参与者，这些参与者都是关键性的利益相关人，任何一方如果将公共利益置之不理，发生利益分配上的不公正或规制俘虏行为，都将对政府规制和产业发展造成影响。因此，针对政府规制的法律建设就显得十分关键。

（四）建构政府规制的独立评估机制

从政府规制的实际工作来看，规制主体针对自然垄断产业、市政公用事业产业没有建立起一套完善的第三方独立评价体系，行业内部也缺少行业协会评议或同行互评机制。目前，政府内部的评价制度主要体现为财政部门主持，聘请专家，并以开评审会的方式开展对财政资金使用状况的绩效评估。本书认为，对委托代理行为的第三方独立评估更加能够公正、客观地得出绩效结论，这需要制定出更为科学合理的、针对不同行业的绩效评估体系和数据分析标准。

我国已经在很多领域应用征信系统，其中的优势不必多言，而自然垄断产业相对独立、涉及工作环节和利益主体多、操作黑箱空间和可能性大、信息不对称空间大，更加需要征信系统的介入，并以此作为提高规制双方信任和委托代理效益的工具。对委托代理方的第三方独立的征信结论，对于规制双方而言将非常重要。这需要整体建构市场领域的信用系统；有效地将激励性规制融入征信系统。规制机构对中介机构、中标代理商等利益主体的绩效评估结论或信用评定等级，通过征信系统进行社会化公示，让公众了解相关市场主体经营状况和在行业中的实力。

在实际工作中，政府对网络型产业改革的规制特别是激励性规制的设计，都有中介机构的参与；规制机构似乎因为中介机构的存在而具备了独立性；但实际上，规制机构与被规制者之间的信息不对称问题，因为中介机构的参与而成倍增加，被规制者的投资风险实际上也在增加。理论研究中更加关注的是规制者与被规制企业之间的关系，但在中国，由于中介机构的存在，我们就必须关注三者之间的沟通合作与相互牵制关系，这三者的关系是否真正做到了机构独立、中介公正、被规制企业诚信？对于中介机构的作用的研究在我国就显得很重要。基于我国国情的背景，我们仍要关注规制机构独立性、被规制机构风险、利益相关人的沟通、信息公开透明等问题。

结束语

本书聚焦公用事业市场化改革领域。自 2002 年全国推行市场化产业转型改革到鼓励民间资本投入公用事业，公用事业正处于放松规制与激励性规制的改革阶段，其中的关键点就在于处理好市场与政府的关系，而引入激励性规制能够为公用事业转型提供新的能量。我国公用事业产业转型时间长且收效慢，市场机制并没有在这一领域很好地发挥作用。改革过程中要建立独立而成熟的有法律依据的规制体系，通过建构稳定的规制环境，强化企业的主体作用，不断推进产权改革和结构化调整。激励性规制就是公用事业改革的有效手段，同时要建设规制协商机制等更为开放的规制机制。公用事业产业自转型的进程和效率直接关系到市场的秩序、公共风险程度、公平实现甚至行业内部腐败问题的化解，对欠发达地区而言，这些问题更显突出，作为规制者的地方政府应更为积极地发挥公共服务的职能，激励公用事业产业向纵深发展，推动其市场化和整体效率。

本书以激励性规制、契约理论、政策工具理论、政策评估理论等多个学科理论为基础，对激励性规制理论的产生、发展和演进进行了全面的梳理和分析，通过综述国内外的相关研究，对激励性规制理论的研究现状、实践中的一些应用及理论中的一些争议进行了较为全面的总结梳理。通过理论论证，对激励性规制的机制设计进行了比较贴近实际工作的分析并提出设计思路，其中融入大量的现实案例或数据资料作为论据，以证明激励性规制在实际工作中的表现及其发挥的作用等。本书还介绍激励性规制在实践应用中的一些政策工具,并且以市政公用事业发展中遇到的实践案例和问题为论据,对政策工具的应用环境、选择依据和工具选择的影响因素进行了比较科学的阐述。

"写作就是这样奇妙,从狭窄开始往往写出宽广,从宽广开始反而写出狭窄。"[①] 社会科学研究不同于文学创作,从理论阐释开始走向实践解构,从客观处开始写出思考;但有一点却又很相似,要着眼细节又要兼顾全局。本书努力平衡不同地域、不同行业,希望能够全面有效地传递所要表达的观点和思考,希望能够对公共管理学科的发展贡献微薄之力,为欠发达地区市政公用事业的市场化发展和人民公共福祉的提升提供智力支持。

---

① 余华:《兄弟》,北京十月文艺出版社 2018 年版,后记。

附录　绩效评估相关表格

附表 1　2014—2016 年南宁市政府采购公共道路工程绩效评估指标体系总表

一级指标	二级指标	三级指标	指标解读	评价要点
1. 投入	1.1 招标立项	项目立项规范性	项目的申请、设立过程是否符合相关要求	①采购主体要招标的项目是否按照规定程序申请设立；②采购主体提交的文件、材料是否符合相关要求；③采购主体委托招标代理机构编制招标文件，文件是否严谨及完整
		项目目标合理性	项目预期目标是否符合客观实际，依据是否充分	①招标公告、招标文件的编制是否符合国家相关法律法规；②招标代理机构是否与项目实施单位或委托单位职责密切相关
	1.2 资金分配	分配方法	资金分配是否全面、合理；是否根据需要制定资金管理办法并在管理办法中明确资金分配方案	财政部门是否按照法律要求分配和下达资金，相关工作人员是否熟悉法律法规
		分配结果	资金分配是否符合管理办法	资金分配与管理办法是否一致
2. 过程	2.1 资金落实	资金到位率	考核资金落实情况，反映项目顺利实施的资金保障程度	资金到位率＝（实际到位资金/计划投入资金）×100% 实际到位资金：一定时期（本年度或项目期）内实际落实到具体项目的资金 计划投入资金：一定时期（本年度或项目期）内计划投入具体项目的资金

续表

一级指标	二级指标	三级指标	指标解读	评价要点
2. 过程	2.2 财务管理	资金使用合规性（采购主体）	项目资金划拨和使用是否符合相关的财务管理制度规定	①资金使用范围是否符合财务管理制度以及专项资金管理办法的规定；②资金拨付是否有完整的审批程序和手续
		财务监控有效性（采购规制单位）	项目是否为保障资金的安全、规范运行而采取了必要的监控措施	①是否具备或制定了相应的监控机制；②是否真实采取了相应的财务检查等必要的监控措施
	2.3 业务管理	管理制度健全性	项目实施单位的业务管理制度是否健全，考核项目顺利实施的制度保障是否完善	①是否具备或制定了相应的业务管理制度；②业务管理制度是否合法、合规，内容完整
		制度执行有效性	项目实施是否符合相关业务管理规定，考核业务管理制度是否得到有效执行	①是否遵守相关法律法规和业务管理规定；②项目合同书、验收报告、技术鉴定等资料是否齐全并及时归档；③项目实施的人员条件、场地设备、信息支撑等是否符合规定并落实到位
3. 产出	3.1 项目完成基本数据	实际完成率	考核项目产出数量目标的实现程度	实际完成率 =（实际产出数/计划产出数）×100% 实际产出数：一定时期（本年度或项目期）内项目实际产出产品或提供服务数量 计划产出数：招标项目确定的在一定时期（本年度或项目期）内计划招标成功项目
		质量达标率	考核项目产出质量目标的实现程度	质量达标率 =（质量达标产出数/实际产出数）×100% 质量达标产出数：一定时期（本年度或项目期）内实际达到既定质量标准的产品或服务数量 既定质量标准指项目实施单位设立绩效目标时依据计划标准、行业标准、历史标准或其他标准而设定的绩效指标值

续表

一级指标	二级指标	三级指标	指标解读	评价要点
3. 产出	3.1 项目完成基本数据	成本节约率	考核项目的成本节约程度	成本节约率＝1－（实际金额÷预算金额）×100% 实际成本：项目实施单位如期、保质、保量完成既定工作目标实际所耗费的支出 计划成本：项目实施单位为完成工作目标计划安排的支出，一般以项目预算为参考
4. 效果	4.1 项目产生的外部效应	经济效益	项目对经济发展的直接或间接影响	此三项指标为设置项目支出绩效评估指标时必须考虑的共性要素，可根据项目实际并结合绩效目标设立情况有选择地进行设置，并将其细化为相应的个性化指标
		社会效益	项目对社会发展的直接或间接影响	
		生态效益	项目对生态环境的直接或间接影响	

附表 2　　2014—2016 年南宁市政府采购公共道路工程
政府激励机制评估指标体系总表

一级指标	二级指标	指标解读	评价要点
1. 规制机构对采购代理机构的监督管理	1.1 政府采购代理机构资格认定	对政府采购代理机构的采购资格进行身份考察	①具有独立承担民事责任的能力； ②建立完善的政府采购内部规制管理制度； ③拥有不少于 5 名熟悉政府采购法律法规、具备编制采购文件和组织采购活动等相应能力的专职从业人员； ④具备独立办公场所和代理政府采购业务所必需的办公条件； ⑤在自有场所组织评审工作的，应具备必要的评审场地和录音录像等监控设备设施并符合省级人民政府规定的标准
	1.2 政府采购代理机构名录登记	政府采购代理机构名录登记是否合法合规	①按规定对代理机构实行名录登记管理； ②被禁止参加政府采购活动的代理机构，省级财政部门是否及时将其从名录中移除，并停止其信息发布和专家抽取等操作权限； ③政府采购活动的代理机构在处罚期中，是否还允许其经营

续表

一级指标	二级指标	指标解读	评价要点
1. 规制机构对采购代理机构的监督管理	1.3 政府采购代理机构监督检查	对政府采购代理机构的违法行为进行调查	①财政部门对检查中发现的采购主体、政府采购代理机构和评审专家的违法线索进行延伸检查，对查实的违法违规行为依法做出处理处罚； ②对国家公职人员涉嫌违纪的行为移交纪检监察部门处理
2. 规制机构对采购行为过程的监督管理	2.1 公共资源交易中心开展政府采购活动	财政部门（特指交易中心）是否有效地、规范地规制政府采购行为	①财政部门是否依法履行对政府采购活动的监督管理职责，对进入交易中心的政府采购项目执行情况加强监督检查，依法受理供应商投诉，对违反政府采购法律法规的行为进行处理和处罚； ②财政部门对纳入交易中心的集中采购机构是否要求加强考核、指导和培训，促进落实政府采购政策功能等要求； ③财政部门是否坚持落实"管采分离"的政府采购管理体制，财政部门不得违法采取授权、委托或者共同管理等方式，将政府采购的监管职责交由其他机构行使； ④对涉及政府采购活动的违法违规问题，交易中心是否向政府采购监督管理部门如实反映情况，配合做好监督检查和投诉处理工作
	2.2 规范政府采购行政处罚	对参加政府采购活动的供应商、采购代理机构、评审专家的违法行为进行调查	①各级人民政府财政部门依法对参加政府采购活动的供应商、采购代理机构、评审专家做出的禁止参加政府采购活动、禁止代理政府采购业务、禁止参加政府采购评审活动等行政处罚决定，要严格按照相关法律法规条款的规定进行处罚，相关行政处罚决定在全国范围内生效； ②各级人民政府财政部门要依法公开对政府采购供应商、采购代理机构、评审专家的行政处罚决定，并按规定将相关信息上传至中国政府采购网开设的"政府采购严重违法失信行为记录名单"，推动建立政府采购供应商、采购代理机构、评审专家不良行为记录制度，加强对政府采购违法失信行为的曝光和惩戒

续表

一级指标	二级指标	指标解读	评价要点
2. 规制机构对采购行为过程的监督管理	2.3 政府采购主体、供应商和代理机构信用管理	政府采购代理机构的信用评价是否符合规范	①行业协会、媒体等是否对采购主体、供应商和评审专家的从业情况和代理活动进行综合信用评价；②财政部门是否建立健全定向抽查和不定向抽查相结合的随机抽查和相应的奖惩机制。对存在违法违规线索的政府采购项目开展定向检查，对日常监管事项，通过随机抽取检查对象、随机选派执法检查人员等方式开展不定向检查。财政部门可以根据综合信用评价结果合理优化对代理机构的规制检查频次和奖惩情况；③对代理机构的规制检查结果是否在省级以上财政部门指定的政府采购信息发布媒体向社会公开
3. 规制机构对采购评审工作的监督管理	3.1 政府采购评审专家管理	政府对采购评审专家专业性和资质的管理是否符合要求	①广西壮族自治区人民政府的财政部门是否积极负责建设本地区评审专家库并且实行动态管理并与国家评审专家库互联互通、资源共享；②南宁市人民政府财政部门是否依法履行对评审专家的规制管理职责
	3.2 规范政府采购评审监督工作	对政府采购评审委员会展开工作规范情况进行考察	①采购主体委派代表参加评审委员会的，要向采购代理机构出具授权函。除授权代表外，采购主体可以委派纪检监察等相关人员进入评审现场，对评审工作实施规制，但不得超过2人……评审委员会应推选组长，但采购主体代表不得担任组长；②评审委员会成员要严格遵守评审时间，主动出具身份证明，遵守评审工作纪律和评审回避的相关规定；③评审委员会成员和评审工作有关人员不得干预或者影响正常评审工作；④采购主体、采购代理机构加强评审现场管理，与评审工作无关的人员不得进入评审现场

续表

一级指标	二级指标	指标解读	评价要点
4. 规制机构对政府采购项目的奖惩管理	4.1 政府采购供应商投诉处理	考核政府采购供应商的投诉处理事宜	财政部门在处理投诉过程中,发现被投诉人及其工作人员、评标委员会成员、供应商有违法行为,本机关有权处理、处罚的,应依法予以处理、处罚;本机关无权处理的,应转送有权处理的机关依法处理
	4.2 对道路工程项目政策措施成效予以激励或问责	对道路工程重大项目的奖惩机制进行考察	①道路工程重大项目是否受到通报表扬。文件规定,南宁市所辖县区(开发区)纳入市级层面统筹推进重大项目清单的重大项目,推进进程较快且质量较好的项目应受到通报表扬; ②财政局、交通局的前期经费是否优先支持受到通报表扬的县区(开发区)道路工程项目,并酌情提高补助比例。文件规定,项目推进进度较快且由上级财政安排的补助资金已全部使用完毕的,财政专项资金应优先支持受到通报表扬的县区(开发区)符合投向的市级层面重大项目; ③补贴资金是否及时发放

附表3   2014—2016年南宁市政府采购公共道路工程绩效评估指标评分表

一级指标	二级指标	三级指标	评分标准	评价等级	评分	合计
1. 投入(20分)	1.1 招标立项(12分)	1.1.1 项目立项规范性(6分)	①采购人需要参与的招标项目是否按照规定的程序申请设立(满分2分) ②所提交的文件、材料是否符合相关要求(满分2分) ③采购人委托招标代理机构编制招标文件,文件是否严谨及完整(满分2分)	6分,优; 5分,良; 4分,中等; 3分及以下,差	①2分 ②2分 ③2分 评分:6分 评价:优	总得分:20分 总评:优

续表

一级指标	二级指标	三级指标	评分标准	评价等级	评分	合计
1. 投入（20分）	1.1 招标立项（12分）	1.1.2 项目目标合理性（6分）	①招标公告、招标文件的编制是否符合国家相关法律法规（满分：3分）②招标代理机构是否与项目实施单位或委托单位职责密切相关（满分：3分）	6分，优；5分，良；4分，中等；3分及以下，差	①3分 ②3分 评分：6分 评价：优	总得分：20分 总评：优
	1.2 资金分配（8分）	1.2.1 分配方法（4分）	财政部门是否按照法律要求分配和下达资金，相关工作人员是否熟悉法律法规（满分：4分）	4分，优；3分，良；2分，中等；1分及以下，差	4分 评分：4分 评价：优	
		1.2.2 分配结果（4分）	项目的资金分配结果是否合理（满分：4分）	4分，优；3分，良；2分，中等；1分及以下，差	4分 评分：4分 评价：优	
2. 过程（25分）	2.1 资金落实（5分）	2.1.1 资金到位率（5分）	据《建筑工程施工许可管理办法》规定：建设工期不足一年的，到位资金原则上不少于工程合同价的50%，建设工期超过一年的，到位资金原则上不得少于工程合同价的30%。符合规定，得满分（满分：5分）	5分，优；4分及以下，差	5分 评分：5分 评价：优	总得分：19分 总评：良
	2.2 财务管理（10分）	2.2.1 资金使用合规性（采购人）（4分）	①是否符合国家财经法规和财务管理制度以及有关专项资金管理办法的规定（满分：2分）②资金的拨付是否有完整的审批程序和手续（满分：2分）	4分，优；3分，良；2分，中等；1分及以下，差	①2分 ②2分 评分：4分 评价：优	
		2.2.2 财务监控有效性（采购规制单位）（6分）	①是否已制定或具有相应的监控机制（满分：3分）②是否采取了相应的财务检查等必要的监控措施或手段（满分：3分）	6分，优；5分，良；4分，中等；3分及以下，差	①2分 ②2分 评分：4分 评价：中等	

续表

一级指标	二级指标	三级指标	评分标准	评价等级	评分	合计
2. 过程 (25分)	2.3 项目实施单位业务管理 (10分)	2.3.1 管理制度健全性（4分）	①是否已制定或具有相应的业务管理制度（满分：2分）②业务管理制度是否合法、合规、完整（满分：2分）	4分，优；3分，良；2分，中等；1分，差	①1分 ②1分 评分：2分 评价：中等	总得分：19分 总评：良
		2.3.2 制度执行有效性（6分）	①是否遵守相关法律法规和业务管理规定（满分：2分）②项目合同书、验收报告、技术鉴定等资料是否齐全并及时归档（满分：2分）③项目实施的人员条件、场地设备、信息支撑等是否落实到位（满分：2分）	6分，优；5分，良；4分，中等；3分及以下，差	①1.5分 ②1.5分 ③1分 评分：4分 评价：中等	
3. 产出 (15分)	3.1 项目完成基本数据 (15分)	3.1.1 实际完成率（5分）	实际完成率=（实际产出数/计划产出数）×100% 90%—100%，5分；80%—90%，4分；70%—80%，3分；60%—70%，2分；50%—60%，1分；50%以下，0分	5分，优；4分，良；3分，中等；3分以下，差	实际完成率为85.47% 评分：4分 评价：良好	总得分：11.5分 总评：中等
		3.1.2 质量达标率（5分）	质量达标率=（质量达标产出数/实际产出数）×100% 随机抽查100个项目，符合质检要求，得满分	5分，优；4分，良；3分，中等；3分以下，差	质量达标率为100%，5分 评分：5分 评价：优秀	
		3.1.3 成本节约率（5分）	成本节约率=[（计划成本−实际成本）/计划成本]×100% 15%及以下，5分，达标；15%以上，0分，不达标	5分，优；4分，良；3分，中等；3分以下，差	50%工程的成本节约率低于15%，评分：2.5 评价：差	

续表

一级指标	二级指标	三级指标	评分标准	评价等级	评分	合计
4. 效果（40分）	4.1 项目产生的外部效应（40分）	4.1.1 经济效益（10分）	道路建设完工开通后的经济影响，包括道路周边的店铺经营、运输行业的发展（满分：10分）	9—10分，优；7—8分，良；6分，中等；6分以下，差	10分 评分：10分 评价：优	总得分：29分 总评：中等
		4.1.2 社会效益（15分）	①对周边居民生活的影响（满分：7分） ②对生产经营的影响（满分：8分）	13—15分，优；11—12分，良；10分，中等；10分以下，差	①4分 ②6分 评分：10分 评价：中等	
		4.1.3 环境效益（15分）	①开工期间对环境的影响（满分：7分） ②雨天路面排水系统是否完善（满分：8分）	13—15分，优；11—12分，良；10分，中等；10分以下，差	①3分 ②6分 评分：9分 评价：差	
合计（100分）					79.5分	良

附表4　2014—2016年南宁市政府采购公共道路工程政府激励机制评估指标评分表

一级指标	二级指标	指标解释	评分标准	评价等级	评分	合计
1. 规制机构对采购代理机构的监督管理（26分）	1.1 政府采购代理机构资格认定（10分）	对政府采购代理机构的采购规范性进行身份考察	①具有独立承担民事责任的能力（满分：2分） ②建立完善的政府采购内部规制管理制度（满分：2分） ③拥有不少于5名熟悉政府采购法律法规、具备编制采购文件和组织采购活动等相应能力的专职从业人员（满分：2分） ④具备独立办公场所和代理政府采购业务所必需的办公条件（满分：2分） ⑤在自有场所组织评审工作的，应具备必要的评审场地和录音录像等监控设备设施并符合省级人民政府规定的标准（满分：2分）	8—10分，优；6—7分，良；5分，中等；5分以下，差	满分 评分：10分 评价：优	总得分：26分 总评：优

续表

一级指标	二级指标	指标解释	评分标准	评价等级	评分	合计
1. 规制机构对采购代理机构的监督管理（26分）	1.2 政府采购代理机构名录登记（6分）	政府采购代理机构名录登记是否合法合规	①按规定对代理机构实行名录登记管理（满分：2分）②被禁止参加政府采购活动的代理机构，省级财政部门是否及时将其从名录中移除，并停止其信息发布和专家抽取等操作权限（满分：2分）③政府采购活动的代理机构在处罚期中是否还允许其经营（满分：2分）	6分，优；5分，良；4分，中等；4分以下，差	评分：6分 评价：优	总得分：26分 总评：优
	1.3 政府采购代理机构监督检查（10分）	对政府采购代理机构的违法行为进行调查	①财政部门对检查中发现的采购人、政府采购代理机构和评审专家的违法线索进行延伸检查，对查实的违法违规行为依法做出处罚（满分：5分）②对国家公职人员涉嫌违纪的行为移交纪检监察部门处理（满分：5分）	9—10分，优；7—8分，良；5—6分，中等；5分以下，差	①5分 ②5分 评分：10分 评价：优	
2. 规制机构对采购活动过程的监督管理（36分）	2.1 公共资源交易中心开展政府采购活动（14分）	财政部门（特指交易中心）是否有效地、规范地规制政府采购行为	①财政部门是否依法履行对政府采购活动的规制管理职责，对进入交易中心的政府采购项目执行情况加强规制检查，依法受理供应商投诉，对违反政府采购法律法规的行为进行处理和处罚（满分：3分）②财政部门对纳入交易中心的集中采购机构是否要求加强考核、指导和培训，以促进落实政府采购政策功能等（满分：3分）	13—14分，优；11—12分，良；9—10分，中等；9分以下，差	①2分 ②2分 ③5分 ④3分 评分：12分 评价：良	总得分：31分 总评：良

续表

一级指标	二级指标	指标解释	评分标准	评价等级	评分	合计
2. 规制机构对采购活动过程的监督管理（36分）	2.1 公共资源交易中心开展政府采购活动（14分）	财政部门（特指交易中心）是否有效地、规范地规制政府采购行为	③财政部门是否坚持落实"管采分离"的政府采购管理体制，财政部门不得违法采取授权、委托或者共同管理等方式，将政府采购的监管职责交由其他机构行使（满分：5分） ④对涉及政府采购活动的违法违规问题，交易中心是否向政府采购规制管理部门如实反映情况，配合做好规制检查和投诉处理工作（满分：3分）	13—14分，优； 11—12分，良； 9—10分，中等； 9分以下，差	①2分 ②2分 ③5分 ④3分 评分：12分 评价：良	总得分：31分 总评：良
	2.2 规范政府采购行政处罚（10分）	对参加政府采购活动的供应商、采购代理机构、评审专家的违法行为进行调查	①各级人民政府财政部门依法对参加政府采购活动的供应商、采购代理机构、评审专家做出禁止参加政府采购活动、禁止代理政府采购业务、禁止参加政府采购评审活动等行政处罚决定，要严格按照相关法律法规条款的规定进行处罚，相关行政处罚决定在全国范围内生效（满分：5分） ②各级人民政府财政部门要依法公开对政府采购供应商、采购代理机构、评审专家的行政处罚决定，并按规定将相关信息上传至中国政府采购网开设的"政府采购严重违法失信行为记录名单"，推动建立政府采购供应商、采购代理机构、评审专家不良行为记录制度，加强对政府采购违法失信行为的曝光和惩戒（满分：5分）	9—10分，优； 7—8分，良； 5—6分，中等； 5分以下，差	①5分 ②5分 评分：10分 评价：优	

续表

一级指标	二级指标	指标解释	评分标准	评价等级	评分	合计
2. 规制机构对采购活动过程的监督管理（36分）	2.3 政府采购主体、供应商和代理机构信用管理（12分）	政府采购代理机构的信用评价是否符合规范	①对行业协会、媒体等对采购人、供应商和评审专家的从业情况和代理活动进行综合信用评价（4分）②财政部门是否建立健全定向抽查和不定向抽查相结合的随机抽查和相应的奖惩机制。对存在违法违规线索的政府采购项目开展定向检查，对日常监管事项，通过随机抽取检查对象、随机选派执法检查人员等方式开展不定向检查。财政部门可以根据综合信用评价结果合理优化对代理机构的规制检查频次和奖惩情况（满分：4分）③对代理机构的规制检查结果是否在省级以上财政部门指定的政府采购信息发布媒体向社会公开（满分：4分）	11—12分，优；9—10分，良；7—8分，中等；6分及以下，差	①2分 ②3分 ③4分 评分：9分 评价：良	总得分：31分 总评：良
3. 规制机构对采购评审工作的监督管理（22分）	3.1 政府采购评审专家管理（10分）	政府对采购评审专家专业性和资质的管理是否符合要求	①广西壮族自治区人民政府财政部门是否积极负责建设本地区评审专家库并且实行动态管理是否与国家评审专家库互联互通、资源共享（满分：5分）②南宁市人民政府财政部门依法履行对评审专家的规制管理职责（满分：5分）	9—10分，优；7—8分，良；6分，中等；5分及以下，差	①5分 ②4分 评分：9分 评价：优	总得分：21分 总评：优

续表

一级指标	二级指标	指标解释	评分标准	评价等级	评分	合计
3. 规制机构对采购评审工作的监督管理（22分）	3.2 规范政府采购评审规制工作（12分）	对政府采购评审委员会展开工作规范情况进行考察	①采购人委派代表参加评审委员会的，要向采购代理机构出具授权函。除授权代表外，采购人可以委派纪检监察等相关人员进入评审现场，对评审工作实施规制，但不得超过2人……评审委员会应推选组长，但采购人代表不得担任组长（满分：3分）②评审委员会成员要严格遵守评审时间，主动出具身份证明，遵守评审工作纪律和评审回避的相关规定（满分：3分）③评审委员会成员和评审工作有关人员不得干预或者影响正常评审工作（满分：3分）④采购人、采购代理机构加强评审现场管理，与评审工作无关的人员不得进入评审现场（满分：3分）	11—12分，优；9—10分，良；7—8分，中等；6分及以下，差	①3分②3分③3分④3分评分：12分评价：优	总得分：21分总评：优
4. 规制机构对政府采购项目的奖惩管理（16分）	4.1 政府采购供应商投诉处理（6分）	考核政府采购供应商的投诉处理事宜	财政部门在处理投诉过程中，发现被投诉人及其工作人员、评标委员会成员、供应商有违法行为，本机关有权处理、处罚的，应依法予以处理、处罚；本机关无权处理的，应转送有权处理的机关依法处理（满分：6分）	6分，优；6分以下，差	①6分评分：6分评价：优	总得分：14分总评：优

一级指标	二级指标	指标解释	评分标准	评价等级	评分	合计
4. 规制机构对政府采购项目的奖惩管理（16分）	4.2 对道路工程项目政策措施成效予以激励或问责（10分）	对道路工程重大项目的奖惩机制进行考察	①道路工程重大项目是否受到通报表扬。文件规定，南宁所辖市县区（开发区）项目纳入市级层面统筹推进重大项目清单的重大项目，若项目推进进程较快且质量较好的项目应受到通报表扬（满分：3分）②财政局、交通局的前期经费，是否优先支持受到通报表扬的县区（开发区）道路工程项目，并酌情提高补助比例。文件规定，项目推进进度较快且上级财政安排的补助资金已全部使用完毕的，财政专项资金应优先支持受到通报表扬的县区（开发区）符合投向的市级层面重大项目（满分：3分）③补贴资金是否及时发放（满分：4分）	10分，优；8—9分，良；6—7分，中等；5分及以下，差	①3分②3分②2分评分：8分评价：良	总得分：14分总评：优
合计（100分）					92分	优

附表5　　　　2014—2016年政府采购工程项目情况

中标公告					
年份	中标工程类项目总数（个）	中标道路工程总数（个）	中标道路工程占工程类比例（%）	最终成交道路工程总数（个）	成交工程各年度占三年道路工程总数比重（%）
2014年	202	87	43	67	45
2015年	174	33	19	37	25
2016年	196	52	26	43	30
合计	572	172	29	147	100

参考文献

一 中文文献

[美] 埃贡·G. 古贝、伊冯娜·S. 林肯:《第四代评估》,秦霖、蒋燕玲等译,中国人民大学出版社2008年版。

[英] 安东尼·奥格斯:《规制:法律形式与经济学理论》,骆梅英译,中国人民大学出版社2008年版。

包国宪、[美] 道格拉斯·摩根:《政府绩效管理学——以公共价值为基础的政府绩效治理理论与方法》,高等教育出版社2015年版。

[美] 布坎南:《自由、市场和国家》,吴良健等译,北京经济学院出版社1988年版。

[美] 彼得斯等:《公共政策工具:对公共管理工具的评价》,顾建光译,中国人民大学出版社2007年版。

曹现强、贾玉良、王佃利等:《市政公用事业改革与监管研究》,中国财政经济出版社2009年版。

陈剑:《公用事业规制体系运行机理及其下一步》,《改革》2012年第8期。

陈坤:《从直接管制到民主协商:长江流域水污染防治立法协调与法制环境建设研究》,复旦大学出版社2011年版。

陈锐:《论电力行业价格上限管制中的激励机制》,《现代经济探讨》2013年第6期。

陈振明：《政策科学——公共政策分析导论》，中国人民大学出版社 2003 年版。

陈振明：《政府工具导论》，北京大学出版社 2009 年版。

仇保兴、王俊豪等：《市政公用事业监管体制与激励性监管政策研究》，中国社会科学出版社 2009 年版。

崔运武：《现代公用事业管理》，中国人民大学出版社 2011 年版。

崔竹：《市政公用事业市场化的理论基础》，《中共中央党校学报》2006 年第 5 期。

［美］戴维·奥斯本特德·盖布勒：《改革政府——企业精神如何改革着公共部门》，周敦仁等译，上海译文出版社 1996 年版。

［美］丹尼尔·F. 史普博：《管制与市场》，余晖等译，上海人民出版社 2008 年版。

［美］道格拉斯·C. 诺斯：《制度、制度变迁与经济绩效》，杭行译，上海人民出版社 2014 年版。

［美］道格纳斯·C. 诺斯：《经济史中的机构与变迁》，陈郁、罗华平等译，上海人民出版社 1994 年版。

段登伟、刘俊勇、牛怀平、吴集光：《基于标尺竞争模式的配电侧电力市场综述》，《电网技术》2005 年第 8 期。

［美］E. S. 萨瓦斯：《民营化与公私部门的伙伴关系》，周志忍译，中国人民大学出版社 2017 年版。

范柏乃：《政府绩效管理》，复旦大学出版社 2012 年版。

房林、邹卫星：《激励规制、市场势力与接入定价——以电信业为例》，《财经论丛》2017 年第 3 期。

［美］菲利普·库珀：《合同制治理：公共管理者面临的挑战与机遇》，竺乾威、卢毅、陈卓霞译，复旦大学出版社 2007 年版。

冯中越等：《特许经营权拍卖中的激励性合约研究——以城市公用事业为例》，中国财政经济出版社 2009 年版。

［美］弗兰克·H. 奈特：《风险、不确定性与利润》，安佳译，商务印书馆 2010 年版。

［美］弗兰克·费希尔：《公共政策评估》，吴爱明、李平等译，中国人民大学出版社 2003 年版。

扶缚龙、黄健柏：《基于价格上限规制的电力传输企业服务质量激励性规制修正模型》，《电网技术》2008 年第 5 期。

［瑞典］冈纳·缪尔达尔：《世界贫困的挑战：世界反贫困大纲》，顾朝阳等译，北京经济学院出版社 1991 年版。

［美］戈登·塔洛克：《寻租——对寻租活动的经济学分析》，李政军译，西南财经大学出版社 1999 年版。

顾昕：《俘获、激励和公共利益：政府管制的新政治经济学》，《中国行政管理》2016 年第 4 期。

洪隽：《城市化进程中的公共产品价格管制研究》，武汉大学出版社 2013 年版。

侯万军、金三林：《公用事业民营化的国际经验及其启示》，《经济管理》2005 年第 11 期。

胡凯：《内生信息结构下的激励性规制理论述评》，《产业经济研究》2010 年第 2 期。

黄新华：《当代西方新政治经济学》，上海人民出版社 2008 年版。

黄新华：《公共部门经济学》，厦门大学出版社 2010 年版。

黄新华：《政府规制研究：从经济学到政治学和法学》，《福建行政学院学报》2013 年第 5 期。

［美］J. 格里高利·西达克、丹尼尔·F. 史普博：《美国公用事业的竞争转型：放松管制与管制契约》，宋华琳、李鸻译，上海人民出版社 2012 年版。

［美］库尔特·勒布、托马斯·盖尔·穆尔编：《施蒂格勒论文精粹》，吴珠华译，商务印书馆 2010 年版。

［法］拉丰：《规制与发展》，聂辉华译，中国人民大学出版社 2009 年版。

［美］莱斯特·M. 萨拉蒙：《政府工具：新治理指南》，肖娜等译，北京大学出版社 2016 年版。

雷德雨：《垄断行业规制改革：理论依据行业经验和政策选择》，《中共贵州省委党校学报》2014 年第 1 期。

李克强：《政府工作报告》，http：//www.gov.cn/zhuanti/2019qglh/2019 lhzfgzbg/index.htm，2019 年 3 月 5 日。

李琪：《政府作用与市场作用》，上海人民出版社 2015 年版。

李允杰、丘昌泰：《政策执行与评估》，北京大学出版社 2008 年版。

李珍刚：《城市公用事业市场化中的政府责任研究》，社会科学文献出版社 2008 年版。

李志农：《国家工商局〈关于禁止公用企业限制竞争行为的若干规定〉》，《经济改革与发展》1994 年第 5 期。

［美］利奥尼德·赫维茨、斯坦利·瑞特：《经济机制设计》，田国强等译，格致出版社、上海三联书店、上海人民出版社 2009 年版。

［美］林德尔·G.霍尔库姆：《公共经济学——政府在国家经济中的作用》，顾建光译，中国人民大学出版社 2012 年版。

刘飞翔：《生物质能产业发展中政府规制与激励》，人民日报出版社 2016 年版。

刘华涛：《激励性管制下企业的策略性行为及其治理》，《经济体制改革》2013 年第 1 期。

刘华涛：《自然垄断产业激励性管制的新制度经济学分析》，《经济研究参考》2014 年第 24 期。

刘乃梁：《出租车行业特许经营的困境与变革》，《行政法学研究》2015 年第 5 期。

娄黎星：《基础设施 PPP 项目再谈判影响因素及其治理研究》，《综合运输》2016 年第 4 期。

马丽：《经营性公共基础设施 TOT 项目融资集成管理研究》，西南财经大学出版社 2015 年版。

［美］麦克纳博：《公用事业管理：面对 21 世纪的挑战》，常健等译，中国人民大学出版社 2010 年版。

聂辉华：《发展中国家的规制指南》，《财经》2009 年第 16 期。

戚瀚英、王俊豪：《城市污水处理行业的激励性价格管制》，《财经论丛》2015年第10期。

戚聿东：《我国自然垄断产业改革的总体指导思想》，《经济学动态》2002年第8期。

权衡等：《收入分配经济学》，上海人民出版社2017年版。

[法]让-雅克·拉丰、让·梯若尔：《政府采购与规制中的激励理论》，石磊、王永钦译，上海人民出版社2004年版。

任晓红、任玉珑、张渝：《中国电力产业价格管制模型》，《重庆大学学报》（自然科学版）2005年第2期。

荣高升、妙旭娟、韩晓宇等：《英国输配电激励规制的经验及其启示——兼论激励性规制理论基础》，《价格理论与实践》2019年第8期。

上海城投·DFV编译：《城市水务事业的公私合作：发展中国家的经验述评》，同济大学出版社2013年版。

沈满洪、张兵兵：《交易费用理论综述》，《浙江大学学报》2013年第2期。

石磊、王永钦：《评拉丰、梯若尔著〈政府采购与规制中的激励理论〉》，《经济学（季刊）》2004年第2期。

世界银行：《1994年世界发展报告——为发展提供基础设施》，毛晓威等译，中国财政经济出版社1994年版。

[美]斯蒂格利茨：《经济学》，梁小民、黄险峰译，中国人民大学出版社2000年版。

王广起：《公用事业的市场运营与政府规制》，中国社会科学出版社2008年版。

王俊豪：《管制经济学原理》，高等教育出版社2007年版。

王俊豪：《深化中国垄断行业改革研究》，中国社会科学出版社2010年版。

王俊豪：《政府管制经济学导论：基本理论及其在政府管制实践中的应用》，商务印书馆2017年版。

王俊豪：《中国政府管制体制改革研究》，经济科学出版社1999

年版。

王俊豪:《中国城市公用事业发展报告（2015 中国城市科学研究系列报告）》,中国建筑工业出版社 2016 年版。

王俊豪、王建明:《中国垄断性产业的行政垄断及其管制政策》,《中国工业经济》2007 年第 12 期。

王首杰:《激励性规制:市场准入的策略?——对"专车"规制的一种理论回应》,《法学评论》2017 年第 3 期。

王学庆:《管制垄断:垄断性行业的政府管制》,中国水利水电出版社 2004 年版。

王学庆:《市政公用事业改革与监管》,光明日报出版社 2012 年版。

王艳伟、王松江:《经营性公共基础设施 PROT 项目融资综合集成管理》,科学出版社 2015 年版。

王泽彩:《政府和社会资本合作模式典型案例》,山西经济出版社 2016 年版。

吴健、马中:《科斯定理对排污权交易政策的理论贡献》,《厦门大学学报》（哲学社会科学版）2004 年第 3 期。

吴珊、段琪斐、李成仁等:《电网投资监管的激励与约束兼容机制研究——兼析新电改以来监管政策推进与完善》,《价格理论与实践》2019 年第 4 期。

吴振球:《政府经济规制理论研究》,湖北人民出版社 2010 年版。

吴志红:《公用事业规制法研究》,中国政法大学出版社 2013 年版。

肖兴志等:《公用事业市场化与规制模式转型》,中国财政经济出版社 2008 年版。

邢鸿飞、徐金海:《公用事业法原论》,中国方正出版社 2009 年版。

徐海成、徐兴博、贾锐宁:《收费公路激励性规制中有效成本识别问题研究——基于区域间比较竞争视角》,《中外公路》2018 年第 2 期。

徐新星:《商业模式创新的激励性法律规制》,《西南政法大学学报》2017 年第 6 期。

徐宗威:《公权市场:中国·市政公用事业·特许经营》,机械工业出版社 2009 年版。

［英］亚当·斯密：《国民财富的性质和原因的研究》（下卷），郭大力、王亚南译，商务印书馆 1981 年版。

杨宏山：《政府规制的理论发展述评》，《学术界》2009 年第 4 期。

杨宏山：《政府经济学》，对外经济贸易大学出版社 2008 年版。

杨松：《首都城市公用事业市场化研究：趋势·运营·监管·比较》，中国经济出版社 2010 年版。

杨小军：《三中全会〈决定〉对政府职能做出新界定》，人民网（http：//politics. people. com. cn/n/2013/1115/c1001 -23559973. html），2013 年 11 月 15 日。

余东华：《激励性规制的理论与实践述评——西方规制经济学的最新进展》，《外国经济与管理》2003 年第 7 期。

余华：《兄弟》，北京十月文艺出版社 2018 年版。

余晖、秦虹：《公私合作制的中国试验》，上海人民出版社 2005 年版。

［美］詹姆斯·E. 安德森：《公共决策》，唐亮译，华夏出版社 1990 年版。

［英］詹姆斯·莫里斯：《詹姆斯·莫里斯论文精选》，张维迎编，商务印书馆 1997 年版。

张秉福：《发达国家政府规制创新特点及其对我国的启示》，《经济体制改革》2012 年第 3 期。

张帆、罗雪凡：《垄断行业激励性规制改革研究新进展》，《江汉论坛》2017 年第 10 期。

张红凤：《激励性规制理论的新进展》，《经济理论与经济管理》2005 年第 8 期。

张红凤：《西方政府规制理论变迁的内在逻辑及其启示》，《教学与研究》2006 年第 5 期。

张维迎：《博弈论与信息经济学》，上海人民出版社 2012 年版。

张昕竹：《网络产业：规制与竞争理论》，社会科学文献出版社 2000

年版。

张云华:《PPP 项目控制权初始分配决策研究》,《软科学》2020年第 2 期。

张宗益、杨世兴、李豫湘:《电力产业激励性管制机制》,《重庆大学学报》(自然科学版) 2002 年第 11 期。

张宗益、杨世兴、李豫湘:《激励性管制理论在电力产业的应用》,《外国经济与管理》2003 年第 1 期。

赵卓、肖利平:《激励性规制理论与实践研究新进展》,《学术交流》2010 年第 4 期。

郑宁:《行政立法评估制度研究》,中国政法大学出版社 2013 年版。

[日] 植草益:《微观规制经济学》,朱绍文等译,中国发展出版社 1992 年版。

周耀东:《不对称信息与激励性管制选择》,《经济评论》2004 年第 2 期。

周耀东:《中国公用事业管制改革研究》,上海人民出版社 2005 年版。

朱冰:《公用物法律问题研究》,上海人民出版社 2010 年版。

朱春奎:《公共政策学》,清华大学出版社 2016 年版。

朱仁显:《公共事业管理概论》(第三版),中国人民大学出版社 2016 年版。

邹东涛:《中国经济发展和体制改革报告——中国改革开放 30 年(1978—2008)》,社会科学文献出版社 2008 年版。

《〈基础设施和公用事业特许经营管理办法〉解读》,https://www.ndrc.gov.cn/xwdt/ztzl/xxczhjs/ghzc/201605/t20160518_971951.html,2016 年 5 月 18 日。

《2007 年诺贝尔经济学奖颁奖辞》,https://www.nobelprize.org/prizes/economic-sciences/2007/press-release/,2007 年 10 月 15 日。

《2020 年国内 PPP 市场规范高质量发展》,http://www.cpppc.org/PPPyw/2190.jhtml,2017 年 8 月 4 日。

《财政部关于公共资源交易中心开展政府采购活动有关问题的通知》，http：//www.ccgp.gov.cn/zcfg/mof/201711/t20171121_9199155.htm，2017年11月21日。

《财政部关于进一步规范政府采购评审工作有关问题的通知》，http：//www.ccgp.gov.cn/zcfg/mof/201310/t20131029_3587680.htm，2012年6月26日。

《财政部关于印发〈政府采购评审专家管理办法〉的通知》，http：//www.ccgp.gov.cn/zcfg/mof/201702/t20170208_7908707.htm，2016年11月28日。

《传统基础设施领域实施政府和社会资本合作项目工作导则》，http：//www.ndrc.gov.cn/zcfb/zcfbtz/201610/t20161027_824138.html，2016年10月26日。

《多措并举治理噪声污染　声环境质量获有效改善》，《南宁日报》2018年6月18日。

《发改委要求下半年加快推进西部铁路公路等项目》，https：//news.yantuchina.com/10461.html，2013年8月27日。

《关于公共资源交易中心开展政府采购活动有关问题的通知》，http：//www.ccgp.gov.cn/zcfg/mof/201711/t20171121_9199155.htm，2017年11月21日。

《关于规范政府采购行政处罚有关问题的通知》，http：//www.ccgp.gov.cn/zcfg/mof/201509/t20150915_5851552.htm，2015年9月9日。

《关于加强市政公用事业监管的意见》，http：//www.gov.cn/zhengce/2016-05/22/content_5075657.htm，2005年9月10日。

《关于推广运用政府和社会资本合作模式有关问题的通知》，http：//jrs.mof.gov.cn/zhengwuxinxi/zhengcefabu/201409/t20140924_1143760.html，2014年9月23日。

《关于征求〈政府和社会资本合作物有所值评价指引（修订版征求意见稿）〉意见的函》，http：//jrs.mof.gov.cn/zhengwuxinxi/gongzuodongtai/201611/t20161107_2452544.html，2016年10月24日。

《关于做好政府采购代理机构名录登记有关工作的通知》，http：//www.ccgp.gov.cn/zcfg/mof/201802/t20180224_9605557.htm，2018 年 2 月 24 日。

《广西壮族自治区财政厅关于规范我区政府采购代理机构名录登记和信息管理有关工作的通知》（桂财采〔2018〕9 号），http：//www.gxcz.gov.cn/xwdt/tzgg/20180409-74548.shtml，2018 年 3 月 27 日。

《广西壮族自治区财政厅关于印发随机抽查工作细则的通知》，http：//www.gxcz.gov.cn/xwdt/tzgg/20170825-67577.shtml，2017 年 8 月 24 日。

《国家发展改革委关于切实做好〈基础设施和公用事业特许经营管理办法〉贯彻实施工作的通知》（发改法规〔2015〕1508 号），https：//www.ndrc.gov.cn/xwdt/ztzl/pppzl/zcfg/201507/t20150707_1033191.html，2015 年 7 月 2 日。

《河南省财政厅关于 2019 年第七次调整 PPP 项目库的公告》，http：//public.zhengzhou.gov.cn/D2907X/4411451.jhtml，2020 年 1 月 7 日。

《基础设施和公用事业特许经营管理办法》，http：//www.ndrc.gov.cn/zcfb/zcfbl/201504/t20150427_689396.html，2015 年 4 月 25 日。

《建筑工程施工许可管理办法》，http：//www.mohurd.gov.cn/fgjs/jsbgz/201409/t20140901_218863.html，2014 年 6 月 25 日。

《李克强主持召开国务院常务会议》，http：//www.gov.cn/guowuyuan/2015-05/13/content_2861461.htm，2015 年 5 月 13 日。

《马驭主持政府绩效管理工作部际联席会议第一次会议并讲话》，《中国纪检监察报》2011 年 4 月 28 日。

《穆迪：全球公用事业行业将是"脱碳"重点》，http：//finance.sina.com.cn/stock/t/2017-11-07/doc-ifynmvuq9327180.shtml，2017 年 11 月 7 日。

《南宁建立治理扬尘长效机制 全市在建工地视频监控》，《南国早报》2017 年 12 月 14 日。

《南宁市去年空气质量达到 6 年最好，全国排名第 17 位》，《南国早报》2020年1月6日。

《南宁市人民政府办公厅关于对各县区（开发区）贯彻落实中央、自治区和南宁市政策措施成效予以激励或问责的通知》，http：//www.nanning.gov.cn/xxgk/xxgkml/jcxxgk/zcwj/zfwj/t756055.html，2016年9月18日。

《诺奖得主在江西高校演讲谈机制设计理论》，http：//jx.cnr.cn/2011jxfw/xwjj/201406/t20140613_515660633.shtml，2017年6月13日。

《上市公司监管法律法规常见问题与解答修订汇编》，http：//www.csrc.gov.cn/pub/newsite/ssgsjgb/ssbssgsjgfgzc/ywzx/201509/t20150918_284146.html，2015年9月18日。

《社会资本参与公用事业"受尽欺负" 地方政府大权独揽》，http：//news.163.com/15/0127/21/AH0ESJ0U00014SEH.html，2015年1月27日。

《市政公用事业改革缓慢：住建部再度摸底调研》，《21世纪经济报道》2011年7月27日。

《试以"三高"对策来规范高溢价并购》，http：//review.cnfol.com/tangulunshi/20151102/21698867.shtml，2015年11月2日。

《我市进一步深化扬尘污染治理，今年建设工程现场全部使用预拌砂浆》，《南宁日报》2018年6月14日。

《政府采购代理机构管理暂行办法》，http：//www.ccgp.gov.cn/zcfg/mof/201801/t20180111_9468265.htm，2018年1月11日。

《政府采购供应商投诉处理办法》，http：//czj.np.gov.cn/cms/html/czj/2017-09-06/1745886833.html，2017年9月6日。

《政府采购质疑和投诉办法》，http：//www.mof.gov.cn/mofhome/tfs/zhengwuxinxi/caizhengbuling/201801/t20180102_2791704.html，2017年12月26日。

《政府制定价格成本监审办法》，http：//www.gov.cn/ztzl/2006-02/07/content_181092.htm，2006年2月7日。

《政府制定价格行为规则》（国家发展改革委令第7号），http：//

www. ndrc. gov. cn/fzgggz/jggl/zcfg/201709/t20170926_861602. html，2017年9月18日。

《中共中央关于深化改革若干重大问题的决定》，《人民日报》2013年11月16日。

《中共中央国务院关于推进价格机制改革的若干意见》，http：//www. gov. cn/xinwen/2015 – 10/15/content_2947548. htm，2015年10月15日。

《中共中央 国务院关于新时代推进西部大开发形成新格局的指导意见》，http：//www. gov. cn/zhengce/2020 – 05/17/content_5512456. htm，2020年5月17日。

《中华人民共和国价格法》，http：//www. gov. cn/fwxx/bw/gjdljgwyh/content_2263012. htm，1997年12月29日。

《中华人民共和国立法法》，http：//www. gov. cn/xinwen/2015 – 03/18/content_2835648. htm，2015年3月18日。

《中华人民共和国预算法》，http：//www. npc. gov. cn/npc/xinwen/2019 – 01/07/content_2070252. htm，2019年1月17日。

《中央企业综合绩效评价管理暂行办法》，http：//www. sasac. gov. cn/n2588035/n2588320/n2588335/c4259790/content. html，2006年4月7日。

《住房城乡建设部关于修改〈房屋建筑和市政基础设施工程施工招标投标管理办法〉的决定》，http：//www. mohurd. gov. cn/fgjs/jsbgz/201810/t20181010_237864. html，2018年9月28日。

《左晔谈公用事业市场化改革：深挖内部潜力，提高效率》，http：//finance. ce. cn/rolling/201603/09/t20160309_9385141. shtml，2016年3月9日。

二 英文文献

Ai, C., Sappington, D., "The Impact of State Incentive Regulation on the U. S. Telecommunications Industry", *Journal of Regulatory Economics*, Vol. 22, No. 2, 2002.

Ai, C., Martinez, S. and Sappington, D. M., "Incentive Regulation and Telecommunications Service Quality", *Journal of Regulatory Economics*, Vol. 26, No. 3, 2004.

Averch, H., Johnson, L., "Behavior of the Firm under Regulatory Constraint", *American Economic Review*, Vol. 52, No. 5, 1962.

Banker, Rajiv D., Zhang, D., "Does Incentive Regulation with DEA Improve Operational Efficiency? Evidence from Electric Utilities in Brazil", *Social Science Electronic Publishing*, Aug. 17, 2015.

Baron, D. P. and Besanko, D., "Regulation, Asymmetric Information and Auditing", *Rand Journal of Economics*, Vol. 15, No. 4, 1984.

Baron, D. P. and Myerson, R. B., "Regulating a Monopolist with Unknown Costs", *Econometrica*, Vol. 4, No. 50, 1982.

Bauknecht, D., "Incentive Regulation and Network Innovations", RSCAS Working Papers, 2011.

Becker, G. S., "A Theory of Competition among Pressure Groups for Political Influence", *Quarterly Journal of Economics*, Vol. 98, No. 3, 1983.

Boyer, M., "Competition and the Reform of Incentive Schemes in the Regulated Sector", *Journal of Public Economics*, Vol. 87, 2003.

Cambini, C., Rondi, L., "Incentive Regulation and Investment: Evidence from European Energy Utilities", *Journal of Regulatory Economics*, Vol. 38, No. 1, 2010.

Cambini, C., Amalisa Crae, Elema Fumagalli, "Output-Based Incentive Regulation in Electricity Distribution: Evidence from Italy", *Energy Economics*, Vol. 45, 2014.

Coase, R. H., *The Problem of Social Cost*, UK: Palgrave Macmillan, 1960.

Consumer Union, "Competition, Regulation and Political Actions of

Consumers: USA Experience", http://www.consumers union.org/other/cicarrsw 799.htm, 2008.

Corporate Europe Observatory Report, *Corporate-Friendly Deregulation in Disguise*, 2016.

Crew, M. A., *Incentive Regulation for Public Utilities*, US: Springer, Kluwer Academic Publishers, 1994.

Crew, M. A., Kleindorfer, P. R., "Incentive Regulation in the United Kingdom and the United States: Some Lessons", *Journal of Regulatory Economics*, Vol. 9, No. 3, 1996.

Cullmann, A., et al., "No Barriers to Investment in Electricity and Gas Distribution Grids through Incentive Regulation", *DIW Economic Bulletin*, Vol. 5, No. 6, 2015.

Demsetz, H., "Why Regulate Utilities?", *Journal of Law & Economics*, Vol. 11, No. 1, 1968.

Demsetz, H., "Do Competition and Monopolistic Competition Differ?", *Journal of Political Economy*, Vol. 76, No. 1, 1968.

Department of the Taoiseach, "RIA Guidelines: How to Conduct a Regulatory Impact Analysis", https://docplayer.net/10582207-Revised-ria-guidelines-how-to-conduct-a-regulatory-impact-analysis.html, 2009.

Einhorn, M. A., "Electricity Wheeling and Incentive Regulation", *Journal of Regulatory Economics*, Vol. 2, No. 2, 1990.

European Union, "Better Regulation: Delivering Better Results for a Stronger Union, Communication the Commission to the European Parliament", Brussels: The European Council and the Council, 2016.

Evans, L. and Guthrie, G., "Incentive Regulation of Prices When Costs are Sunk", *Journal of Regulatory Economics*, Vol. 29, No. 3, 2006.

Finger, M., et al., "Achievements and Current Challenges Regarding Public Utilities' Regulation in Brazil", *Network Industries Quarterly*, Vol. 2, No. 18, 2016.

Finsinger, J. and Vogelsang, I., "Strategic Management Behavior under Reward Structures in a Planned Economy", *Quarterly Journal of Economics*, Vol. 100, No. 1, 1985.

Gao, S., Ren, Z., "The X Factor Investigation of a Price Cap Regulation of Infrastructure under Public-Private Partnerships", Springer Berlin Heidelberg: Proceedings of the 19th International Symposium on Advancement of Construction Management and Real Estate, 2015.

Gasmi, F., Laffont, J. J., Sharkey, W. W., "Incentive Regulation and the Cost Structure of the Local Telephone Exchange Network", *Journal of Regulatory Economics*, Vol. 12, No. 1, 1997.

Gassner, K. and Pushak, N., "30 Years of British Utility Regulation: Developing Country Experience and Outlook", *Utilities Policy*, Vol. 31, No. 12, 2014.

Giulietti, M. and Price, C. W., "Incentive Regulation and Efficient Pricing", *Annals of Public & Cooperative Economics*, Vol. 76, No. 1, 2005.

Gossum, P. V. and Verheyen, A. K., "From 'Smart Regulation' to 'Regulatory Arrangements'", *Policy Sciences*, Vol. 43, No. 3, 2010.

Graham, C., *Regulating Public Utilities*, Holland: Bloomsbury Publishing Plc, 2000.

Growitsch, C., et al., "Social Cost-Efficient Service Quality—Integrating Customer Valuation in Incentive Regulation: Evidence from the Case of Norway", *Energy Policy*, Vol. 38, No. 5, 2010.

Guerriero, C., "The Political Economy of Incentive Regulation: Theory and Evidence from US States", *Journal of Comparative Economics*, Vol. 41, No. 1, 2013.

Guerriero, C., "Accountability in Government and Regulatory Policies: Theory and Evidence", *Privatisation Regulation Corporate Governance Working Papers*, 2008.

Guerriero, C., "The Political Economy of Incentive Regulation: Theory and Evidence from US States", *Privatisation Regulation Corporate Governance Working Papers*, 2008.

Hamlin, Christopher, *Public Health and Social Justice in the Age of Chadwick: Britain 1800 – 1854 (Cambridge History of Medicine)*, New York: Cambridge University Press, 1998.

Heine, K., "Inside the Black Box: Incentive Regulation and Incentive Channeling on Energy Markets", *Journal of Management & Governance*, Vol. 17, No. 1, 2013.

Hellwig, M., Schober, D. and Cabral, L., "Incentive Regulation: Evidence from German Electricity Networks", Working Papers, 2018.

Hill, L. J., *A Primer on Incentive Regulation for Electric Utilities*, Office of Scientific & Technical Information Technical Reports, 1995.

Hood, C., James, O. and Scott, C., "Regulation of Government. Has It Increased, Is It Increasing, Should It Be Diminished?", *Public Administration*, Vol. 78, No. 2, 2000.

Hood, C. C., *The Tools of Government*, UK: Brain Behav Evol, 1983.

Howlett, M. and Ramesh, M., "Globalization and the Choice of Governing Instruments: The Direct, Indirect, and Opportunity Effects of Internationalization", *International Public Management Journal*, Vol. 9, No. 2, 2006.

Joskow, P., "Incentive Regulation in Theory and Practice: Electricity Distribution and Transmission Networks", Cambridge Working Papers in Economics, 2006.

Joskow, P. L. and Schmalensee, R., "Incentive Regulation for Electric Utilities", *Yale Journal on Regulation*, Vol. 4, No. 1, 1986.

Kirkpatrick, C. and Parker, D., "Regulatory Impact Assessment: Developing Its Potential for Use in Developing Countries", Centre on Regulation and Competition (CRC) Working Papers, 2003.

Kydland, F. E., Prescott, E., "Rules Rather than Discretion: The

Inconsistency of Optimal Plans", *Journal of Political Economy*, Vol. 85, No. 3, 1977.

Laffont, J. J., "Political Economy, Information and Incentivesl", *European Economic Review*, Vol. 43, No. 4 – 6, 1999.

Laffont, J. J. and Tirole, J., "The Politics of Government Decision-Making: A Theory of Regulatory Capture", Working Paper, 1988.

Laffont, J. J. and Tirole, J., "The Regulation of Multiproduct Firms: Part I: Theory", *Journal of Public Economics*, Vol. 43, No. 1, 1990.

Laffont, J. J., *Incentives and Political Economy*, Oxford University Press, 2000.

Laffont, J. J. and Martimort, D., "Mechanism Design with Collusion and Correlation", *Econometrica*, Vol. 68, No. 2, 2000.

Laffont, J. J. and Martimort, D., *The Theory of Incentives: The Principal-Agent Model*, Princeton University Press, 2002.

Laffont, J. J. and J. Tirole, *A Theory of Incentives in Procurement and Regulation*, MIT Press, 1993.

Laffont, J. J., "The New Economics of Regulation Ten Years After", *Econometrics*, Vol. 62, No. 3, 1994.

Laffont, J. J. and Tirole, J., "Using Cost Observation to Regulate Firms", *Journal of Political Economy*, Vol. 94, No. 3, 1986.

Lewis, T. R. and Sappington, D., "Countervailing Incentives in Agency Problems", *Journal of Economic Theory*, Vol. 49, No. 2, 1989.

Littlechild, S. C., "The Regulation of British Telecom's Prices", Working Paper, 1983.

Machek, Ondřej, Jiří Hnilica, "Implementing Benchmarking for Incentive Regulation of Public Utilities in Post-Communist Countries", *Actual Problems of Economics*, Vol. 157, No. 7, 2014.

Maggi, G., Rodriguez-Clare, A., "On Countervailing Incentives", *Journal of Economic Theory*, Vol. 66, No. 1, 1995.

McDonnell, L. M., Elmore, R. F., "Getting the Job Done: Alternative Policy Instruments", *Educational Evaluation and Policy Analysis*, Vol. 9, No. 2, 1987.

Mountain, B., "Independent Regulation of Government-Owned Monopolies: An Oxymoron? The Case of Electricity Distribution in Australia", *Utilities Policy*, Vol. 31, No. 9, 2014.

Nepal, R. and Jamasb, T., "Incentive Regulation and Utility Benchmarking for Electricity Network Security", *Economic Analysis and Policy*, Vol. 48, No. 12, 2015.

Nilsson, M., et al., "The Use and Non-Use of Policy Appraisal Tools in Public Policy Making: An Analysis of Three European Countries and the European Union", *Policy Sciences*, Vol. 41, No. 4, 2008.

Peltzman, S., "The Economic Theory of Regulation after a Decade of Deregulation", *Brookings Papers on Economic Activity*, Vol. 21, No. 2, 1989.

Perrakis, S., et al., "Contestable Markets and the Theory of Industry Structure", *Canadian Journal of Economics/Revue Canadienne d'Economique*, Vol. 15, No. 4, 1982.

Poudineh, R., Emvalomatis, G. and Jamasb, T., "Dynamic Efficiency and Incentive Regulation: An Application to Electricity Distribution Networks", Cambridge Working Papers in Economics, 2014.

Poudineh, R. and Jamasb, T., "A New Perspective: Investment and Efficiency under Incentive Regulation", *The Energy Journal*, Vol. 36, No. 4, 2015.

Poudineh, R. and Jamasb, T., "Investment and Efficiency under Incentive Regulation: The Case of the Norwegian Electricity Distribution Networks", Cambridge Working Papers in Economics, 2013.

Poudineh, R. and Jamasb, T., "Determinants of Investment under Incentive Regulation: The Case of the Norwegian Electricity Distribution Networks", *Energy Economics*, Vol. 53, 2016.

Prager, R. A., "Franchise Bidding for Natural Monopoly: The Case of Cable Television in Massachusetts", *Journal of Regulatory Economics*, Vol. 1, No. 2, 1989.

Ranis, G., "International Comparisons of Prices and Output: Relative Prices in Planning for Economic Development", *Utilities Policy*, Vol. 9, No. 1, 2006.

Rious, V. and Rossetto, N., "Continental Incentive Regulation", in *Electricity Network Regulation in the EU: The Challenges Ahead? For Transmission and Distribution*, London: Edward Elgar Publishing, 2018.

Samuelson, P. A. and William D. Nordhaus, *Ecomomics*, New York: McGraw-Hill, 1998.

Sappington, D. E. M., Weisman, D. L., "Designing Superior Incentive Regulation", *Fortnightly*, Vol. 132, 1994.

Sappington, D. E. M., Weisman, D. L., "Revenue Sharing in Incentive Regulation Plans", *Information Economics & Policy*, Vol. 8, No. 3, 1996.

Sappington, D. E. M., "Incentives in Principal-Agent Relationships", *Journal of Economic Perspectives*, Vol. 5, No. 2, 1991.

Sappington, D. E. M., "Optimal Regulation of a Multiproduct Monopoly with Unknown Technological Capabilities", *Bell Journal of Economics*, Vol. 14, No. 2, 1983.

Sappington, D. E. M., "Strategic Firm Behavior under a Dynamic Regulatory Adjustment Process", *Bell Journal of Economics*, Vol. 11, No. 11, 1980.

Sappington, D. E. M., Sibley, D. S., "Regulating without Cost Information: The Incremental Surplus Subsidy Scheme", *International Economic Review*, Vol. 29, No. 2, 1988.

Sarr, Babacar, "Does Independent Regulation of Public Utilities in Developing Countries Improve Efficiency?", *Electricity Journal*, Vol. 28, No. 6,

2015.

Sawkins, J. W. , "Yardstick Competition in the English and Welsh Water Industry Fiction or Reality?", *Utilities Policy*, Vol. 5, No. 1, 1995.

Schneider, A. , et al. , "Social Construction of Target Populations: Implications for Politics and Policy", *American Political Science Review*, Vol. 87, No. 2, 1993.

Shleifer, A. , "A Theory of Yardstick Competition", *Rand Journal of Economics*, Vol. 16, No. 3, 1985.

Siano, P. , "Assessing the Impact of Incentive Regulation for Innovation on RES Integration", *IEEE Transactions on Power Systems*, Vol. 29, No. 5, 2014.

Sibley, D. , "Asymmetric Information, Incentives and Price-Cap Regulation", *Rand Journal of Economics*, Vol. 20, No. 3, 1989.

Smart Regulation Committee, http://businessroundtable.org/issues/smart-regulation/committee.

Stern, Jon, "The British Utility Regulation Model: Its Recent History and Future Prospects", *Utilities Policy*, Vol. 31, 2014.

Stigler, G. J. , Friedland, S. C. , "What Can Regulators Regulate? The Case of Electricity", *Journal of Law & Economics*, Vol. 5, 1962.

Ter-Martirosyan, A. and Kwoka, J. , "Incentive Regulation, Service Quality, and Standards in U. S. Electricity Distribution", *Journal of Regulatory Economics*, Vol. 38, No. 3, 2010.

Tirole, L. J. , "The Dynamics of Incentive Contracts", *Econometrica*, Vol. 56, No. 5, 1988.

Vogelsang, I. , "A Regulatory Adjustment Process for Optimal Pricing by Multiproduct Monopoly Firms", London: MIT Energy Lab Working Paper, 1979.

Vogelsang, I. ,"Incentive Regulation and Competition in Public Utility Markets: A 20 - Year Perspective", *Journal of Regulatory Economics*,

Vol. 22, No. 1, 2002.

Witte, K. D. and Saal, D. S. , "Is a Little Sunshine All We Need? On the Impact of Sunshine Regulation on Profits, Productivity and Prices in the Dutch Drinking Water Sector", *Journal of Regulatory Economics*, Vol. 37, No. 3, 2010.

Witte, K. D. and Rui, C. M. , "Designing Performance Incentives: An International Benchmark Study in the Water Sector", *Central European Journal of Operations Research*, Vol. 18, No. 2, 2010.

Wren-Lewis, L. , "Utility Regulation in Africa: How Relevant is the British Model?", *Utilities Policy*, Vol. 31, 2014.

Zschille, M. and Walter, M. , "The Performance of German Water Utilities: A (Semi)-Parametric Analysis", *Applied Economics*, Vol. 44, No. 28 – 30, 2012.